순진무구
수치심을 치유하다

Innocence, Healing the Shame

김홍찬 저

사단법인 **한국상담심리연구원**

순진무구 수치심을 치유하다

1판 1쇄 인쇄일 2016년 4월 11일

지은이 : 김홍찬

발행인 : 김홍찬

펴낸곳 : 사단법인 한국상담심리연구원

(www.kcounseling.com)

03767 서울시 서대문구 신촌로 215-2 전진빌딩 3층

☎ 02)364-0413 FAX.02)362-6152

출판등록 제2-3041호(2000년 3월 20일)

값 15,000원

사단법인 한국상담심리연구원에서는 2016년도 매주 화, 수, 오후
1~5시에 섭리론과 요한계시록 무료 공개강해를 하고 있습니다.
참석하고자 하시는 분은 오시기 바랍니다.
위치 : 이대역 4번 출구

사단법인 **한국상담심리연구원**

차례

part 3 채움의 단계

part 4 순진무구 6단계 프로그램

진리를 통한 치유의 길

어린이들이 줄넘기를 이용해서 다양한 율동과 기술을 자랑하며 경연을 벌이고 있었다. 참으로 그 묘기가 대단해서 구경하던 사람들은 박수를 치면서 감탄과 환호를 했다. 나도 그 광경을 신기하게 쳐다보았는데, 언뜻 이런 생각이 들었다.

인간이 단지 훈련으로 동작을 익히기만 하면 저런 멋진 묘기를 할 수 있을까? 기계처럼 반복 훈련을 한다고 해서 저런 다양한 묘기를 연출할 수 있는 것은 아니라는 생각이다. 몸은 반복된 훈련을 통해 기술을 습득할 수 있지만 순간의 기지를 발휘해서 순간순간에 다양함을 표현할 수 있는 것은 다른 능력이 있기 때문이라는 생각이 들었다. 인간은 컴퓨터 하드에 저장된 메모리에 의해 움직이는 기계적인 존재가 아니기 때문이다.

몸은 외부적인 자극에 대해 카토민이라는 호르몬을 방출하여 자극에 대한 반응을 하지만 그것을 알아차리고 대응하도록 시도하는 것은 마음이다. 또한 인간의 눈으로 외부 세계를 볼 수 있지만 외부 환경을 이해하고 알아차리는 것은 마음이다. 인간의 귀로 소리를 들을 수 있지만 내용을 알아차리는 것은 마음이다. 인간의 손으로 감촉을 만질 수 있지만 감촉을 느끼는 것은 마음이다. 이렇게 삶의 다양한 움직임을 알아차리고 역동을 일으키는 주역은 마음이다. 종교적으로 죽음 이후에 저세상에 가는 것과 영원한 삶을 누리게 되는 것도 마음이다.

이 책은 마음에 대해서 자세하게 쓴 책이다. 미국의 베스트셀러 '수치심 치유'와 '창조적인 사랑'의 저자 존 브래드 쇼는 수치심과 상처로부터 벗어나는 삶에 대한 근본적 해결책을 어린 시절의 상처회복과 '영혼충만(soulful)'에서 길을 찾았다.

나도 역시 수치심의 치유에서 벗어나는 근본적인 삶이 없을까? 하는 고민을 하게 되었다. 그러던 중 성경에 기록된 '벗었으나 부끄럽지 아니하더라.'는 구절은 수치심이 발생하기 이전에 인간의 본질적인 모습임을 알게 되었다. 성경으로 돌아가서 설명하자면 '아담과 그 아내가 벌거벗었지만 부끄러워하지 않았다'고 하였는데 인간은 본래 벌거벗은 상태에서 시작하였다는 것 즉 벌거벗음은 단지 옷을 입지 않은 것만을 말하는 것이 아니라 상태를 의미하는 말이다. 이는 성경의 속뜻이다.

벗었지만 아무런 부끄러움이 없었다는 의미는 그만큼 겸손하고 하늘나라 시스템에 손색이 없는 충분하고 적당한 영혼의 상태라는 것이다. 인간은 그렇게 시작이 되었다. 그러므로 인간의 최상의 삶은 벗었어도 부끄럽지 않은 상태이고 종착점 역시 그렇게 되어야 한다. 그러나 여기에 또 다른 문제가 발생한다. 옷을 벗었으나 부끄럽지 않게 시작했는데, 옷을 벗은 후 부끄럽게 되었다는 사실이다. 벗었지만 아무런 부끄러움이 없는 상태는 인간의 본질적 상태인데 이를 두고 순진무구 즉 이노센스(Innocence)라고 한다. 이 구절은 성경에 '어린아이같이 되지 않으면 하늘나라에 결단코 들어갈 수 없다' 는 주님의 말씀과 의미가 상통한다.

종합하여 나는 치유의 최종적 해답은 '순진무구' 임을 알게 되었다. 그것은 마음 안에 무한하고 영원한 세계에서 존재하는 상태이다. 그래서 '이노센스' 라는 제목으로 사단법인 한국상담심리연구원에서 책을 출판하였는데 이노센스는 신과 인간 사이에서 생명을 풍성하게 하는 연결고리이고 인간이 이노센스하다면 그만큼 신과 가까워질 수 있다고 말했다. 그리고 이노센스를 이루고 있는 것은 '선과 진리' 라는 것을 말했다.

순진무구의 정의는 '자신에게 악 밖에 없으며 주님이 선을 주시지 않으면 선해질 수 없다' 는 고백이다. 순진무구는 자신 안에서 악을 발견하고 선을 지각하는 것이며 인간이 선을 행해 나아갈 때 진정한 치유가 있음을 말했다. 그러므로 선을 얻기 위해서는 진리를 발견해야 한다. 진리 안에는 선이 들어 있기 때문이다.

주님은 '내가 주렸을 때 내게 먹을 것을 주었고 목말랐을 때 마실 것을 주었고 나그네 되었을 때 영접하였고 헐벗었을 때에 입을 것을 주었고 병들었을 때 돌보아 주었고 감옥에 갇혔을 때 찾아 주었다' 고 하셨다.

여기에서 배고픔은 선의 갈망, 목마름은 진리의 갈망, 나그네는 선과 진리의 배움을 소원, 헐벗음은 선과 진리가 없음을 시인하는 것, 감옥에 갇혔음은 거짓 밖에 없음을 의미한다.

즉 자신이 가난한 상태를 인식하는 것은 순진무구 상태가 되는 첫걸음이다. 주님은 '어린아이같이 되지 아니하면 절대로 천국에 들어가지 못할 것'이라고 말씀하셨는데 이는 인간이 반드시 '순진무구' 해야만 한다는 사실을 두고 하신 말씀이다.

그러므로 인간이 자신의 진면목을 보고 자아인식을 갖고 그와 더불어 진리에 가까워질수록 순진무구하게 된다. 나는 '이노센스' 책을 통하여 인간의 본래적 상태인 순진무구에 대해 설명하였다.

이제 '순진무구 수치심을 치유하다'를 쓰게 된 경유를 말하겠다. 먼저 존 브래드쇼의 '수치심의 치유'라는 책이 이미 2002년도에 한국상담심리연구원 출판사에서 번역이 되어 출판되었다. 나는 이미 그 책으로 십여년간 강의를 해 왔다. 이미 수치심의 치유는 내게 익숙한 대명사처럼 되었다. 세계적인 상담자인 존 브래드쇼가 말하는 수치심의 치유는 부모의 양육방식에 의하여 어린 시절부터 가족으로부터 받은 상처와 고통으로 수치심의 결과가 나타난 것으로 보고 있다. 그리고 수치심을 해결하는 길로써 내면의 아이 치유기법과 자기사랑하기, 이미지 변화 등을 제시하였다.

이 책은 수치심에 관한한 독보적이며, 독자들에게 많은 깨달음을 주었다. 나도 역시 존 브래드쇼의 가르침에 따라 수치심 치유의 이론적 내용과 해결 방법을 배우고 강의를 진행해 왔다. 나는 이 책을 통해 가정의 소중함과 부모의 역할과 수치심의 악영향에 대해 강조했으며 치유했던 사례를 모아 '내면의 아이 치유 코칭' 이라는 책을 저술하여 치유 기법을 소개하였다. 그 책에는 어린 시절의 상처받은 사람들의 100명의 사례를 적고 치유기법과 사례를 기록하였다. 나는 이 책에서 주로 어린 시절 부모로부터 받은 상처로 인한 영향과 과거 상처의 기억을 재해석하는 치유기법을 설명하였다.

어린 시절의 수치심을 해결하기 위해 '내적치유를 위한 365일 묵상' 이라는 책을 출판하여 내면의 아이를 만나도록 하였다. 그러나 오랫동안 수치심의 치유를 연구하였지만 나는 과거 상처 치유와 내면의 아이 만나기 작업만으로 수치심 치유를 만족하게 해결할 수는 없었다. 왜냐하면 내가 보는 관점에서 수치심은 여전하였기 때문이다.

존 브래드쇼도 이 문제에 대해 고민하였는지는 모르겠으나 그는 수치심의 치유의 책에서 수치심을 두 가지로 구분하였는데, 건강한 수치심과 해로운 수치심으로 구분하였다. 그는 인간에게 해로운 수치심이 인간의 삶을 파멸로 끌고 간다고 생각했다. 그러나 성경을 자세히 보면 수치심은 건강한 수치심과 해로운 수치심으로 분류하지 않으며 수치심은 인간의 죄의 결과로 만들어진 상태이며 어두움으로 주님의 도움으로 해결된다고 말하고 있다. 그리고 수치심에서 벗어나는 길은 주님께서 가죽옷을 지어 입히신 것처럼 영적인 삶으로 나아가야함을 말하고 있다. 이 부분을 해석한다면 가죽옷은 양의 가죽이다.

양은 하나님께 제사를 드리는 짐승으로 하나님이 보실 때는 선을 의미한다. 그러므로 가죽옷은 선한 것이다. 이렇게 본다면 결국 인간의 수치심은 선으로 해결되어야 함을 알 수 있다. 또한 성경 창세기에 벗었으나 부끄럽지 않았다는 구절과 벗었으므로 두려워하여 숨었다는 구절에서 인간의 어두운 상태와 본질적인 상태 의미를 알아야 한다.

물론 성경을 받아들이지 않는 분들에게는 나의 말이 이해되지 않겠지만 나는 인간의 본질적인 부분을 성경이 가르쳐 주고 있으며 진리가 그 해답인 것을 깨달았다. 더불어 내가 겪었던 일련의 고통과 어려움에서 합력하여 선을 이룰 수 있었던 것은 순진무구가 있었기 때문이고 그 안에서 거듭남과 깨달음, 지각과 양심을 얻음으로 치유를 경험했기 때문이다.

존 브래드쇼는 수치심의 치유에서 자기 사랑하기를 상처치유의 가장 큰 해답으로 말하고 그 부분을 확대시켰다. 나는 주변에서 내가 만나는 이들로부터 자존감이 약해져서 열등감과 불안감이 밀려왔다는 말을 듣는다. 이들은 자신의 고통의 원인은 가까운 자들로부터 비난을 당함으로 자존감이 약해졌다는 수치심의 원인을 말하고 있었다. 그렇기 때문에 자신은 가족을 돌볼 수 있는 힘이 없으며 이기적으로 행동해도 어쩔 수 없다고 변명을 늘어놓았다. 그들은 자신은 가해자이면서 또한 피해자라는 이상한 논리를 내세웠다.

남편에게 이끌리어 내게 찾아온 어느 50대 부인은 자신은 어려서부터 부모의 억압과 상처로 인해서 자녀를 돌보지 못했으며 남편을 대접할 힘이 없는데 나보고 어쩌란 말이냐고 항변하였다. 남편은 그 여인의 말을 듣고 상담 받으러 많은 곳에 찾으러 다니다가 결국 나에게 왔다. 그 여인은 자신의 게으름이나 쇼핑중독 문제의 원인을 부모로부터 찾고 있었다. 그리하여 남편은 그 여인의 문제를 병으로 알고 병을 고치기 위해 상담자를 찾는 것이 일과가 되었다.

심리학은 항상 문제의 심리적 원인을 찾는 학문이다. 그러나 원인을 찾다보면 결국에는 가해자도 폭력의 원인을 찾아서 좋은 변명거리를 갖는다. 그러나 고통을 겪으면서 깨닫게 된 것은 내가 나를 사랑하고 자존감을 내세울수록 더 큰 분노와 고통이 더욱 밀려와서 견딜 수 없게 되었다는 사실이다. 자기 사랑하기는 고통을 풀어주기보다는 나를 미궁 속으로 더욱 빠뜨렸다. 나는 자존감을 높일수록 괴롭고 힘들어서 잠을 이루지 못했다. 그래서 나는 순진무구 방법을 사용했다. 방법만 사용한 것이 아니라 실제로 그렇게 깊은 인식을 하였다.

순진무구란 나는 아무 것도 아니며 내게 선한 구석이 없으며 악 밖에 없음을 인정하고, 약한 면과 어리석고 어두운 면을 보면서 시작된다. 그리고이런 자기 인식은 나로 하여금 자기사랑에서 주님과 이웃사랑으로 넘어가게 만들었고 마음의 평화를 누릴 수 있도록 도와주었다.

순진무구는 나를 심리적 절망과 고통에서 건져주었다. 나는 수치심의 치유의 이론을 새롭게 해야 할 필요를 갖게 되었다. 나는 수치심 치유 이론을 개혁하겠다는 마음과 각오를 가지고 20여년동안 신뢰해왔던 나의 수치심 치유의 이론적 배경을 깨뜨리고 '순진무구, 수치심을 치유하다' 라는 책을 쓰게 되었다. 이는 그만큼 내가 수치심의 치유를 오랫동안 강의해왔기 때문에 내릴 수 있었던 결론이다.

나는 이 책을 통해서 수치심 치유의 진정한 방법을 원하는 이들에게 진리를 통한 새로운 수치심 치유의 길을 제시하고자 한다. 이 책을 통해 깨달음을 얻게 된다면 반드시 순진무구를 얻고 변화 받은 자신의 모습을 보게 될 것이라고 확신하기 때문이다. 이 책은 그 길을 알려준다.

기존의 수치심의 치유가 심리적 접근방식이라면 이 책은 한걸음 더 나아가 인간에게 필요한 근본적 진리와 영혼의 상태와 새로운 세계로 나아가도록 도와주는 접근 방식을 가졌다.

그 일환으로 나는 치유와 변화의 과정을 위한 순진무구 6단계 프로그램을 소개하였다. 이 프로그램을 진리를 구하는 자세로 진행한다면 새로운 변화를 경험할 수 있을 것이다.

이 프로그램은 성경 창세기에서 주님이 천지를 창조하신 6일간을 6단계로 구분하였다.

본래 하나님이 사람을 창조하신 목적은 사람과 더불어 영원한 나라에서 함께 사는 것이다. 사람은 두 가지가 연합된 존재이다. 하나는 육체이며 다른 하나는 마음이다. 사람은 육체 안에 마음이 들어 있다. 사람은 육체로써 자연세계에서 살아가고 마음으로써 보이지 않는 세계와 연결되어 있다.

이 프로그램 6단계는 6일간 사람을 창조하신 구절을 통해 순진무구를 위한 마음의 변화 6단계를 설명하였다. 마음의 변화는 곧 창조이기 때문이다. 마음의 변화가 일어나는 것은 새로운 삶의 목적과 의도를 갖고 인생을 사는 것이고 세상을 다른 방식으로 이해한다는 것을 의미한다.

성경은 "하나님이 말씀하시기를 우리가 우리의 형상을 따라서, 우리의 모양대로 사람을 만들자."(창1:26)고 기록하였다.

성경은 사람을 만드는 책이다. 나는 주변사람들에게 "사람답게 살고 싶어요."라고 말한다. 이 프로그램은 사람답게 살고자 하는 이들에게 마음의 변화를 이루도록 돕는 프로그램이다. 순진무구를 이룬다는 것은 진정한 사람의 마음을 갖는 것이다. 이 프로그램을 진지하고 차분한 마음을 가지고 접근해 보기를 바란다.

나는 이 책에서 순진무구는 진정 사람에게 가장 필요한 핵심 요인이라는 것을 말하고 있다. 그런 일련의 것을 위해서 성경의 속뜻을 찾아서 자세하게 설명해 놓았다. 이 책에서 수치심에 허덕이고 지친 영혼들이 순진무구의 길로 나아감으로 점진적으로 순진무구를 경험할 뿐 아니라 온전한 사람으로 거듭나는 기회가 되기를 바란다.

나는 심리적 변화에 대해서 묵상을 기록하였다. 그것은 내 자신이 깨달은 마음의 변화이다. 나는 시인은 아니지만 마치 천둥소리에 놀라듯이 마음속에 들려오는 소리와 울림을 묵상으로써 적었다. 때로는 울적한 마음으로 때로는 즐거운 마음으로 적어놓았는데, 이는 새로운 삶을 향한 나 자신의 몸부림이기도 한 것이다. 이 책은 상태를 반영하고 영적인 시각과 선과 악으로 수치심을 접근하였으며 인간의 존재의 깊은 의미를 찾고자 하였다. 이 책을 읽는 분들은 수치심이 심리적인 면보다 영적인 면이 더 크다는 것을 알게 될 것이다. 독자들은 책을 넘기기가 어렵더라도 중간에 책을 놓지 말고 계속해서 읽는다면 십자가의 주님을 둔 무덤을 막은 큰 돌을 천사가 옮겨놓은 것처럼 마음속의 장애물이 제거되고 수치심의 치유와 함께 큰 보화를 얻게 되리라고 확신한다. 그런 면에서 이 책은 수치심 치유를 위한 진리적 방법을 통한 새로운 시각을 가지고 접근하였는데 이 책에서 나는 선이야말로 최고의 치유이며 인간의 본분이며 영원한 삶의 길이라는 것을 강조하였다. 그것은 내게 선이 그만큼 중요했던 경험과 무관하지 않았기 때문이다. 그리고 선의 정도는 자연만물의 동식물 만큼이나 다양하고 인간 세상에는 악의 정도와 모양도 다양하게 존재한다는 것과 결국 인간의 선을 이루는 길은 진리의 삶밖에 없음을 말하고 싶었다.

이 책은 영혼을 돕는 상담자. 바르게 삶을 살고자 하는 자 모두에게 많은 도움이 될 것이다. 그리하여 모든 이들이 수치심에서 벗어나서 순진무구한 존재가 되기를 바란다.

김홍찬(Ph.D)

너의 손에

김홍찬

천사는 네 손을 보고 있다
너의 손에 사람과 재물과 성이 새겨져 있다
너는 양심의 눈을 뜨고 너의 손에 새긴 증거를 자세히 살펴보라
네 손에 새겨진 행위는 영원히 지워지지 않는다

너는 손으로 무슨 짓을 하였는가
아픈 자를 어루만져 주는가
재물을 움켜쥐는가
음란의 손놀림을 하는가

네가 손으로
사람 위에 군림한다면 지옥과 내통하고
재물을 쥐고 있다면 지옥과 내통하고
간음을 행한다면 지옥과 내통한다

네가 손으로

사람을 섬긴다면 천국에 있고

재물을 선한 일에 사용한다면 천국에 있고

침소를 더럽히지 않는다면 천국에 있다

네 손에

천국과 지옥이 새겨 있다

지옥에는 사람 지배, 재물악용, 간음이 가득하다

천국에는 사람 섬김, 재물선용, 혼인이 가득하다

네 손의 기록을 보고 행동하라

천국과 지옥이 그 안에 있다

이것이 네 안의 생명책이다

천사는 네 손을 보고 있다.

어느 세계

나는 몸을 떠난 어느 세계에 들어와 있다. 이곳은 마음이 훤하게 비칠 뿐 아니라 아무 것도 숨길 수 없이 모든 것이 드러나는 신비로운 세계이다. 인간이 어떤 생각과 말을 하든지 자연스럽게 드러나는 세계이다. 숨어서 남몰래 행한 일이나 말한 것이 백일하에 드러난다. 완전 자유가 주어진 세계이다. 그래서 작은 것 하나도 숨길 수 없는 세계이다.

성경에 "덮어둔 것이라고 해도 벗겨지지 않을 것이 없고, 숨긴 것이라 해도 알려지지 않을 것이 없다. 그러므로 너희가 어두운데서 한 말을 사람들이 밝은데서 들을 것이고, 너희가 골방에서 귀에 대고 속삭인 말을 사람들이 지붕 위에서 선포할 것이다."(눅 12:2-3)는 구절이 그대로 이루어진 세계이다.

이곳에 있는 자들은 마음의 본질에 따라서 포장없이 그대로 행하는데 악한 자는 악으로부터 거짓을 말하고 선한 자는 선으로부터 진실이 나온다.

이들이 거처하는 사회는 그 정도에 따라 선과 악으로 구성되었다. 그것은 개인의 삶에 따라 형성되는데 그 수준에 따라 외부 환경이 조성되고 얼굴모양이 만들어지고 그에 비하여 아름다움과 추함이 새겨지고 기쁨과 명예가 결정되는 신비한 세계이다.

이곳의 모든 시스템은 선과 악에 맞추어져 있다. 선이 있으면 격조 높은 아름다움과 평화로운 삶이 주어지고 악이 있으면 추하고 불행하게 인생을 살아간다. 이곳에 살아가는 사람들은 선이 좋은 것을 알기 때문에 누구든지 선을 앞세운다. 그러나 속에는 악이 가득하고 겉으로는 선한 척하지만 얼마 못가서 곧 드러나고 만다. 그러나 선한 자는 포장하려 하지 않는다. 선은 먹고 살기 위함이 아니고 남을 지배하기 위함이 아니기 때문에 굳이 선을 구하지 않아도 그의 성품에 드러난다.

이 나라는 선악에 따라 구분되어 있는데, 선과 악의 종류는 지극히 다양하고 천차만별이다. 그래서 지극히 선한 자들과 중간선과 그렇지 못한 자들이 각기 그 수준과 형편대로 살아간다. 악한 자들도 마찬가지이다. 지극히 악한 자들과 중간악과 그렇지 못한 자들이 그 수준에 따라 살아간다. 선과 악의 정도에 따라 살아가는 모습이 달랐다.

선한 자들은 빛나고 화려하고 깨끗하고 광채가 말로 할 수 없을 정도로 밝고 아름다웠으며 평화로운 초원에 나무 집을 짓고 살았지만 악한 자들은 더럽고 퀴퀴한 냄새가 나고 서로 미워하고 싸웠으며 음침하고 어두운 동굴 속에서 살고 있었다.

선한 영역에서는 사람들이 벌거벗고 살고 있었다. 그들은 벗은 채 살고 있으나 전혀 부끄럽다는 내색이 없다. 그들은 자신이 조금이라도 악하거나 음란하거나 양심에 거리끼면 부끄럽다고 여겨서 몹시 힘들어하고 치욕스럽게 여겼다. 이들은 마음이 순결하고 음란을 몹시 싫어해서 자신의 배우자 이외에는 다른 이성에 대해 범접하지 않으며 그럴 생각도 하지 않는다. 이들은 스스로 거짓되거나 악하다고 여기면 즉각적으로 알고 반응했다. 누군가 이들에게 음란과 정욕에 대해 말해주었을 때 매우 놀라워하고 그 말을 이해하지 못했다. 이들은 더욱 순결해지기를 원하고 지혜롭게 살아가며 그렇게 되기를 원했다.

말로 형용할 수 없을 정도로 외모가 아름다운 여성이 길을 걷고 있었다. 그녀는 매우 선한 마음을 지니고 있으며 조금이라도 양심에 저촉되는 일을 생각하지 않았으며 정숙하게 살아가는 그런 여성이었다. 그녀의 옷은 수정같이 맑은 흰색이었으며 안정되어 있고 신선했다. 그녀의 얼굴은 그 누구도 근접할 수 없을 정도로 선한 기품이 있었다. 그녀에게는 보석처럼 빛난 광채가 났는데, 영롱함에 눈이 부실 지경이었다. 그녀 주변에 웃으면서 둘러선 사람들도 그녀와 마찬가지로 광채를 이루고 있었다.

그녀 주변에 있는 자연의 모습은 그녀의 선함에 걸맞게 배경을 이루고 있었고 알맞게 조성되어 있었다. 처음 보는 낯선 색깔의 꽃들과 안정된 길, 길에 늘어서 있는 나무들과 열매는 향기를 품고 있었고 기분좋은 느낌을 자아냈다. 그녀와 주변의 모든 조화는 한마디로 '평화' 그 자체였다. 그녀는 자신의 아름다움은 전혀 의식하지 못한 채 다른 사람과 어울리어 사람들에게 격려와 위로의 말을 하고 있었고 타인을 위해 도와줄 것이 무엇인지를 찾고 있었다. 그녀는 사랑을 실천하는데 온 힘을 쏟고 있었다.

나는 뼈만 앙상한 노인을 보았다. 그는 남의 사상과 신념을 자기의 것처럼 여기고 다른 사람에게 의시대고 자랑하고자 애를 쓰고 있었다. 누군가 그에게 그의 사상에 대해 반박하면 입에 거품을 물고 욕을 하며 공격해댔다. 그는 솔직하지 못하고 자만하였는데 자신은 누구보다도 지성적인 사람이라고 자부하였다. 사람들은 처음에 그의 말에 솔깃하고 다가섰으나 금방 그의 사상을 고집하는 그의 말투와 빈정거림과 비난에 모두 물러났으며 다시는 보고자 하지 않았다.

그는 남들이 없을 때는 항상 음란한 것을 생각하고 남을 지배하고 어리석은 여자를 꼬여내어 즐겼으며 무지하고 어두운 자들을 찾아다니며 자신이 얼마나 위대한지를 자랑하였고 남의 사상에 대해서는 약점을 찾아내어 날카로운 비수를 꽂고 있었다. 이 사람은 어두움에서 살아가는 부엉이 같은 족속이다. 이 사람은 오로지 자신의 사상을 자랑하러 다니는 것이 그의 일과였다. 그는 어리석은 자에게 모호한 문제를 질문하고는 남들이 갑작스런 그의 질문에 더 이상 말을 못하는 것을 보고는 속으로 쾌재를 부르고 자신이 대단한 지성인이라는 것을 증명하고자 했다. 그는 남을 짓누르는 것만이 그의 목표였으며 그의 얼굴에 사랑이라고 하는 것은 찾아볼 수가 없었다. 입으로는 그럴듯하게 논리를 말하는 듯 보이지만 뒤에서는 음란하고 악했다. 이 노인의 눈썹은 바짝 마른 멸치처럼 서 있었고 물기 없는 몸을 갖고 있으며 아무나 만나면 큰 소리로 아는 체를 했으며 걸음걸이는 성병에 걸린 사람처럼 어기적거렸다. 남의 말에 대해서 쓸모없는 말이라고 반박하고 역설하는 하찮은 삼류 소설가 같은 사람이었다. 그의 주변배경은 항상 어두웠고 역겨운 냄새가 진동했으며 자연은 풀이 죽어 있었다. 그에게는 날카롭고 음산한 기운이 감돌고 있었으며 어두움이 짙게 깔려있는 듯이 보였다. 그는 여전히 자기주장을 앞세우고 이론을 내세웠지만 그의 삶은 이론과는 정반대로 살았으며 하나도 이성적이거나 합리적이지 않았다.

그의 주변의 환경은 항상 불결하고 할 일없이 빈둥거리는 추잡스런 인간들이 들끓었고 자연만물은 모두 누렇게 되어 시들어서 풀이 죽어 있었으며 황량한 들판에 번개 치는 소리가 들렸고 지진이 일어났으며 노려보는 늑대 같은 짐승만 군데군데 보였다.

나는 산 속에 동굴을 파고 구덩이 속에 사는 사람들을 보았다. 이들의 옷은 항상 더럽고 지저분하였다. 이들은 누가보아도 무서운 몰골과 살기 넘치는 눈빛을 가지고 누군가를 쏘아보고 있었고 머리는 항상 땅만 쳐다보았으며 얼굴은 흉측스러웠다. 이들 옆에는 이상하고 느끼한 담배 같은 퀴퀴한 냄새가 났으며 주변에 징그러운 벌레가 기어 다녔다. 이들은 지저분하고 냄새나며 헤진 옷을 입었지만 정작 자신은 상당히 값나가는 멋진 옷을 입고 다닌다고 여겼다. 물론 이들은 자신들이 가장 의롭다고 여겼고 오히려 자신들이 최고로 논리를 가지고 있다고 여기면서 누구에게든 가르치려 들었다. 그러나 이들의 논리는 어리석기 그

지없는 무가치하고 저급한 지식이었다. 그러나 이런 논리에도 어리석은 자들은 연신 걸려들었는데 주로 허황된 자들이었다.

이들은 동굴 속에서 뭉쳐서 살고 있었다. 이들은 누구든지 자신을 위협할 것에 대해 언제나 대항할 준비를 하고 있으며 그 생각이 얼굴에 쓰여 있었다. 이들이 하는 일은 재미있는 거리를 찾아다니는 것이 일상인데 이들의 쾌락은 남몰래 숨어서 즐기는 것이었다.

이들은 여성을 만나면 누가 되었든지 간에 온갖 미사여구와 감언이설로 꼬여내어 자신과 특별한 관계를 맺었다. 그리고 좋은 약이라고 하면서 권했는데 황홀경에 빠뜨리는 약을 타서 먹이곤 하였다. 이런 식으로 남몰래 느끼는 쾌락으로 즐기면서 살아가는 것이 그의 일과였다.

이들이 어느 겸손한 무리가 있는 틈에 몰래 찾아가서 겸손한 척하면서 그들에게 접근을 하였다. 그러자 겸손한 무리는 이들이 어떤 존재라는 것을 직감적으로 알아차리고는 이들을 멀리 쫓아내었다. 그러나 이들은 포기하지 않고 다른 여자를 찾으러 다녔는데 주로 허황되고 어리석은 여자가 이들의 미혹에 걸려들었다.

그에게 찾아오는 여자는 주로 칭찬과 인정에 굶주린 여자였다. 만일 어리석은 여성이 그의 마수에 걸려들기라도 하면 이들은 모든 수단과 방법을 동원해서 온갖 칭찬과 감언이설로 그녀를 부풀려놓고는 성과 함께 특별한 관계를 맺었다. 결국 상대방 여성과 어두운 구덩이에 같이 떨어지고는 뱀들이 우글거리는 구덩이속의 더러운 오물을 미친 듯이 먹어댔다.

성경에 소경이 소경을 인도하면 구덩이에 빠진다는 그런 격이었다. 그러나 정작 자신들은 맛있는 음식을 먹고 있다고 여겼다. 내가 보니 둘은 온몸 속에 아주 큰 비단 뱀이 꿈틀대는 것이 투명하게 보였다. 비단뱀은 이들의 온몸을 휘감고 있었는데, 때가 되면 고개를 들어 누군가를 잡아먹을 준비를 하는 것 같았다.

비단뱀이 큰 몸을 휘둘러댈 때가 있는데 그때마다 이들은 온몸에 경련이 일어나고 온몸이 꼬이고 발작하게 되는데 매우 고통스러워 했다.

이들은 구덩이 속에서 피해를 입힌 자를 비난하였다. 이들은 거짓된 나름의 논리에 의해서 피해자를 가르치려고 들었다. 이들은 입에 담을 수 없는 욕을 해댔는데, 그 소리를 멀리서 들어보면 이를 부득부득 가는 소리가 들렸고 개구리 우는 소리 같았다. 이들은 언제나 자기의 악한 행위에 대해서 박수쳐주지 않는 자를 모두 적대시하고 희생시켰다.

이들은 언제나 자기와 가까운 자를 배신하고 큰 상처를 주는 것이 공격무기였다. 이들은 좋은 음식을 먹으러 다니는 것이 일과였으며 돌덩어리를 황금으로 여기고 황금 세는 일에 몰두하고 있었다. 이들도 결혼을 하지만 결혼은 단지 정욕을 위한 도구이고 사위나 며느리는 처음에는 반갑게 맞아들이다가 시간이 지날수록 조용히 다가와서는 '내 집에서 나가라' 고 소리를 질러댔다. 누구도 음침한 이런 동굴에서 같이 살아갈 사람은 없었으므로 자녀들은 견디지 못하고 가출했다. 이들은어리석은 여자를 찾으러 다니는 것이 그의 유일한 낙이었다.

이들은 언제나 자기들의 미혹된 생각을 주입시키고자 먹잇감을 찾아다니고 있었고 어리석고 미련한 자가 발견되면 그들에게 다가서서는 달콤하고 아첨하는 말로 자기편을 만들었다. 안타까운 일은 이런 거짓된 말에 현혹되는 자가 너무도 많았고 미혹된 자는 마치 개가 주인에게 끌려가듯이 따라가고 있었다. 마치 초원에서 사자가 무리를 떠나 홀로 서있는 임팔라를 공격하기 위해 노려보듯이 이들은 언제나 남편에게서 벗어난 여인을 노려보고 있었다.

나는 다른 곳에서 남녀가 뒤엉켜 성관계 하는 장면을 보았다. 이들은 감각적 쾌락에 목말라하고 정욕에 이끌리어 살아가는 남자와 여자인데 모두 배우자가 있는 사람들이었다. 이들은 속이는데 천재들이어서 그들의 배우자는 이런 사실을 전혀 모르고 있었다.

이들은 남편과 애인사이를 오가고 있었다. 이들은 거룩한 것과 더러운 것을 혼합시키는 것을 취미로 아는 자들이었다. 이들은 격렬한 섹스를 했고 남편의 정자와 애인의 정자를 한꺼번에 들이마시면서 그 악취를 즐기고 있었다. 이들이 이렇게 즐기고 있는 동안에 이들은 배우자에게 난폭하게 대했는데 배우자는 그녀에게 희생을 강요당하여 무척이나 힘들고 피곤한 기색이 역력하고 매우 고통스러워했다. 이들의 얼굴은 금방 싸우고 나온 싸움닭처럼 보였는데 나름대로 멋스러움을 내고 있었지만 격식에 어울리지 않는 옷을 입고 있었고 흐트러진 머리카락과 얼굴에는 짙은 화장을 하고 있었다. 이들은 거울 속에 비친 자기 얼굴을 쳐다보면서 자기에게 예쁘다는 말을 되 뇌이고 있었다. 그러나 정작 얼굴은 자연스럽지 못하게 정욕으로 일그러져 있었다.

이들은 남편 눈을 속이는 긴장감과 스릴을 간음이 주는 짜릿한 쾌락과 함께 즐기고 있었으며 정상적인 섹스가 아니라 음탕한 섹스를 즐기고 있었다. 이들은 자신들이 이렇게 할 수밖에 없는 것은 배우자 때문이라고 변명을 늘어놓았으며 이렇게 하는 것은 매우 당연한 일이라고 하면서 방어적으로 책임회피를 했다. 이들은 이런 변명을 스스로 믿고 있었는데 그 뻔뻔함의 정도가 극에 달했다.

그리고 자신의 배우자도 자신들처럼 이런 식으로 살고 있을 거라고 믿고 있었다. 이들이 집에 와서는 애써 친절하게 남편에게 보였지만 거짓된 친절은 얼마가지 않아서 분노로 돌변하여 까닭 없이 배우자를 무자비하게 대했다. 그 이유는 자신이 이렇게 된 것을 전부 배우자의 탓이라고 여겼기 때문이다. 그때마다 배우자는 말할 수 없는 고통으로 몸부림쳤고 이들은 승리자가 된 것처럼 속으로는 배우자를 비웃고 동류에게 찾아가 배우자에게 한 짓을 무용담처럼 떠들어 댔다. 이들은 자신들과 같이 행동하지 않으면 모두 적으로 보고 괴롭혔다. 그러면서도 한편으로는 이들은 배우자가 자신을 떠날 것을 두려워했는데 이는 배우자가 자신들의 품위 유지를 위해 자기에게 희생하는 것이 필요했기 때문이었다. 그래서 배우자가 떠날 기미가 보이면 엄청난 분노로서 배우자를 더욱 괴롭혔다. 이들은 자신들의 악한 상태에서 변화할 것에는 관심을 쓰지 않고 언제나 자기방어를 위해 싸울 준비를 하였는데, 먼저 난폭하게 공격하는 것이 습관이 되어 버렸다.

이들의 뒤에는 간교하고 사악한 악령이 도사리고 있어서 언제나 이들을 조종하고 있었다. 그러나 이들은 자신이 사기꾼의 말에 속고 있다는 사실조차 모르고 있으며 벗어나고자 하는 의지가 없고 오히려 이런 긴장된 현실이 살아있는 느낌을 주었기 때문에 더욱 즐기고 있었다. 이들은 사랑 아닌 것을 사랑이라고 믿고 있었는데 순간의 기분에 따라 사랑은 바뀌고 있었다. 그러나 이들의 사랑은 오로지 감각에 충실한 것이었다.

이들을 뒤에서 조종하는 간교하고 사악한 자들은 교활한 전갈과 같은 자들이다. 이들은 어리석은 이들에게 살그머니 다가가 온갖 감언이설과 듣기 좋은 말로 설득하여 독침으로 주사했다. 그리하여 이들은 영혼과 육체가 마비되어 더 이상 올바른 판단과 이성적인 사고를 할 수 없게 만들었다.

전갈의 독침은 근육과 온몸을 마비되어 결국 죽음에 이르게 되기도 한다. 이들의 사상과 소원은 교활한 자들에 의해 완전히 설득당해 이해력과 판단력이 흐려질 뿐 아니라 자신의 처지와 형편을 살피지 못하는 지경에 이르게 된다. 빽빽하고 어두운 구름에 쌓인 것처럼 된다. 결국 교활한 사상과 변질된 생각의 노예가 되어 사망에 이르게 된다.

나는 여러 종류의 사람들이 살아가는 모습을 보았다. 그 속에 살고 있는 사람들은 마치 투명유리처럼 속이 훤히 보여서 자신이 무슨 생각을 하든지 그대로 외부에 드러나는 광경을 볼 수 있었다.

내가 눈으로 본 세계는 선과 악이 감출 수없이 그대로 드러나 있었다. 마치 동물들의 세계에서 사자에서 개미에 이르기까지 살아가는 방식이 다르듯이 선한 자와 악한 자는 삶의 방식이 확연하게 다르다.

마치 동물들의 특성과 행동을 그대로 재연하는 듯 보였다. 사자처럼 용맹하게 사는 인간, 이리처럼 잔인한 인간, 뱀처럼 간교한 인간, 개처럼 정욕에 헐떡이는 인간, 돼지처럼 탐욕에 굶주린 인간, 전갈처럼 타인을 마비시켜 자기 생각을 집어넣는 인간이 있는가 하면 양처럼 평화롭게 살아가는 인간이 있다.

선한 자는 쌓은 선에서 선한 말과 행동이 나오고, 악한 자는 쌓여있는 악에서 악이 튕겨져 나온다. 마음의 생각은 숨김없이 그대로 드러난다. 그것은 그 나라의 거대한 문화이다. 그래서 그곳에 사는 사람들은 자신의 마음의 생각을 감추지 못했다. 이 세계는 시간과 공간 없이 마음의 본질적 상태만이 머물러 있었다. 물질의 많고 적음으로 부와 명예를 계산하지 못하고 다만 선과 악의 수준에 따라 구분되었다. 그저 삶을 측량할 수 있다면 평화와 싸움으로 나눌 수 있을 뿐이다.

이런 세계에서 인간이 발전하고자 한다면 오로지 지혜로서 변화를 이루는 것뿐이다. 그러나 그것도 선한 마음을 가지고 바르게 살아가고자 하는 사람들의 경우이다. 악하고 거짓된 사람들은 스스로 더욱 악이 강성하여서 어둠이 더욱 가속되어 거짓으로 살아갈 뿐이었다. 내가 서 있는 곳은 이런 곳이었다.

인간은 세 가지로 그의 됨됨이를 구별할 수가 있다. 그것은 곧 '사람, 재물, 성'이다. 선한 자는 사람에 대해 위로하고 격려하고 선행을 하고, 재물로는 이웃에게 구제를 하며, 성으로 부부가 한 몸을 이룬다. 반면에 악한 자는 진리에서 벗어나 감각으로 살아가고 사람에게 상처와 고통을 안겨주고, 재물에 집착하며, 성을 무분별하게 사용한다.

인간은 일생을 살아가면서 손바닥에 그의 세 가지 행위를 기록한다. 언젠가 심판대 앞에서 그 손바닥을 펴는 날이 온다. 그러므로 진리 가운데 살아야 한다. 오늘날은 감각에 의해 대인관계와 재물과 성생활을 무분별하게 남용하는 시대에 돌입하였다.

나는 이런 어둠이 오는 것은 높은 가치를 인식하는 인간의 능력을 잃어버린 것 때문이라고 본다. 최상의 높은 가치는 진리를 인식하는 능력이다. 인간에게 진리가 주어졌으나 지각을 상실하고 감각으로 살아감에 따라서 어둠의 결과가 주어졌다. 진리를 아는 지각의 상실은 수치심이 발생하게 되고 낮은 차원의 지식으로 악을 감추고자 온갖 노력을 해보지만 결과는 피곤과 낙심뿐이다.

우주만물이 창조되기 전에 이미 진리는 주어졌다. 이를 두고 "태초에 말씀이 계시니라"(요 1:1)라고 한다. 인간은 마음에는 진리로 살아야 함을 알고 있다. 인간이 진리를 실천하다보면 그에 맞는 선이 주어진다. 이로써 인간은 선을 회복하게 되고 선의 세계에 도달한다. 즉 벗었으나 부끄럽지 않은 세계 즉 순진무구이다. 나는 진리로써 수치심에서 벗어나는 과정을 그려보기로 하였다. 수치심에서 선의 세계로, 어둠에서 밝은 빛으로 가는 과정을 말하고자 한다. 이렇게 찾아보는 것이 진정한 사람이 되는 길이라는 것을 깨달았기 때문이다.

01 수치심

> "아담과 그 아내 두 사람이 벌거벗었으나
> 부끄러워 아니하니라"(창2:25)

수치심은 부끄러움의 상태를 말한다. 일단 인간이 수치심을 갖게 되면 대인관계에서 방어적인 패턴을 유지하고 나 홀로 판단의 세계에 머무르며 부적당감과 함께 깊은 자괴감에 빠진다. 혼자만의 세계는 어두운 하늘과 폭풍과 거친 풍랑이 밀려오는 바다에서 홀로 작은 배를 가지고 노를 저어가는 것과 같다. 그곳에는 자기 마음을 알아줄 이가 아무도 없기 때문에 슬프고 외롭다. 더욱 슬픈 것은 망망대해에서 자신의 무능감과 비참한 현실을 알게 되었음에도 길을 찾지 못하기 때문이다. 그리고 누군가 자신을 지켜보고 있으면서 비난하고 있다는 생각이 들고 안과 밖에서 온통 자신을 향해 손가락질을 하는 그런 형국을 맞이한다. 수치심의 상태에 머문 인간의 모습이다.

주변을 감싸고 있는 세계가 사막과 같은 황폐함이 뒤덮여 있고 어두움이 밀려와서 어두움 속에서 빛을 찾지 못해 한숨짓고 있는 자신을 발견하게 된다. 수치심을 한마디로 말하자면 '마음이 황폐해진 상태에서 맞이하는 타인에 대한 자의식'이다. 수치심의 인간은 언제나 다른 사람의 눈을 의식하고 자신을 비하하고 빠져나오기 힘들다는 생각을 하며 혼자만의 세계에 머문다. 그래서 현실을 도피하고 자신을 감추려는 행동을 한다.

인간이 심리적으로 건강할 때는 타인을 의식하지 않는다. 그러나 마음에 수치심이 자리를 잡으면 자신에게 무언가 잘못되었다는 것을 알게 되어 타인의 눈치를 보게 되고 자신의 삶을 있는 그대로 인정하기 어렵다. 그래서 수치심을 가진 인간은 언제나 자기만의 생각에 몰두하고 감각의 기초에서 판단을 하고 극단적으로 치우친 행동을 한다.

수치심을 가진 인간은 까닭모를 두려움과 공포가 있다. 누군가 자신의 모습을 다 알고 있을 뿐 아니라 손가락질을 하며 비난을 퍼부어대고 있다는 그런 느낌을 갖는다. 마치 이는 "나는 네가 지난여름에 한 짓을 알고 있다"는 영화 제목처럼 속이 훤히 다 들여다보이는 그런 기분을 갖는다. 자신이 떳떳하고 당당하다고 여기는 상태에서 누군가 보고 있다는 느낌은 오히려 기분 좋은 일이지만 자신에게 문제가 있다는 사실을 알고 있는데 누군가 보고 있는 현실은 상당히 기분이 좋지 않다.

먹구름이 끼인 것처럼 항상 기분이 좋지 않기 때문에 안정적인 대인관계가 어렵고 마음속에 분노가 있고 집착에 빠지며 다른 사람에게 자신의 좋은 면을 보이기 위해 포장하지만 정작 자신은 자기를 인정할 수 없다.

나는 존 브래드쇼의 수치심의 치유를 통해서 그 책에서 제시하는 방법으로 치유를 해왔으며 연구해 왔다. 오랫동안 많은 이들에게 수치심 치유 작업을 하면서 좀 더 핵심적이고 근본적인 방법이 무엇일까 찾기 시작했다. 내가 깨달은 것은 수치심은 심리적 문제를 가져오는 것은 사실이지만 심리적 주제만이 아니고 심리적 방법으로만 해결되는 것도 아니라는 점이다.

심리적 방법은 어느 정도의 유익은 있으나 근본적인 해결은 없다는 결론을 얻었기 때문이다. 나는 수치심에 대해서 근본적인 뿌리를 찾고 싶어졌다. 많은 심리학자나 상담자들은 수치심으로 인한 증상과 결과적 문제를 해결하고자 온갖 심리적 방법을 동원하여 이 부분을 해결하고자 노력하였다.

세계적인 상담자 존 브래드쇼는 수치심 치유를 위한 기법으로 내면의 아이 치유기법과 자기 사랑하기, 이미지 치유 등을 제시하였다. 나도 한동안 이런 기법을 사용하였으며 많은 도움을 얻기도 하였다. 그러나 심리적 도움이라는 것은 일시적인 효과는 있지만 내담자 본인의 의지와 지속적인 노력을 하지 않는다면 곧바로 되돌아갈 수밖에 없다. 나는 이런 모습을 많이 경험해 왔다. 나는 좀 더 본질적이고 근본적인 인간이해와 함께 인간의 문제를 도와줄 길을 찾고 있었다. 나는 그 해답을 성경에서 얻었다. 오랜 기간 인류는 성경과 함께 지내왔고 성경은 인간에게 삶의 근본적인 진리의 길을 제시한다.

성경에서 수치심은 인간의 상태로서 본래 인간은 수치심이 없었다고 했고 죄의 결과로써 수치심이 주어졌다는 것을 말하고 있다.

심리학자들이 말하는 수치심은 인간이 출생이후 가족관계를 통한 자극과 반응에서 오는 결과를 말하고 있지만 성경에서 말하는 수치심은 죄의 결과로 나타는 결과로 인한 것이다.

나는 수치심은 심리적 도움에서 한걸음 더 나아가 종교적 방법을 의지하고자 하였다. 왜냐하면 종교는 인간의 상태를 중시하고 인간 존재의 종말에 대한 길을 제시하며 근본적인 진리가 무엇인지를 말하기 때문이다. 종교를 가지고 신실하게 믿고 따랐는데 불행하다면 종교를 제대로 받아들이고자 하는 의도가 불순하든지 종교 자체가 거짓 교리를 가진 종교든지 둘 중 하나이다. 종교는 인간에게 삶과 죽음 이후의 길을 제시해주고 선한 삶으로 이끌어서 행복한 결과를 만들어준다.

나는 종교가 인간에게 요구하는 최종 잣대는 선과 악이라는 것을 알게 되었다. 성경은 인간 사후에 그 행위대로 심판을 받게 되는데, 선과 악의 잣대에 따라 선한 자와 악한 자가 나뉘게 되고 그에 따라서 천국과 지옥으로 연결된다고 제시한다.

결국 나는 인간의 내면의 상태를 연구하기 위해서는 성경의 문자에 들어있는 영적 의미와 속뜻을 먼저 풀어야 함을 알게 되었다. 성경을 문자적인 의미로만 본다면 진정 하나님이 말씀하고자 하는 근본의미를 잃어버리기 때문이다. 그래서 나는 인간에게 제시하는 성경 속에 들어있는 깊이 있는 영적 의미와 함께 인간의 상태 변화를 위한 근본적 해결점을 찾고자 하였다. 그런 의미에서 이 책의 내용은 단지 수치심의 치유를 위한 것이기도 하지만 누구에게나 필요한 근본적 상태 변화를 위한 연구라고 볼 수 있다. 성경의 영적 이해와 인간의 근본적인 상태 변화가 융합되어 수치심의 치유를 재해석하였다.

순진무구

성경은 종교적 입장에서 인간에 대한 이해를 제시한다. 성경은 가장 오랫동안 인간이 읽어왔던 이야기이며 많은 사람이 성경에서 삶의 희망을 얻고 영원한 삶에 대한 믿음을 가졌다. 성경에는 첫 장에 에덴의 이야기를 기록함으로서 본래적 인간의 모습을 그리고 있다. 그것은 아담과 이브가 벗었다는 이야기와 벗었지만 부끄러워하지 않았다는 이야기에서 출발한다. 인간은 본래 그런 상태를 유지하며 살았던 존재이다.

나는 강의 중에 사람들에게 이런 질문을 하였다. 에덴동산에는 몇 명이 살았습니까? 그러자 어느 분은 아담과 하와 두 명이 살았다고 말했다. 많은 분들이 이렇게 이해를 하고 있었다. 그러나 한 가지 우리가 알아야 할 사실은 아담은 개인의 고유명사가 아니라 사람을 통칭해서 쓰는 말이다. 아담은 숫자로 몇 명이라고 말할 수는 없지만 많은 사람들의 대표적 인물이다.

성경에 '아담과 그 아내 두 사람이 벌거벗었으나 부끄러워 아니하였다.'(창2:25)는 것은 그 시대 사람들의 상태를 의미하는 말이다. 태고 시대 인간은 미개하거나 옷이 없기 때문에 혹은 기온이 온난하기 때문에 벗었다는 말을 의미하는 것이 아니다. 왜냐하면 기후가 덥다고 하더라도 부끄러운 부분은 언제나 가리기 때문이다. 여기에서 벗었다는 표현은 인간의 상태에 대한 상징적인 표현이다.

나는 여기에서 인간의 본질적 상태의 종착점을 발견한다. 주님은 비유가 아니면 말하지 않았다고 하신 것처럼 성경은 비유와 상징으로 기록한 책이며 성경에서 자연사물과 대응되는 영적인 의미를 찾지 못한다면 성경을 제대로 읽었다고 할 수는 없다.

'벗었으나 부끄럽지 않았다'는 뜻은 당시 사람들의 순진무구 상태를 의미하는 말이다. 순진무구 상태라는 것은 마치 어린아이들의 순수하고 깨끗한 모습을 떠올리게 한다.

주님은 어린아이같이 되지 않으면 결단코 천국에 들어가지 못한다고 말했다. 여기에서 어린아이는 신체적인 면을 말하는 것이 아니고 상태의 개념이다. 즉 벗었으나 부끄럽지 않은 상태와 어린아이와 같이 되는 상태는 순진무구로 일맥상통한다. 순진무구는 한마디로 선한 상태이다.

그러므로 에덴의 순진무구한 사람들은 선하게 살았으며 직감적으로 진리를 체득하며 살았다. 이들은 신을 사랑하고 이웃에 대해서는 살인, 간음, 도둑, 거짓말, 탐심을 가지지 않았다. 그러니까 계명에 어긋나지 않았다. 그러나 시간이 흐르면서 이런 인간의 상태가 변질되었다. 에덴동산에서 아담과 하와가 금지된 선악을 알게 하는 나무의 열매를 먹었다는 이야기는 인간의 변질과 타락의 과정을 함축적이고 비유적으로 설명한 것이다.

이런 성경의 비유적 설명은 인간의 상태를 설명하기 위해 동원된다. 성경은 신이 먹지 말라고 한 선악과를 먹었다는 이야기에서 변질되어가는 인간의 상태를 압축적으로 말하고 있다. 그 결과 인간에게 수치심이 발생하였으며 나무 뒤에 숨었다고 설명한다.

수치심이 발생하는 경로를 좀 더 자세하게 설명하면, 보암직도 하고 먹음직도 하고 탐스럽다는 표현을 통해서 인간의 상태가 감각에 심취했다는 것을 알 수 있다. 먹었다는 표현은 음식물이 소화되고 피가 되고 살이 되는 것처럼 인간이 감각적 상태에 이미 들어갔음을 의미한다.

"그러나 선과 악을 알게 하는 나무의 열매만은 먹어서는 안 된다. 그것을 먹는 날에는, 너는 반드시 죽을 것이다." 라는 구절은 감각에 의해서는 절대로 진리를 알 수 없다는 경고이다. 삶의 근본 질서를 감각으로는 절대로 알 수 없다는 그런 의미이다. 그래서 죽는다는 말이 나온다.

주님이 주신 세계는 감각으로 판단하는 것은 불가능할 뿐 아니라 감각을 가지고 판단하게 된다면 총명과 지혜마저도 없어지게 된다는 의미이다. 죽는다는 구절은 진리를 아는 이해의 능력이 죽게 된다는 의미이다. 이어서 감각으로 살아가려는 인간의 시도는 자기가 하나님처럼 된다는 구절에서 변화가 불가능할 정도로 확고하게 굳어진 교만과 변질된 신념을 말해준다.

결론적으로 선악과 사건을 통해본 인간은 감각에 기초한 변질된 신념의 결과로써 수치심이 발생했다. 감각에 몰입되어 방향을 상실하고 신념에 의해 자기만의 세계를 만들어 버려서 결국 신과 더불어 지냈던 지혜를 잃어버렸다. 수치심은 인간이 자기 욕심에 이끌리어 지혜와 삶의 방향을 상실했을 때 찾아오는 인간의 변질된 상태이다. 이것은 오늘날 인간의 현상과 비슷하다. 오늘날은 감각에 도취되어 그의 산물인 중독과 신경증, 강박증을 양산하는 시대에 도달했다.

그러므로 인간의 상태를 본질적으로 회복하기 위해서는 본래 인간의 상태가 어떠했느냐가 매우 중요하다. 그것을 성경은 우리에게 가르쳐 준다.

어떻게 해야 순진무구의 상태에 이르게 되는가? 그것은 본래 태초에 가졌던 인간의 능력을 되찾으면 된다. 인간 마음에 남아있는 감각보다 높은 차원의 인식능력이다. 그것을 찾을 수 있을 것인가? 물론 찾을 수 있다. 그 이유는 아직도 미미하지만 그루터기처럼 인간에게 그 능력이 남아 있기 때문이다. 그 능력이 남아있다고 보는 이유는 자신의 상태를 높은 차원의 눈으로 인식할 수 있기 때문이다. 즉 수치심의 현실을 알 수 있는 능력이다. 인간에게 이런 능력조차 없으면 자신의 현실이나 수치심의 상태를 절대로 알 수 없다.

그러므로 인간은 감각적 상태에서 높은 차원의 인식의 세계에 나아가야 한다. 그렇게 되려면 첫째는 자신의 현실을 인식해야 하고 그다음에는 높은 차원의 세계에 대한 깊은 동경과 소원이 있어야 한다. 이것이 간단하고 쉬운 말이지만 이미 수치심에 젖은 인간에게는 대단히 어려운 말이기도 하다. 수치심의 인간은 그 눈이 뜨여져야 하고 높은 차원을 향하고자 하는 소원을 갖고 행동에 옮겨야 하기 때문이다.

흔히 가족연구가들은 수치심의 원인을 규명하기를 수치심은 어린 시절 가족에서 형성되었으며 부모와 관계에서 미해결 과제에 의해 비롯되었다고 말한다. 이런 내용은 그들이 가족의 중요성을 깊이 있게 분석하고 연구한 결과이다. 그만큼 가족의 영향력을 무시할 수 없기 때문이다. 가족이론에서 말하는 어린 시절의 상처와 양육방식이 수치심을 가져다주기도 하지만 인생 전부를 그 이론적 테두리로만 해답을 내기에는 아직 무언가 답답한 면이 있다. 왜냐하면 미숙한 부모의 자녀들 중에도 성숙한 인간이 나오고, 가족이론으로만 보면 인간은 절망적이고 부정적이며 높은 차원으로 나아갈 기회를 제시하지 못하기 때문이다. 부모가 변하지 않으면 한 가족의 영향권에서 순기능으로 넘어가기란 거의 불가능해 보인다.

수치심은 당연하게 가족관계에서 많은 영향을 받지만 가족관계에서만 비롯되었다고 말할 수는 없다. 수치심은 영적 영역이므로 선과 악의 관점에서 보고 이노센스 상태로 해결될 수 있다는 점을 강조하고 싶다. 그러므로 수치심은 심리적 주제뿐만 아니라 부모로부터 물려받은 유전적 영향과 외부의 환경에 대한 해석과 배움, 최상의 가치추구, 마음과 육체의 조화, 선과 악의 관점이 종합적으로 기인하여 이루어진 상태이다.

어린아이

어린아이는 순진무구의 상태를 의미한다. 순진무구를 알려면 갓난아이의 순진한 얼굴을 보아야 한다. 우리는 천진스러운 아이의 얼굴에서 맑고 깨끗하고 순수한 모습을 본다. 아이들은 자신들이 그런 얼굴을 가지고 있다는 사실조차 모르고 재미와 모험의 나라를 찾는다. 아이들은 자신이 벌거벗고 다니면서도 전혀 부끄러움에 대한 인식조차 없다. 어린아이들은 자신을 돌아볼만한 지식이 없는 무지의 상태이다.

마찬가지로 사람들의 때가 묻지 않은 아마존과 같은 밀림 지역의 부족들도 벌거벗은 채 살아간다. 그들 역시 자신의 벌거벗음에 대해서 부끄러워하지 않는다. 이들은 자신의 소유를 주장하지 않으며 무엇이든 공용으로 나누어 쓰면서 사이좋게 살아간다.

이들의 삶의 방식이 현대문명보다는 뒤쳐진 듯 보이지만 이들의 평화
스러운 모습은 자본주의 환경에 지친 인간들에게 고향과 같은 면을 보여
준다. 그런데 최근 아마존 밀림지역에 변화가 찾아왔다. 그것은 현대인
들이 찾아오면서 오토바이나 배와 같은 물건이 들어오기 시작한다. 이
지역 사람들은 이러한 물건에 관심을 보이기 시작하면서 소유욕이 발동
한다. 그러자 이들의 평화가 깨지기 시작하면서 공동생활이 불가능해지
고 너와 나 사이에 경계선을 긋기 시작했다. 이로써 네 것과 내 것을 주
장하고 자연스럽게 옷을 입기 시작하였고 싸움이 발생하게 되었다.

인간은 벗으면서 살아갈수록 더욱 결백해지는 것을 본다. 인간에게
욕심은 너와 나의 경계선을 만들고 제각기 더 많은 소유를 주장하게 하
며 그로인해 전쟁과 싸움을 일으킨다. 옷을 벗고 산다는 것은 격식의 구
분 없이 살아간다는 의미이다. 이것이 외모를 중시하는 현대인들에게는
미개해 보이지만 감출 것 없이 투명하게 살아가는 것은 욕심과 재물에
대한 집착에서 해방된다. 그러면 어린아이가 상징하는 순진무구 상태란
무엇인가?

첫째 어린아이는 무지의 상태를 의미한다. 아이들은 삶에 대한 지식
이 없다. 무엇을 먹어야 할 지 조차 모른다. 짐승들은 태어나면서부터 먹
을 음식을 알고 태어난다. 독수리는 풀을 먹지 않고 고기를 먹는다. 양은
풀을 먹고, 사자는 고기를 먹는다. 그러나 갓난아이들은 부모가 주는 대
로 받아먹는다. 인간은 무지를 가지고 태어난다. 아이들이 세상을 살아
가기 위해서는 부모를 신뢰하고 배우고 학습하여 지식을 습득할 수밖에

없다.

아이는 어떤 지식을 습득해야 하는가? 삶의 진리에 관한 지식과 자연과학적 지식이 필요하다. 두 세계의 질서에 대한 올바른 지식을 배우면서 아이는 질서에 맞게 균형 있는 삶을 살게 된다. 그러나 거짓되고 잘못된 지식을 습득하면 균형이 깨진다. 질서에 맞는 지식을 선택하는 것은 진리이고 질서에 이탈된 삶을 선택하는 것은 거짓이다.

둘째 어린아이는 순진무구한 상태이다. 순진무구는 변질되지 않은 순수한 의도의 상태이다. 순도 백퍼센트의 금처럼 아이들은 의도와 목적이 파괴되지 않았다. 그러므로 아이들은 언제든 잘못된 길을 가더라도 목적과 궤도를 수정할 수 있다. 또한 상처를 받더라도 회복할 수 있는 힘이 그만큼 강하다. 물론 아이들도 잘못된 짓을 할 수는 있다. 나는 그 행위를 말하는 것이 아니라 그들의 순진무구한 상태를 말하고 있다.

주님은 순진무구에 대해서 다음과 같이 말씀하셨다.

"예수께서 보시고 노하시어 이르시되 어린 아이들이 내게 오는 것을 용납하고 금하지 말라 하나님의 나라가 이런 자의 것이니라. 내가 진실로 너희에게 이르노니 누구든지 하나님의 나라를 어린 아이와 같이 받들지 않는 자는 결단코 그 곳에 들어가지 못하리라 하시고 그 어린 아이들을 안고 그들 위에 안수하시고 축복하시니라."(막 10:14-16).

어린아이는 순진무구한 상태를 의미한다. 어린아이들은 우리에게 순진무구 상태를 말해주고 무엇을 회복해야 하는지를 가르쳐 준다.

하나님 나라를 어린아이와 같은 자들이 들어갈 수 있다는 의미를 어린아이처럼 순수한 의도를 가지고 있을 때 천국을 수용할 수 있음을 의미한다.

수치심과 벗음

최근 나는 도로 한복판에서 옷을 벗고 알몸으로 시위하는 여성의 모습을 인터넷으로 보았다. 이 여성은 여성 인권을 위해 일하는 분이었다. 그의 주장에는 일리는 있었지만 그녀를 보는 사람들은 정작 그녀처럼 당당하지 못하고 스스로 창피하게 여겨 자신의 눈을 가렸다. 결국 경찰이 달려와서 그의 몸에 옷을 걸치고서야 사람들은 안심하고 길을 걸어갔다.

벗었다는 의미는 모든 것을 다 드러냈다는 뜻이다. 옷을 벗고 자기주장을 하는 것은 그만큼 당당하다는 것을 표현한다. 흔히 우리나라 속담에 자신이 결백하다는 것을 주장할 때 버선발을 뒤집어서 보여준다는 말을 한다.

성경에 저세상에서는 감출 것이 없다고 하였다. 그곳은 거짓을 말할 수도 없고 이중적인 말을 할 수도 없다. 자신의 속마음을 있는 그대로 드러낼 수밖에 없고 어느 것 하나도 감출 수 없는 투명한 상태이다. 마치 빛이 투과된 투명유리처럼 속에 있는 것이 그대로 드러난다. 우리는 언젠가 마음을 솔직하게 있는 그대로 드러낼 수밖에 없는 나라에 도달하게 된다. 지금은 벗을 수 없지만 벗게 되는 시간이 존재한다.

내면의 상태가 선한 상태가 되면 인간은 당당하게 된다. 그것이 곧 어린아이와 같다는 말이다.

벗었다

인간은 벗었을 때 두 가지 상태가 존재한다. 벗었을 때 당당한 상태와 또 다른 하나는 벗었을 때 부끄러운 상태이다. 당당한 상태는 양심과 이성의 눈으로 스스로 결백함을 확인하는 것이고 부끄러운 상태는 양심과 이성의 눈으로 잘못된 것을 인식한 상태이다. 그러므로 수치심은 결백과 매우 깊은 연관을 갖고 있다. 결백의 여부에 따라 수치심을 느끼기 때문이다. 결백은 높은 차원의 눈으로 판단했을 때 흠이 없다고 여기는 자아인식이다.

인간은 태어나면서부터 인식의 능력을 갖는데 이해, 깨달음, 양심과 같은 높은 가치의 인식이다. 이런 인식의 기능에는 속눈과 겉눈이 있다. 속눈은 이성, 양심, 지혜와 같은 높은 차원의 인식이고 겉눈은 기억과 감각을 인식하는 눈이다. 속눈이 자신의 행위를 보았을 때 이성, 양심, 지혜의 가치에 부합되면 기쁨이 생기지만 가치기준에 불일치가 되면 자책감과 수치심과 두려움이 발생한다.

첫 번째 수치심은 속눈으로 자신에게 결백하지 않은 부분이 드러났을 때의 상태이다. 수치심은 속눈이 자신의 허물을 어떻게 판단을 하는가에 달려있다.

두 번째 수치심은 자신의 어두운 부분을 타인이 보게 될 경우이다. 감추고 싶은 허물을 더 이상 숨길 수 없게 되는 경우이다. 결국 이성, 양심, 지각의 눈이 악을 인식한다. 인간이 선에 서있게 되면 결백하고 악에 서

있으면 흠이 있는 것이다. 사람의 몸이 춥고 어지럽고 떨리고 기침이 나는 것은 몸에 이상이 생긴 신호이다. 인간의 본질적 판단에 의해 수치심이 발생한다.

성경에는 "누구든지 깨어 자기 옷을 지켜 벌거벗고 다니지 아니하며 자기의 부끄러움을 보이지 아니하는 자는 복이 있도다."(계16:15)

자기의 옷을 지켜서 갖추어 입는 자는 진리를 지키면서 살아가는 사람을 말한다. 벌거벗은 몸으로 돌아다니지 않는다는 것은 높은 차원의 눈으로 보았을 때 수치스럽지 않으며 안과 밖이 일치한 상태를 의미한다. 결국 이 구절의 의미는 진리를 지킴으로 수치심에서 벗어난다는 의미이다.

인간에게 주어진 기본적 질서는 진리이다. 인간이 진리대로 살고 있는지는 높은 차원의 속눈이 판단한다. 그 판단에 의해 수치심이 없으면 높은 차원에 일치하게 성숙하게 살고 있다. 수치심은 진리가 없음으로 어두움 속에 있음을 말한다. 그러니까 수치심은 인간에게 안과 밖이 일치하지 못하고 질서에서 벗어났음을 말해주는 경고음이다. 진리대로 살지 못함으로 더 이상 선의 방향으로 진전할 수 없다는 신호이다. 그래서 수치심의 증상이 들어날 때 저절로 얼굴이 벌겋게 달아오르고 가슴이 떨리고 미리카락이 바짝 곤두서고 동공이 커지며 허리는 굽어지고 입에서는 억! 하는 소리가 나온다. 그러면 무엇을 드러내는가?

그것은 마음속의 의도와 신념을 드러내서 보인다는 뜻이다. 자신 안의 의도와 신념을 속눈이 판단한다. 높은 차원의 눈으로 자신이 옳다고 여겨왔던 신념과 의도를 인식한다. 자신을 속눈으로 평가했을 때 삶의 축을 형성해왔던 의도와 신념이 문제 없다고 여기면 결백이다. 그러나 부끄러움을 결백하지 않은 것이다.

결론적으로 수치심은 자신에게 악이 있음을 알게 되어 타인이 보게 될 것이 두려운 상태이다. 부끄러움은 자신에게 무언가 잘못된 부분이 진행되고 있음을 말한다. 인간은 결백하지 않으면 감추기에 급급하다. 이를 두고 포장과 은폐라고 한다. 수치심은 자신이 결백하지 못하다고 여길 때 찾아오는 손님이다. 수치심은 자신에게 무언가 잘못되어 있음을 가르쳐 주는 자의식이다. 왜냐하면 인간은 선악의 눈으로 자신을 끊임없이 돌아보는 존재이기 때문이다.

🕯 극단적인 신념

인간은 신념에 사로잡히면 그것에 몰입되어 최종적으로 옳은 판단이라고 여기고 극단적인 행동 패턴과 양상으로 돌입한다. 신념에 몰입되면 자신의 비참한 현실을 깨닫지 못한다. 자신을 인식하지 못하는 인간은 자기 신념이 옳다는 것을 증명하고자 애쓴다. 한마디로 고집과 독선과 아집에 들어간다. 이런 인간은 마치 독한 술에 취한 사람처럼 자기의 행동을 인식하기 어렵다. 가끔 극단적 종교인들이 이런 현상에 들어가는데, 자기들의 신념에는 오류가 없다고 여기고 전쟁이나 살인조차도 신의 뜻이라고 강조하여 자기 행위를 합리화 한다.

극단적인 신념에 빠진 인간이 이웃에 대한 애정과 휴머니즘이 없으면 그 신념은 인간을 파멸로 몰고 갈 수 있으며 악의 길로 접어들게 한다.

또한 극단적인 신념에는 자아애가 들어있다. 자아애는 자기만족을 위한 패턴을 만든다.

이는 어린 시절부터 형성되는데 나이가 들어서도 그 틀을 깨뜨리지 못한 경우가 많다. 예컨대, 어려서 부모가 훈계를 하거나 매를 들 때 곧바로 도망가는 아이가 있다. 이 아이는 친구들과 한참을 놀다가 늦게 서야 집에 들어온다. 이 아이는 친구들과는 재미있게 지내는 법을 알지만 부모의 교훈을 멀리한다. 이 아이가 자라서 어른이 된 후에도 이 일은 반복된다. 행동 패턴은 여전하게 변하지 않는다. 마치 시지푸스의 신화에 형벌 받아서 일생동안 돌을 굴리는 인간처럼, 핀잔을 주기라도 하면 어느새 아이는 도망가서 친구와 노는 패턴이 반복된다. 자아애적 신념은 그 누구도 깨뜨리지 못한다. 이제 아이에게 부모는 없으며 가족만 남아 있다. 그러나 어른이 되어서도 일정한 행동 패턴이 형성된다. 이것은 극단적 신념에 의해 형성된 패턴이다.

결국 이런 패턴은 경직된 상태에 접어들게 하며 양심 마비 상태가 된다. 그러므로 패턴의 경직상태에서 부드러운 마음으로 변화되지 않는다면 수치심은 치유되지 못한다. 왜냐하면 경직된 마음은 진리를 아는 능력이 저하된 상태며 자아를 인식하는 속눈의 기능이 파괴된 것을 말한다. 경직된 마음은 높은 차원의 자아인식을 가져오지 못하도록 만든다. 경직현상은 자아애에서 비롯되었으며 인식 능력을 떨어뜨리고 만다. 그러므로 인간에게는 높은 차원의 속눈이 필요하다. 높은 차원의 속눈으로 자기인식을 해야 한다. 사람의 수준은 높은 가치의 인식의 능력이 있느냐이다. 그렇지 못할 때 인간은 신념에 사로잡혀 극단적 행위를 서슴치 않게 된다.

⍓ 숨김

수치심은 자신의 치부를 타인이 보고 비난할 것이 두려워서 선택의 여지도 없이 숨는 상태를 말한다. 왜 숨김에 몰두하는가에 대해서는 선용과 악용을 살펴보아야 한다.

우주만물에는 하나의 질서가 있는데 그것은 선용의 질서이다. 예컨대 땅은 풀이나 식물과 나무 혹은 곤충을 위해 자기 영양분을 내어주고 나무는 동물에게 열매를 주고 식물은 동물과 사람에게 먹을거리를 주고 동물은 인간을 위해 고기를 주며 인간은 신에게 예배한다. 누에는 인간들에게 명주실과 먹을거리를 제공한다. 누에 한 마리당 뽑아내는 명주실은 1,200미터 가량이 나온다고 한다. 벌은 벌통에서 약 5㎞를 날아다니며 하루 1만개의 꽃송이를 방문하여 인간들에게 꿀을 제공한다. 벌꿀 1kg의 꿀을 얻기 위해서는 수많은 벌이 560만 개의 꽃을 찾아야 가능하다.

광물은 식물에게 식물은 동물에게 동물은 인간에게 봉사한다. 이것이 자연만물의 순환이며 질서이다. 이를 두고 선용이라 한다. 인간이 이런 자연 질서에 맞게 선용하며 살아가는 것을 진리라고 한다. 질서에 맞는 삶에는 행복이 주어진다. 인간은 주님과 이웃을 위해 선용하다가 죽음을 맞이하고 천국에 들어가도록 되어 있다. 그러므로 인간은 주님을 사랑하고 이웃을 사랑하는 본분을 다해야 한다. 인간이 선용을 하며 살아야 하는 이유는 그것이 자연만물의 질서이며 진리이기 때문이다. 갓 태어난 갓난아이의 순진무구한 얼굴을 보면서 인간은 본래 아이의 얼굴처럼 깨끗하고 순수하게 살아야 함을 말해준다.

그러나 숨김은 근본적으로 자신에게 악이 발견되었기 때문에 타인이 볼 것에 대한 두려움의 결과이다. 숨는 행위는 더 이상 자신이 순수하지 못하다는 것을 스스로 말한다. 그래서 어떤 형태로든 자신의 진면목을 숨기고 변명하기에 급급하다. 이를 두고 성경에는 '회칠한 무덤 혹은 양의 탈을 쓴 이리'라고 표현한다. 즉 선의 모양으로 자기를 감추지만 속에는 악한 것이 도사리고 있다는 의미이다.

인간은 선하고 아름다운 것으로 자신의 악을 감춘다. 그러나 아무리 아름답게 포장을 할지라도 악을 제거하기 전에는 포장은 포장일 뿐이고 근본적인 변화가 일어난 것은 아니다. 왜냐하면 그 속에 악의 덩어리가 들어있기 때문이다. 인간은 타인이 보기에 아름답고 화려한 것을 자랑하고 뽐내지만 양심은 정작 그렇지 못하다는 것을 지적하고 있다. 양심은 높은 차원의 속눈이다.

인간에게는 자신의 상태를 보는 어느 정도의 능력이 남아있다. 이를 두고 그루터기라고 한다. 신이 인간의 마음속에 남겨주신 십일조이다. 인간은 남아있는 그루터기로 자기의 내면적 현실을 끊임없이 들여다본다. 그리고 현실 속에서 숨든지 개방하든지 둘 중 하나를 선택한다. 인간은 언제나 양심의 소리를 듣게 되어 있다. 인간의 내면에서 들리는 소리는 인간으로 하여금 양심에 부응하는 행동으로 응답하든지 변명으로 기울이든지 둘 중 하나에 기울이게 만든다. 인간은 언제나 내면의 소리에 부응하여 선택을 해야 한다.

만일 양심의 소리를 듣고 복종하기를 원한다면 욕심을 포기해야 한다. 양심의 소리를 듣지 않고 억누른다면 그것을 반복할수록 양심의 소리는 점점 소리가 작아지거나 들리지 않게 된다. 그러므로 인간은 양심과 욕심 사이에 갈등과 싸움이 일어난다. 정신분석학의 창시자 프로이드는 인간을 쾌락본능과 초자아 사이에서 갈등하는 존재로 보았다.

인간은 내면 속의 수많은 소리를 들으면서도 선택하는 방향은 언제나 자기 만족으로 향해 간다. 그러나 양심은 자기보다는 이웃을 유익하게 하는 방향으로 선택을 한다. 이것이 그 사람을 규정하는 잣대가 된다. 선택은 그 사람을 독특한 존재로 만드는 성품이라고 말할 수 있다.

사람은 세상에 사는 동안에 선과 악의 균형상태에 놓여져 있다. 선과 악은 반대되는 세계이다. 선과 악은 이해와 의지로써 선택한다. 그러므로 무엇을 믿는가 하는 것과 무엇을 원하는가 하는 두 사이에서 언제나 인간은 선택의 기로에 선다.

무엇을 믿느냐는 진리 혹은 거짓이지만 무엇을 원하느냐에는 이웃사랑 아니면 자기사랑이 들어 있다. 인간은 상반되는 두 세계 사이에서 자유롭게 선택하고 결정하는 것에 따라 그 결과가 나타난다. 여기에 대해 성경은 악과 거짓을 선택하면 지옥과 연결되지만 선과 진리를 선택하면 천국과 연결된다고 말한다. 사람의 선택에서 중간 세계는 없다. 선 혹은 악이 있을 뿐이다. 사람은 두 주인을 섬기지 못하고 하나는 미워하고 하나는 사랑하게 된다. 그러므로 인간이 숨는 이유는 자신의 삶이 선보다는 악이 있기 때문이다. 인간은 악한 자신의 모습을 타인에게 보여주기 싫어한다. 숨김은 선용보다는 악용에 노출되었다는 증거이다.

묵상

"숨어 있는 사람을 본 일이 있는가 숨어 있는 그대로 정직하지 않다. 돈, 술, 외모, 권력 뒤에 숨어 있지만 숨어있음은 솔직하지 않다. 결국 인간은 나무 뒤에 숨어서 자신을 드러내지 않는다. 노출은 수치이고 숨김은 삶의 전략으로 변해 버렸다.

누군가 자기를 숨어서 지켜볼 것으로 여긴다. 있는 그대로의 자신의 모습은 부끄러울 뿐이다. 쥐구멍이라도 들어가고 싶을 뿐이고 낯이 뜨겁다. 그리하여 두려움이 왕 노릇한다. 삶은 겹겹이 쌓인 포장으로 두꺼워졌다. 잔뜩 옷을 덧입어 비대하게 되어 몸을 움직일 수 없이 되어 버렸다. 결국 영혼은 피해 의식과 공포와 두려움이 가득하다.

언젠가 자신을 가려주었던 포장지가 뜯겨지는 날이 온다. 평생을 지탱해왔던 어지러운 생각과 정욕이 떨어져 나가는 그날이 도래한다. 어떤 사람은 조용히 서서히 벗겨진다. 어떤 사람은 고통스럽게 벗겨지고 몸부림치며 통곡한다.

어떤 사람은 양심의 불안과 고통을 느끼면서 벗겨진다. 어떤 사람은 시험을 통해서 벗겨진다. 어떤 사람은 깨달음으로 어떤 사람은 진리를 만남으로 어떤 사람은 재난과 고난으로 벗겨진다. 선한 사람은 거짓이 벗겨지고 악한 사람은 진리가 벗겨진다. 눈에 비늘이 벗겨지듯이 자신을 지탱해 왔던 큰 기둥이 뿌리채 쓰러진다. 만일 저세상에서 벗겨진다면 그날은 곧 심판의 날이 된다. 그때는 너무 성급해진다.

자기 인식

수치심의 상태와 순진무구 상태를 비교해보면 다음과 같다. 수치심의 인간은 자신에게서 악을 발견하면 악을 인정하지 않고 어떻게 하든 선으로 포장하려고 든다. 그러나 순진무구한 자는 자신에게 악이 발견되면 악을 버리고 선을 구한다. 이것이 수치심의 상태와 순진무구 상태의 두드러진 차이이다.

감각과 신념으로 인하여 왜곡된 현실에 빠져 있음을 깨닫는 것이 인식의 기능이다. 왜곡된 현실을 포기하지 못하는 이유는 감각은 인간에게 최상의 환타지를 제공하기 때문이다. 감각은 지금 이순간이 최고의 순간이라고 말한다. 만일 감각이 주는 환상을 포기하게 되면 더 이상 만족을 얻지 못할 것이라고 말한다. 그래서 인간으로 하여금 그곳에서 빠져나오기 싫도록 만든다.

자신의 왜곡된 현실을 보는 것은 힘들고 괴롭지만 감각적 쾌감이 그를 위로하고 만족으로 이끌기 때문에 감각에 지배당해 버린다. 시간이 지날수록 감각의 정도는 더욱 증폭되어 감각적 상태가 본질인 것처럼 여긴다. 그래서 돈이나 권력과 같은 것을 소유할 수 있는 기회가 주어지면 언제나 감각에 투자하고 그 상태를 지속하고자 한다. 그래서 감각을 고집하고는 타인이 인정하지 않을 경우에는 상대방을 비난한다. 이것이 수치심에 머물고 있는 인간의 현주소이다.

우리는 진리를 받아들여서 흔들리지 않는 믿음을 갖는 것과 자신의 신념을 고집으로 굳게 하는 것에는 차이가 있음을 알아야 한다.

진리를 실천함으로 자신의 삶을 건축하여 바위처럼 굳게 한다면 어떤 거짓의 폭풍이 불어도 흔들리지 않는 집을 지을 수 있지만 고집을 굳게 한다면 폭풍이 불 때 한순간에 무너지고 말 것이기 때문이다. 인간은 모든 것이 무너졌어도 고집에 숨어서 자신의 수치심을 가리고자 한다. 감각에 기초한 신념은 옹고집에 불과하다. 감각에 기초한 집은 선악의 기준으로 검열을 받으면 균열이 생겨 무너지고 만다. 수치심은 진리를 잃어버린 인간이 감각에 기초한 신념이나 생각을 가지고 타인에게 고집스럽게 인정하도록 강요할 때 생기는 자괴감이다.

이때 분노와 좌절감과 치욕스러움이 한꺼번에 표출이 된다. 그러나 이것도 얼마 못가서 절망감으로 변한다. 왜 나는 남의 비유를 맞추면서 이렇게 살아야 하는가하는 의구심을 갖는다. 그러면서 더욱 외적으로 포장하는 일에 집착한다. 이것은 지혜를 잃어버린 인간이 삶의 방향과 목적이 상실했음을 의미한다.

인간은 지혜를 추구하는 존재인데 그 지혜가 만족스럽지 못하고 왜곡되었음을 깨닫게 될 때 혼란에 빠진다. 그래서 그것을 고집스럽게 고수하든지 아니면 새로운 지식을 찾든지 한다. 결국 수치심은 신념의 변화를 꾀하기 보다는 혼란과 타인의 비난에 대한 두려움으로 덮어버린다. 이런 형태로 이어지는 이유는 자신에게 진리는 없고 악만 남아있는 것을 인식하였기 때문이다.

누군가 내게 이런 말을 하였다. "내가 어제 밤에 꿈을 꾸었습니다. 너무나 배가 고파서 닭다리와 날개를 먹었습니다. 그런데 시누이가 내게 말하기를 지금 온 식구가 모여 있는데 왜 혼자 그걸 먹고 있느냐고 핀잔을 주었습니다. 나는 내 상황도 모르고 하는 그 말에 화가 나서 소리를 고래고래 질러댔습니다. 나로 인해 집안에 쑥대밭이 되어서 분위기는 완전히 깨어져 버리고 말았습니다."

나는 그녀의 이 말에서 인간의 수치심과 절망을 보았다. 그녀는 현재 영적, 정신적으로 피폐함과 허기진 상태에 있다. 마치 성경에 등장하는 탕자가 기근이 들어서 돼지 쥐엄 열매를 먹어야 되는 허기진 상태와 같다. 배고픈 그녀는 오로지 먹을 것에 탐닉하는 수밖에 없다. 배고픔과 불만족에 머물러 있기 때문이다.

그녀는 감각에 몰입되어 밥그릇을 놓고 싸우는 짐승처럼 누군가 먹는 중에 건드리면 그가 누가 되었든지 간에 싸울 태세가 갖추어져 있다. 그녀는 불만족 상태에서 자기만의 음식을 홀로 고집스럽게 먹는다. 그녀가 먹는다는 것은 자기 만족을 취하는 것을 상징한다. 그녀는 자기만의 고집을 먹고 있었다. 그리고 누군가 그것을 공개적으로 지적하는 순간, 예견대로 그녀는 분노를 폭발시켰다. 그리고는 자신의 입장을 주장하며 소리를 질러댔다. 그녀는 분위기를 완전히 깨버리고 망가지게 하였다. 이는 그녀가 더 이상 포장할 수도 없는 극단적 현실에 직면한 것이다.

수치심에 극도로 절어버린 인간은 자기 상황이 그럴만한 이유가 있으며 내가 이렇게 된 것은 다른 사람 탓이며 자신은 피해자이며 절대적으로 자신의 신념이 맞다고 말한다. 수치심의 인간이 이렇게 말하는 이유는 자기인식이 되지 않기 때문이다. 그래서 자기 입장과 현실이 옳고 이렇게 될 수밖에 없는 어떤 이유가 있는데 그것은 자신의 잘못이 아니라는 주장이다. 이는 현실을 변화하고 더 높은 가치로 나아갈 의도가 없음을 의미한다. 즉 고집에 숨어버린 현실이다. 성경 요한계시록에는 '바위야 나를 가리워 다오!' 하면서 외치는 인간에 대해서 말하고 있다. 바위는 흔들리지 않은 신념을 의미하는데 이는 자기 고집에 숨어버린다는 것을 의미한다.

수치심의 사람은 이렇게 자신의 신념을 하나님이라고 여기고 자기 내면을 변화시킬 준비를 하지 않는다. 수치심의 사람은 언제든 감각에 기초한 자기 신념과 고집으로 일관한다. 그러나 이것은 자기의 주관적 입장일 뿐이며 고집부리고 소리칠 이유가 되지 않는다는 것을 모르고, 화산이 폭발하듯이 분노와 고집을 한꺼번에 터트려 버린다.

그러므로 인간은 자신의 현실을 인식하고 높은 가치를 향해 가고자 하는 의도가 필요하다. 여기에는 많은 의지적인 개혁과 에너지와 실천이 필요하다. 만일 그렇게 하지 않는다면 이런 일들은 반복될 것이고 그로 인해 주변 사람들에게 고통을 안겨주게 되고 새로운 삶의 변화를 갖지 못할 것이 뻔하며 수치와 절망은 반복된다.

나는 이 말을 듣고서 이런 결론을 지었다. '수치심은 영적 정신적 피폐함에서 감각적인 욕구를 충족하기 위해 상황에 맞춘 고집스러운 신념으로 분노와 함께 자기 정당성을 상대방에게 강요하는 열병이다.'

인간은 삶의 마지막 순간에 그기 원하든 원치 않든 간에 최종적으로 선과 악으로 판단 받는다. 인간에게는 언젠가 죽음의 순간이 도래한다. 그때 인간은 업적이나 지식, 부와 명예가 아니라 선하게 혹은 악하게 살았는가를 가지고 평가받는다. 그러나 인간은 자신이 어떻게 살아왔는가를 인식하기보다는 자신이 선하게 살았다고 여긴다. 그리고 자신의 한 일이 얼마나 대단한가를 자랑하고 싶어 한다. 더 나아가 자신은 선하게 살았노라고 아예 스스로 인정을 해버린다. 그러나 그것은 자신만의 신념에 불과할 뿐이다. 어느 날 자신이 선하다고 믿어왔는데 자기인식의 눈은 그렇지 못하다고 지적하는 상황이 발생한다.

그러면 도대체 무엇이 악인가? 인간은 어린 시절부터 지금까지 지난날을 돌이켜 볼 때 무지와 더불어 순수하게 살았다. 과거의 순수했던 기억에 비추어 현재 자신은 왜곡된 신념과 역겨운 감각의 집착과 정욕에 물들어 있다. 현재 자신은 어두운 구름이 짙게 깔린 것 같은 기분이 지속된다. 자신에게 이러한 내면의 깊은 구덩이에 빠져서 어두움으로 아무것도 보이지 않는 순간 자신이 지옥에 떨어진 것 같은 두려움이 올라오기 시작한다. 만일 인간이 두려움을 회피하고자 한다면 자신의 상태를 변화시킬 기회를 얻지 못한다.

더구나 인간이 눈을 가리고 자신을 보지 않으려고 한다면 자기인식의 기능은 쓸모없게 된다. 그럴수록 감각에 충실하게 되어 결국 눈앞에 있는 쾌락에 눈 먼 짐승처럼 되고 어두움의 구렁텅이에 빠지게 되어 감각의 꿀에 집착하며 살게 된다. 그러므로 인간에게는 자기 인식과 합리성이 필요하다.

인간의 마음속에 선이 존재하면 반드시 자기중심의 삶에서 이웃을 위한 선용의 삶으로 초점이 옮겨진다. 선을 가진 자는 선과 악을 구분한다. 그러나 악한 상태에 머물러 있는 자는 악을 선으로 여겨 자신에게 악이 들어있는지조차 모르고 살아간다. 그렇게 살고 있는 자신을 인식하지 못한다. 선과 악은 함께 머물 수 없다. 선과 악은 언제나 이질적이어서 섞일 수가 없다. 선은 악을 발견하면 악을 끊게 하고 악은 선을 발견하면 자기가 선인 것처럼 가장한다.

수치심은 악이 발견되었을 때 이를 감추고자 하는 데서 생긴다. 수치심의 상태에서 벗어나고자 한다면 선을 향해 나아갈 때 치유와 희망이 있다. 그렇게 된다면 수치심에서 평온의 상태로 나아갈 수 있다.

선은 자기인식에서 출발한다. 자신의 악하고 부족한 상태를 인식하면 선한 상태를 추구하는 소원을 갖게 된다. 우리는 바로 이점에 주목해야 한다. 자기인식은 선을 추구하게 만들고 선을 통한 평화의 길로 안내한다.

나는 수치심 치유의 핵심적 역할은 선한 양심의 기운이라고 여긴다. 그 기운은 바람처럼 보이지 않는 세계에서 불어온다. 자연만물의 동식물이 바람에 의해 익어가는 것처럼 사람도 마음 깊은 곳으로부터 주어지는 기운에 의해 성숙해진다.

양심은 선의 정예병이다. 양심에는 반드시 선의 요소가 숨어 있다. 양심은 신과 인간 사이를 연결하는 매체이고 인간으로 하여금 행복하게 살아가도록 도와주는 힘이다. 만약 인간이 가면을 뜯어버리고 양심적으로 살아가고자 한다면 그는 평화를 맛볼 수 있다. 양심은 선을 알도록 가르쳐주고 선한 행동을 실천하게 한다. 인간이 양심적으로 행동한다면 숨김이 사라지고 선행으로 인하여 감사의 마음이 올라오고 타인과 평화를 누린다. 양심이 선을 가져다주고 인간을 행복하게 만들었기 때문이다. 이것이 인간의 회복 상태이다.

묵상

내 안에 하늘나라 생명의 만나가 있습니다. 주님과 이웃사랑의 나라에 있는 자는 그 나라의 만나를 먹게 됩니다. 천사와 교류합니다. 아침을 맞이합니다. 각양 좋은 양식이 공급됩니다. 그 나라는 선이 가득합니다.

내안에 지옥의 생명이 있습니다. 자기만족의 나라입니다. 욕심이 가득차고 자만하며 정욕의 거미줄이 쳐있어 온갖 더러운 곤충이 붙어 있습니다. 돈을 축복으로 여깁니다. 인생의 목표는 돈과 집, 외모치장, 과시, 의복, 자동차, 도박, 쾌락, 노후에 여유롭게 사는 것이고 이웃사랑은 없습니다. 남 앞에서 잘난 것을 뽐내고 이미 천국에 있는 것으로 착각합니다.

아! 나는 두 나라 사이에서 방황합니다. 나는 믿음을 원했으나 정작 나는 믿음이 무엇인지 몰랐습니다. 믿음이란 사랑의 삶과 일치하는 것이고 믿음이란 인애를 가지는 것이고 믿음이란 선을 목적하는 것이고 주님과 이웃사랑을 하는 것인 것을 진작 알았더라면, 자기 고집에 휘둘려서 스스로 배불리는 일은 없었을 것입니다.

나는 두 사이에서 갈등합니다. 나는 믿음과 삶이 일치하는 반석을 원합니다. 그 위에 생명의 집을 짓고, 선과 사랑을 채우는 일이 남아 있습니다. 그것이 나의 목적이고 삶입니다.

자아

자아를 설명하기 위해서는 먼저 주님의 자아를 말해야 한다. 주님은 만유의 근원이 되시고 본질적 자아가 되시기 때문이다. 주님은 자아를 가지셨다. 주님의 자아는 생명이므로 사람을 구원하신다. 주님은 스스로 존재하는 분이시다. 그분은 자신에 대해 "나 다"라고 하셨으며 이는 본질적 자아를 의미한다. 그분이 본질적 자아이므로 만유가 그분에게서 나오고 처음과 나중이고 알파와 오메가이다. 그분은 "내가 바로 만물을 창조한 주다. 나와 함께 한 이가 없이, 나 혼자서 하늘을 폈으며, 땅도 나 홀로 넓혔다."(사44:24)

인간은 그분으로부터 영적 존재가 되도록 창조되었다. 인간의 자아는 그분과 닮아 있다. 인간의 자아는 그분의 진리를 받아들이도록 만들어진 자아이다. 주님이 사랑이시고 인간의 자아는 사랑을 받는 그릇이다. 주님은 스스로 존재하시는 분이시고 인간은 주님이 주시는 힘에 의해 살아가는 존재이다. 인간은 주님에게 지음을 받은 존재이기 때문에 그분이 주시는 것으로 살아갈 때 행복이 있다.

주님의 자아는 다자를 사랑한다. 그래서 주님은 빛이 자연만물을 비추는 것처럼 인간과 하나 되기를 원한다. 그리고 천국을 예비하여 인간에게 행복을 주신다. 인간의 자아는 주님의 자아로 행복을 누리도록 창조되었다. 사랑에는 목적과 결과가 있다. 주님은 인간의 자아가 사랑을 하며 선용의 결과를 낳도록 하신다.

인간의 자아는 사랑하는 자아이다. 그러나 인간이 자아를 가지고 어느 대상을 사랑하느냐에 따라 그 결과는 달라진다. 인간이 자기만을 사랑한다면 자아애가 되고 이웃을 사랑한다면 이웃사랑이며 주님을 사랑하면 주님사랑이 된다. 그러므로 자아는 곧 사랑이라고 말할 수 있다. 자아가 사랑하는 대상이 문제이다. 주님과 이웃을 사랑하는가 아니면 자신만을 사랑하는가 하는 것이다.

먼저 주님사랑과 이웃사랑하는 것이 인간의 근본적인 질서이다. 자아의 지배원칙을 가지면 악하게 되고 이웃사랑을 가지고 삶을 살아간다면 선하게 된다. 자아애 자체가 곧 악은 아니다. 자아애로만 살아갈 때 악이다. 십계명은 인간의 자아에게 주님과 이웃을 사랑하도록 권고한다. 결국 인간의 자아는 주님의 자아를 통해 사랑을 받고 이웃사랑을 위해 선용할 때 진정한 자아의 기능을 한다고 할 수 있다.

성경에 자아에 대해 심도 있게 설명하는 구절이 있다. 이 구절은 내적인 깊은 뜻이 들어있다. "하나님이 깊이 잠든 아담에게서 뽑아 낸 갈빗대로 여자를 만드시고, 여자를 남자에게로 데리고 오셨다."(창2:22)

아담에게서 여자가 나왔다는 이 구절에서 문자 그대로 본다면 아담의 갈비뼈로 여자를 창조했다고 생각할 수 있다. 그러나 영적인 눈으로 보면 이런 뜻이 들어있다. 그것은 깊이 잠든 아담의 모습이다. 깊이 잠든 아담은 자아에 몰입된 인간의 상태를 의미한다. 성경에 보면 "그들이 영원히 잠들어 깨어나지 못하리라"(렘51:57) 여기에서 우리는 인간 자아의 본성을 알 수 있다.

깊이 잠든 인간의 자아는 악의 상태에 머물러 있음을 상징한다. 또한 뼈는 생명력이 없음을 말한다. 인간의 자아는 자기 스스로 보기에는 대단해 보이지만 생명력이 없는 것이다. 깊이 잠든 아담은 생명력이 없는 보잘 것없는 자아에 심취하여 아주 깊이 빠져버린 인간의 상태를 의미한다.

아담의 갈빗대로 여자를 만드셨다고 하는데, 원문에 보면 여자를 세웠다고 표현하고 있다. 즉 영어 원문에 여자를 세웠다는 뜻의 'built into a woman' 이라는 용어를 사용한다.

이 말은 '쓰러져 있는 것을 일으켜 세운다' 혹은 '재건 한다' 라는 뜻인데, 주로 거짓된 것을 새롭게 할 때 사용하는 용어이다. 이런 구절은 예레미야서에도 등장한다. 즉 "처녀 이스라엘아, 내가 너를 일으켜 세우겠으니, 네가 다시 일어날 것이다."(렘31:4)

여자를 남자에게 데리고 오셨다는 것은 자아 안에 새로운 자아가 주어졌다는 것을 의미한다. 생명이 있는 자아를 주신 것이다. 이를 두고 '주님의 신부' 라고 부른다. 생명을 받은 자아, 즉 여자는 지각과 양심의 자아를 상징한다. 성경에 "여호와가 새 일을 세상에 창조하였나니 곧 여자가 남자를 둘러싸리라."(렘31:22)

성경에 여자가 남자를 안는다고 하였다. 남자는 여자를 보면서 '이는 뼈 중의 뼈요 살 중의 살' 이라고 감탄한다. 뼈는 생명을 받지 못한 자아, 살은 생명을 받은 자아를 의미한다. 즉 의지와 이해이다. 의지와 이해의 짝이 생겼으므로 이제는 여자라고 하지 않고 '아내' 라고 하였다. 인간에게 상태의 변화가 왔다. 즉 의지가 생긴 것이다.

선악과 열매를 먹었다는 의미는 속사람의 자아가 감각에 깊이 빠진 것을 의미한다.

인간의 자아는 크게 두 가지로 구분되는데 의지적 자아와 이해적 자아이다. 의지적 자아와 이해적 자아는 아담과 이브, 남자와 여자, 겉과 속으로 표현된다. 여자는 의지적 자아를 상징하고 남자는 이해적 자아를 말한다. 고로 남자와 여자의 결합은 이해와 의지의 전체적 인간을 말하는데 바울은 두 종류의 자아 사이에서 갈등을 고백하기도 하였다.

스위스의 정신분석학자 칼 융은 인간에게는 남성성과 여성성, 내향성과 외향성이 있음을 말하였다. 칼 융은 인간은 둘이 연합할 때 온전한 사람(whole person)이 된다고 하였다. 그는 외향성을 가진 사람은 외부의 세계에서 가치 있는 것을 찾고 반면에 내향성을 가진 사람은 내면세계에서 가치를 찾는데 인간은 한 쪽 성향이 다른 성향보다 훨씬 발달되어 있지만 안과 밖이 연합을 이룰 때에 온전함에 도달한다고 말했다.

"남자와 그 아내가 둘 다 벌거벗고 있었으나, 부끄러워하지 않았다." (창2:25)는 말은 주님으로부터 자아에 순진무구가 흘러 들어옴을 의미한다. 인간이 악해지는 것을 방지하기 위한 주님의 보호이다. 순진무구가 들어옴으로 인해 인간은 자아에 있는 악을 제거하기 시작한다. 어린아이들을 보면 아이들이 거짓말을 하더라도 순진무구가 있기 때문에 부모의 말을 듣고 곧바로 교정하게 된다. 마찬가지로 인간에게 순진무구가 없으면 악에서 벗어나기 어렵다. 즉 수치심의 상태에 머물 수밖에는 없게 된다.

사람은 하나님의 형상과 모양대로 창조되었다.(창1:26) 하나님의 형상은 그분의 지혜를 말하고 하나님의 모양은 그분의 사랑을 의미한다. 사랑은 생명의 존재이고 지혜는 생명의 실재이다. 주님께서 인간에게 생명을 주시고 그분을 위한 거처를 두셨다. 사랑을 위하여 의지를, 지혜를 위해서 이해를 주셨다. 그러므로 의지와 이해는 주님의 거처이다. 인간의 의지와 이해는 사랑과 지혜의 수용에 따라 생명을 얻는다. 사랑이 약해지면 생명력이 약해지고 지혜가 약해지면 이해력이 부족하게 된다.

인간에게는 의지와 이해의 연합과 분리가 있다. 그러므로 인간은 말과 의도가 다를 수 있다. 겉은 아름답게 꾸미지만 속은 음란하다. 겉으로는 사랑을 말하지만 속으로는 미움을 갖는다. 이는 의지와 이해의 불일치 현상이다. 인간은 의지적 측면에서 의도이고 이해적 측면에서는 사상이다. 이런 부조화는 곧 분열이다.

결국 인간 내면의 분열은 수치심을 유발하게 되었고 수치심을 가리기 위한 덮게가 필요했다. 악을 인식한 인간에게 선하게 보이기 위해서 덮게가 필요했다. 아담의 덮게는 '무화과 나뭇잎' 이다.

아담이 무화과 나뭇잎으로 가렸다는 것은 세상적이고 일상적인 선의 지식을 말한다. 무화과 나뭇잎은 세상적 선의 지식과 친절의 지식이다. 주님의 계명에 의한 선이 아니고 감각적 삶을 포장하기 위한 포장술에 지나지 않는다. 진리의 빛 아래서는 드러날 수밖에 없는 조잡스러운 상태이다.

누가 내게 물었다. 선은 한자로 흔히 말하는 착할 선(善)을 의미하나요? 나는 대답했다. '그 선은 인간이 태어나서 살아가는 일상적인 선을 말합니다. 그러나 진정한 선은 신과 인간과의 관계에서 계명대로 살아갈 때의 선입니다. 주님은 제자들에게 너희가 나를 사랑하면 내 계명을 지

킨다고 하셨습니다. 진정 신을 사랑하므로 행하는 선이 진정한 선입니다.'

성경의 무화과의 의미는 세상적 친절에서 오는 선을 의미한다. 무화과는 잎과 꽃이 피기 전에 열매가 맺히는 것이 특징이다. 한마디로 성급하다. 그러니까 무화과의 영적 의미는 진리의 지식과 깨달음 없이 선을 행하는 상태이다. 선악과 열매를 먹은 이후의 아담의 무화과 나뭇잎은 누구에게나 있는 보통사람의 친절한 선의 지식으로 살았다는 의미이다.

주님은 무화가 나무가 열매가 없고 잎사귀만 무성한 것을 보시고 저주하셨다.(막11:20) 무화과 잎사귀가 무성한 것은 세상적 상태의 선의 지식은 충분하지만 선을 행하지 않는 인간의 상태를 말한다. 선을 행할 생각이 없는 사람의 포장하기 위한 선의 지식은 뿌리부터 말라버렸다.

주님은 아담의 무화과 나뭇잎 대신에 가죽옷을 입혀주신다. 순진무구는 세상적 상태의 선의 지식으로 이루어지는 것이 아니라 진리로만 가능하다. 진리는 순진무구로 들어가는 현관문이다. 순진무구는 인간의 겉과 속, 이해와 의지, 교회와 천국을 하나 되게 한다. 인간에게 순진무구가 사라지면서 안과 밖이 나뉘게 된다. 순진무구의 상실은 파멸과 황폐의 시작점이 되었다. 그것은 인간이 순수한 의도를 가지고 대인관계를 맺거나 자신의 역할을 하기보다는 이기적인 목적을 숨기고 겉으로 잘 보이기 위한 시도를 한다는 것을 말한다. 이런 행동을 하는 이들에게 순진무구로 인한 평화는 주어지지 않는다.

결국 순진무구 상실은 인간에게 수치심을 가져오게 되었으며 포장과 변명과 겉치레와 형식이 가득한 삶으로 이끌었다.

자아 집착

불교에서는 세상을 살아가는 인간의 모습을 다음과 같이 표현한다. 한 남자가 깊은 산 속에서 사자에게 쫓기고 있었다. 한참을 달리다 보니 눈앞에 절벽이 있었다. 그 남자는 용기를 내어 절벽 밑으로 뛰어내리고자 하였지만 절벽 아래에는 수많은 독사들이 우굴 거리고 있었다. 급박한 상황에서 절벽 아래 나무뿌리를 붙들고 버티게 된다. 잠시 후, 어둠이 몰려오고, 차가운 바람이 불더니 나무뿌리를 거머쥔 그의 손에 힘이 빠지기 시작하였다. 그런데 생쥐 두 마리가 그가 잡고 있는 나무뿌리를 갉아먹기 시작한다. 그는 절망스런 눈길로 천천히 주위를 훑어보았다. 그는 자신이 매달린 나무뿌리 위 절벽 틈새에 있는 꿀통을 발견한다. 그는 꿀통에서 벌꿀을 먹기 시작했다. 그러자 남자의 모든 고통이 순간 사라졌다. 그는 자신이 처한 모든 상황을 잊어버리고는 꿀의 달콤함에 온 정신이 쏠렸다. 이런 이야기는 자신의 현실을 인식하지 못하고 감각이 주는 쾌락의 달콤함에 빠져 있는 인간의 모습을 말해준다. 인간은 자신에게 주어진 왜곡된 현실을 외면하고 감각적 쾌락에 몰두한다. 인간은 갈증을 느끼면 구정물이라도 마시려고 든다. 갈증으로 더 이상 여유롭지 못하게 되었다. 이는 자신은 더 이상 지혜를 갖고 있지 않으며 선하지도 않다는 것을 깨닫게 되므로 그만큼 내적 현실이 고통스럽다.

수치심은 인간으로 하여금 존재적인 갈증을 느끼도록 만들며 결국 무언가에 집착하지 않으면 안되는 상태에 머문다. 그래서 자신에게만 몰입되어 있고 타인은 안중에도 없게 되었다. 그 결과 자기 만족에 사로잡힌 상태가 되었다.

영적인 지도자나 성자들은 항상 집착하지 말 것을 이야기한다. 우리는 집착하는 만큼 고통스럽다는 것을 알아야 한다. 카잔차키스의 소설 '그리스인 조르바'에서 집착하지 않음의 예가 구체적으로 표현되었는데 주인공 조르바는 극도의 재난과 실망 속에서도 이 모든 것을 놓아 버린 '무 집착'의 모습을 보여준다. 그는 강에 도랑을 공사하는 일을 맡아 그 누구보다도 열심히 일한다. 그러나 도랑이 다 완성되던 날 강물이 너무 불어 그가 애써 지은 도랑이 무너지고 마을은 떠내려가기 시작하였다. 한마디로 죽기 직전이다. 조르바는 이를 보고 처음에는 기절초풍했지만 곧 이 도랑이 무너져가는 가운데서 춤을 추기 시작한다. 모든 것을 초월하여 우주 가운데서 춤을 추는 사람 마냥 그는 춤을 추며 낄낄거린다.

삶에서 일어나는 부분적인 일에 집착하지 않아야 한다. 중요한 것은 그 일들로 이루어지는 전체 그림이다. 우리는 전체를 보게 되는 순간 그 동안 우리가 보고 있었던 것이 부분에 불과하다는 것을 이해한다. 명상가 스리 아우로빈도에 말처럼 '당신이 최고의 높은 경지에 도달하지 않고는 가장 천한 것이 무언지 알 수 없다.' 통합된 관점과 집착하지 않음은 말한다.

자신에게만 집착되어 있으면 객관적으로 자신을 보지 못하기 때문에 무엇이 옳고 그른지 알 수 없는 자아도취에 빠지고 만다. 자아도취는 자신이 완벽하다고 여기고 자신의 생각이 대단함을 증명해보이면서 사람들이 자기를 숭배하고 열광하기를 기대한다. 하지만 그 밑에 깔린 것은 지독한 공허감과 허망함이다. 다시 말해 지독한 수치심이라 볼 수 있다.

자신에 집착하고 숨는 것은 자신에게는 지혜가 전혀 없다는 것을 말한다. 그 대신에 감각적 만족에만 몰두한다는 것을 말해준다.

분리

인간이 순진무구에서 떠나면 이해와 의지의 분리가 찾아온다. 본래 인간은 순진무구로 인하여 의지와 이해가 하나로 조화를 이루었다. 마음은 의지와 이해로 구성된다. 의지는 목적하는 기능이고 이해는 수단의 기능이다. 의지는 행위를 뜻하고 이해는 믿음을 의미한다. 의지가 선을 목적하면 이해는 진리를 믿는다. 의지가 악을 목적하면서 진리로 포장하는 경우도 있다. 그러나 의지가 선을 목적하는데 거짓으로 포장하는 경우는 없다. 인간은 속으로 악한 것을 계획하면서 입으로는 온갖 좋은 말로 거짓을 말할 수 있다. 이를 두고 이리가 양의 가면을 썼다고 한다.

의지와 이해가 일치되면 연합이고 불일치이면 분리이다. 그런데 순진무구를 상실한 인간에게는 마음의 분리가 온다. 즉 의지가 악하면서도 이해는 진리로 포장한다. 빛의 천사처럼 가장한다. 겉보기에는 아름답지만 속은 더러운 상태이다. 이는 배우가 왕의 옷을 입은 꼴이다. 결국 인간의 마음에 가시덤불이 무성하게 되었다. 주님이 말씀하신 것처럼 가시덤불이 무성한 밭에 뿌려진 씨는 처음에는 싹이 자라지만 진리를 실천하고자 하는 의지가 없음으로 재리의 유혹과 세상의 염려로 인해 곧 말라죽어 버리게 된다는 것과 같은 원리이다.

이런 자는 내면의 불일치로 인해 평안이 없고 절망감이 주어진다. 의지와 이해의 분리는 진리의 지식은 있지만 목적은 악이다. 이러한 인간은 무질서 속에서 자신도 자기를 인정하지 못하고 무언가 잘못되었다는 느낌과 함께 스스로 절망하게 된다.

희망이라고는 찾아볼 수 없을 정도로 마음이 조각조각 나뉘게 된다. 그야말로 마음은 가시덤불이 가득하고 보잘것없는 상태가 되어 버린다. 이렇게 마음이 분리되면 깨달음과 지혜는 찾아볼 수 없다. 결국 인간은 겉만 화려하게 장식할 뿐이고 속은 그렇지 못하게 되었다. 겉으로는 회칠한 무덤처럼 아름답게 보이지만 속에는 온갖 더러운 것이 가득하게 되었다.

성경에 아브라함에게서 쫓겨난 하갈은 아이를 가시덤불 아래 놓아두고 목 놓아 울고 있다. 이것은 아브라함과 분리된 하갈의 상태를 의미한다. 분리로 인한 자포자기와 절망적 상태이다. 수치심의 상태를 그대로 표현한다. 욥기에는 황폐해져버린 인간의 모습을 다음과 같은 구절로 묘사하고 있다.

"덤불 속에서 자란 쓴 나물을 캐어 먹으며, 대싸리 뿌리로 끼니를 삼는 자들이다. 그들은 사람 축에 끼지 못하여 동네에서 쫓겨나고, 사람들이 마치 도둑을 쫓듯이 그들에게 "도둑이야!" 하고 소리를 질러 쫓아 버리곤 하였다. 그들은, 급류에 패여 벼랑진 골짜기에서 지내고, 땅굴이나 동굴에서 살고, 짐승처럼 덤불 속에서 움츠리고 있거나, 가시나무 밑에 몰려서 웅크리고 있으니"(욥30:3-7)

진리가 없고 황폐해진 상태를 위와 같이 표현하였다. 인간 마음의 상태를 가난과 굶주림에 허덕이고 몰골이 메마른 땅과 황무지에서 벼랑진 골짜기나 땅굴이나 동굴에 살고 풀뿌리나 씹으며 덤불 속에서 자란 쓴 나물을 캐어 먹는 모습으로 표현한다. 이사야에서는 인간의 분리된 내면의 황폐함을 거친 골짜기나 바위틈과 가시덤불에 내려앉는다고 표현했다. "거친 골짜기와 바위틈, 모든 가시덤불과 모든 풀밭에 내려앉을 것이다."(사7:19)

가시덤불은 이기적으로 남을 깎아 내리는 사상을 말한다.

⚖ 어두움과 무지

순진무구가 사라져서 의지와 이해의 분리가 생긴 인간에게 어두움이 찾아왔다. 그것은 곧 진리에 대한 무지이다. 진리의 무지는 인간으로 하여금 자아만족에 몰입하는 상태에 이르게 한다. 인간은 어떠한 희망의 빛이 보이지 않기 때문이다. 그에 맞는 변질된 신념이 자리를 잡는다. 어두움에 대해서 이사야서에는 다음과 같이 설명한다.

"어느 백성이든지 자기들의 신들에게 묻는 것은 당연하다고 한다. 산 자의 문제에 해답을 얻으려면, 죽은 자에게 물어 보아야 말한다. 그러나 니희는 그들에 내답하여라. 오직 주께서 가르치신 말씀만 듣고, 그 말씀에 관한 증언만 들으라고 하여라. 이 말씀을 따르지 않으면, 동트는 것을 못 볼 것이라고 하여라. 그들은 괴로움과 굶주림으로 이 땅을 헤맬 것이다. 굶주리고 분노한 나머지, 위를 쳐다보며, 왕과 신들을 저주할 것이다. 그런 다음에, 땅을 내려다 보겠지만, 보이는 것은 다만 고통과 흑암,

무서운 절망뿐일 것이니, 마침내 그들은 짙은 흑암 속에 떨어져서, 빠져나오지 못할 것이다."(사8:19-22)

진리에 대한 지식의 결핍과 부족으로 어두움에 빠진 인간의 모습을 표현하고 있다. 거짓에 빠진 자들은 너무나 절망적이어서 결국 동트는 것을 못 볼 것이고 분노하여 신을 저주한다고 하였다.

순진무구가 사라진 상태에서 선의 결핍은 위를 쳐다보고 땅을 내려다보지만 보이는 것은 다만 고통과 흑암, 절망뿐이다. "위를 쳐다보고 땅을 내려다본다."는 의미는 모든 것을 자세하게 살피는 것을 말한다. 그러나 결국 보이는 것은 다만 어두움뿐이다. 이들은 흑암에 빠지게 되는데 "짙은 흑암"은 매우 어두운 거짓을 말한다. 거짓으로 인해 생긴 분노는 더욱 어두움 속으로 들어가도록 하고 거짓으로 이어지고 거짓된 신을 예배하는 결과를 가져온다. 이는 자아가 진리를 상실하고 무지와 어둠의 상태에 빠졌기 때문이다. 이렇게 되므로 인간의 자아는 선한 구석을 찾아볼 수가 없게 되었다. 이를 두고 진리의 황폐라고 한다.

그러나 흑암 가운데 있는 인간에게도 희망의 빛이 주어진다. "나사렛을 떠나 스불론과 납달리 지경 해변에 있는 가버나움에 가서 사시니 이는 선지자 이사야를 통하여 하신 말씀을 이루려 하심이라 일렀으되 스불론 땅과 납달리 땅과 요단 강 저편 해변 길과 이방의 갈릴리여 흑암에 앉은 백성이 큰 빛을 보았고 사망의 땅과 그늘에 앉은 자들에게 빛이 비치었도다. 이 때부터 예수께서 비로소 전파하여 이르시되 회개하라 천국이 가까이 왔느니라 하시더라."(마4:13-17)

스불론 땅과 납달리 땅과 이방 사람들의 갈릴리는 비록 이방인이지만 진리를 사모하는 자들이다. 이들은 변화를 추구하고 거짓과 싸우는 자들이다. 사망의 땅과 그늘에 앉은 자들에게 빛이 비치었다는 말은 비록 죽음과 어둠의 상태에 있는 인간이지만 이들에게도 진리가 주어진 것을 의미한다. 어두움은 무지를 의미한다. 무지에 빠진 인간이 살아갈 수 있는 길은 진리이다. 먼저 이해가 진리를 알게 되면 의지에 영향을 미쳐서 의지가 선하게 된다. 그리고 이해와 의지는 진리와 선의 결합을 이룬다. 이해와 의지는 이런 과정을 거쳐 인간을 새로운 삶으로 이끈다.

고독

수치심으로 인해 인간은 진리가 없음으로 어두움 속에 있게 되므로 고독의 상태에 빠진다. 고독은 홀로 떨어진 외로운 상태이다. 포기와 비통함의 상태에서 오는 자의식이다. 고독에 빠진 인간은 자기가 나락으로 떨어지는 것을 바라보고는 절망한다. 자신이 절망으로 떨어지는 모습을 보면서 눈을 돌리고 만다. 더 이상 어떻게 해 볼 도리가 없기 때문이다. 고독의 현상은 진리의 폐허 상태에서 고민하는 인간의 모습이다. 카우프만(Gershen Kaufman)은 이를 가르쳐 "수치심은 내면에 혼란을 가져다주는 절망, 소외, 자기 회의, 고독, 외로움, 편집증과 정신분열증, 강박장애, 자아분열, 완벽주의, 뿌리 깊은 열등감, 자신을 부적당감, 경계선 성격장애와 악성 나르시즘을 일으키게 한다."고 말하면서 수치심이야말로 진정한 자신의 기능을 포기하게 하고 모든 정신적 질환을 일으키는 주범이라고 말한다. 수치심은 신경증 성격장애, 정치적 폭력, 심지어는 전쟁과 범죄를 일으키는 근본적인 요인이 된다고 말한다. 고로 수치심을 가진 사람들은 고독하고 외로운 느낌을 느끼며 공허하다는 느낌에 사로잡혀 어쩔 줄을 모른다.

이런 현상은 사회적으로 성공한 사람들에게서 나타난다. 이들은 명예와 재물이 있지만 정작 자신에게는 아무것도 없는 것처럼 느껴진다. 이들의 뒤에는 우울과 공허가 자리잡는다. 그래서 술과 마약과 도박에 탐닉하며 희망을 잃어버린다. 나는 이런 사람들을 많이 접했다. 겉으로는 성공한 것처럼 보이는 사람들 가운데 자신을 비하하며 절망하고 아주 사소한 일에 잠못이루고 무너지는 경우가 있는데 이는 수치심의 결과이다.

진리의 필요성

수치심은 인간에게 평가받을 것에 대한 두려움을 가져다주었다. 인간은 두려움에서 벗어나기를 원하고 새로운 삶에 대한 소원을 갖는다. 자신이 황폐와 절망에 빠진 것을 알고는 모든 것을 다해서 빠져나오려고 하지만 그러면 그럴수록 더욱 깊은 절망에서 헤어 나오지 못한다.

결국 절망상태에서 인간은 황폐에서 벗어나기 위하여 어두운 밤에 주님께 찾아 나온 니고데모처럼 진리를 얻고자 한다. 그러나 진정한 변화는 먼저 마음속에 진리의 회복부터 시작되어야 한다. 진리는 각자의 상태에 따라 다르다.

"아담아 네가 어디에 있느냐?", "하갈아 어찌된 일이냐?" 등의 질문은 주님께서 인간의 상태를 아시고 계심을 의미한다. 질문이지만 그 속에는 주님은 인간의 현실을 알고 계시다는 뜻이다.

절망적인 인간은 진리를 인정하지 않는다. 모두 자신의 힘에 의해 운명이 결정된다고 여긴다. 그러나 자신이 무력하고 힘이 없고 약하다는 것과 의지할 곳이 전혀 없는 비참한 현실에 처해있다는 것 그리고 자기 힘으로 현실에서 벗어나는 것은 불가능하다는 것을 알게 되면서 비참한 현실을 직면한다. 그러나 인간이 비참한 현실을 깨닫게 되었을 때 자신의 신념과 목적이 수정되는 귀중한 시간이 된다.

마치 성경에 등장하는 탕자가 '아! 나는 여기서 굶주려 죽는구나' 하는 것은 배고픈 인간의 현실직면을 의미한다. 그러나 바로 이순간은 새로운 생명을 얻게 되는 의미 있는 기회가 된다. 자기의 신념이 깨어지고 새로운 상태에 돌입하게 되었기 때문이다.

'아! 나는 무력하다' 하는 철저하게 자기의 현실에 대한 인식과 깨달음으로 자신이 얼마나 무력하고 힘이 없는 존재인지를 알게 된다. 절망적 상태에서 자기를 건져주는 것은 진리이며 마치 비가 땅에 내리듯이 진리는 하늘로부터 오는 것이고 의도의 변화가 진정한 변화라는 것을 알게 된다. 또한 진리가 있을 때 주어진다는 사실을 알게 된다. 결국 진리가 내 것이 아니라는 것을 알게 된다.

그간 자신이 의롭다고 여겨왔던 신념과 깨끗하다고 주장했던 것이 무너지게 된다. 결국 인간은 자신 스스로 진리를 행한다는 신념과 특별한 존재라는 교만이 깨어져야 한다. 이렇게 될 때 그는 진리되신 주님 앞에 무릎을 꿇고 엎드리어 겸손하게 비는 상태가 된다. 즉 인간이 두려움과 절망가운데 왜 포기할 수밖에 없으며 폐허의 상태에서 왜 벗어나야 하는

지와 진리가 왜 필요한지를 안다면 진리를 찾을 수밖에 없다는 사실을 깨닫게 된다.

⚖ 새로운 교육

우주에는 보편타당한 질서가 있다. 자연세계와 사람의 몸은 질서로 이루어진 세계이다. 자연세계는 전체와 부분이 일관적이고 통일성이 있다. 인간은 몸과 마음이 연합된 존재이다. 인간의 마음은 주님과 연결되어 있으며 질서대로 살면 생명이 주어진다. 질서의 지식이 진리이다. 그러므로 인간에게 필요한 것은 진리의 지식이다. 인간은 진리의 지식에 의해 합리성을 갖는다. 인간이 진리의 지식을 추구한다면 희망이 있다. 진리는 반드시 선과 악을 구분한다. 인간은 선과 악의 지식을 통해서 삶의 목적을 갖는다.

동물들은 단지 감각적이고 본능적인 지식을 갖고 있다. 동물은 자극에 대한 반응의 본능적 지식만 있을 뿐이다. 그러므로 동물들은 질서를 생각할 수 없다. 반면에 인간은 질서의 지식을 기억하고 그 기초 위에서 생각하며 말을 한다. 인간에게는 진리를 깨닫는 능력이 있기 때문에 동물과 다를 수밖에 없다. 인간에게는 세 가지 지식이 필요하다.

첫째는 자신의 몸에 관한 지식이다. 그래서 지식을 통해 몸에 유용한 음식섭취와 의식주, 몸의 건강을 유지한다. 이는 자연적인 인간은 누구라도 건강을 유지하기 위해 운동을 하고 좋은 음식을 먹고 아프면 약을 먹거나 병원에 가면서 건강을 유지한다.

둘째는 사람답게 살기 위해서이다. 즉 과학, 경제, 법, 도덕에 관한 지식을 익힘으로 좀 더 합리적인 인간이 된다. 이는 부모, 학교 혹은 인간관계를 통해 터득된다. 여기에는 이성이 힘을 발휘한다. 인간은 지식을 배움으로 사회법을 지키고 남에게 피해를 주지 않고 윤리와 도덕을 실천하고 대인관계를 한다. 즉 사람답게 살기 위한 도리를 배운다. 만일 인간에게 이런 질서에 관한 지식이 없다면 그는 짐승보다 못하게 살아갈 것이다.

셋째는 영원한 세계에 관한 지식이다. 이는 종교적 지식인데 하나님, 선, 진리, 생명, 천국과 지옥 등이다. 인간이 태고부터 지금까지 종교적 지식 없이 지내온 시절은 없다. 인간의 마음속에는 언제나 죽음 이후의 세계가 있다는 것과 그 나라는 진리와 선의 상태를 가진 자들이 들어가며, 만일 악하게 산다면 무서운 형벌을 면치 못한다는 것을 안다. 그래서 인간은 절대 절명의 위기를 만나면 하나님을 찾는다. 이 지식은 진리의 지식이고 본질적인 내면의 변화를 요구하는 지식이다. 이 지식은 양심과 지각에 부합된다.

나는 최근 수화통역사를 통해 농아인 부부를 상담하였다. 남편은 아내에게 돈을 주지 않았다. 그 이유는 돈을 주면 자기를 떠날 것 같은 두려움에서였다. 그 일로 아내는 술을 먹고 늦게 귀가하였다. 둘 사이는 점점 갈등의 폭이 깊어졌으며 사춘기에 들어선 딸은 부모와 점점 멀어져 갔다. 나는 아내가 교회에 나간다는 것을 알고 남편에게 온 가족이 함께 교회에 가라고 권유를 하였다. 이들을 하나로 묶을 수 있는 끈이 필요했다. 종교 속에는 이들의 상태를 변화시켜서 공통분모를 갖도록 하는 힘이 있다. 인간에게는 종교적 지식을 통해 신에 대한 경외심과 삶에 대한 진실함을 갖는다.

인간은 이 세 가지 지식을 습득하고 활용함으로 살아간다. 세 가지 지식 중 가장 으뜸 되는 지식은 진리의 지식이다. 지식은 배움을 통해서 터득된다. 교육은 황폐와 절망에서 사람답게 살아갈 수 있는 기회를 제공한다.

진리는 몸, 마음, 영원한 삶의 질서를 의미한다. 몸, 마음, 영원한 세계는 질서가 있다. 이 세 가지 질서는 통일되어 있으며 영원한 세계의 질서를 따를 때 마음의 질서가 회복되고, 마음의 질서가 회복될 때 몸의 질서가 회복된다. 이를 두고 진리대로 산다는 것을 의미한다.

인간의 세계는 천지가 만들어지기 전에 이미 질서가 존재하고 있음을 알아야 한다. 이를 두고 "태초에 말씀이 계시니라."(요1:1)고 하였던 것이다. 그러므로 인간은 진리의 지식을 배움으로 사람답게 살 수 있다. 수치심은 질서에서 벗어난 상태이다. 만일 수치심에서 벗어나고자 한다면 진리의 지식을 알고 실천해야 한다. 성경에 다음과 같은 구절이 있다.

"들짐승들아 두려워하지 말지어다. 들의 풀이 싹이 나며 나무가 열매를 맺으며 무화과나무와 포도나무가 다 힘을 내는도다."(요엘2:22)

이 구절은 새로운 삶을 의미한다. 들의 풀이 싹이 나는 것은 전에 없는 새로운 지식이 주어지는 것을 의미한다. 무화과나무와 포도나무가 힘을 얻는 것은 세상적 지식과 영적 지식이 생기는 것을 의미한다. 일상적인 평화와 진리의 지식이 생김으로 들짐승처럼 거칠게 살던 인간이 성숙을 얻게 된다는 희망의 메시지이다.

묵상

　나는 작고 보잘것없이 태어났다. 그러나 하늘의 진리를 받는 자가 되었으니 감사하다. 내 안에 선한 영들의 세계가 있고 찬란한 우주가 들어 있어 때로 날이 화창하여 하늘에 흰 구름이 떠있고 맑은 공기에 숨쉬기에 좋고 잘 가꾼 장미꽃 길을 걸어가 푸른 초원에 한가한 양들이 풀을 뜯는 평화로운 정원에서 친구들과 정담을 나누는 것이 행복이다.

　아! 그러나 때로 무서운 노도와 같은 광풍이 밀려와 서슬 시퍼렇게 인상을 쓰고 달려드는 괴물은 쉴 새 없이 나를 사로 잡아들여 죽음의 고통을 느낀 적이 얼마였는가? 나의 목소리는 기어들어갔으며 억울함과 답답함과 치욕감은 나를 지옥의 문턱에 이르게 하였다. 나는 좌절감에 쓰러져 숨이 막히고 눈앞이 어두워져서 구덩이에 빠진 요셉의 신세처럼 되어 차디찬 바닥에 엎드리어 한숨을 내쉴 수밖에 없다. 눈을 떠서 새롭게 보니 이 거대한 풍랑은 내 안의 악과의 투쟁임을 알게 되었다. 풍랑을 밟고 오신 주님을 바라보고 나는 외친다. "저의 믿음 없음을 도와주소서."

　내 안에 거대한 우주가 들어 있어 나는 마음속의 우주를 들여다보고 진리의 신비로운 세계를 느끼니 이 얼마나 큰 행복인가? 하늘과 땅이 내 안에 있으며 그곳에 아름다운 식물과 활달한 동물들이 조화를 이루며 살며 밤과 낮이 오가며 하늘에 태양과 밤의 달이 비추고 있다. 내안에 조화로운 날을 이루고 있어 내가 살아가도록 이끄신다.

순진무구와 영혼의 상태

영혼이 무엇인가? 어떤 이는 "죽으면 갖고 가는 그것"이라고 하기도 하고, 어느 분은 "우리 속에 알맹이, 계란 노른 자 같은 것"이라고 대답하기도 한다. 내가 어느 분에게 "당신은 사후의 삶을 어떻게 생각하십니까?"라고 물었다. 그러자 그는 "사람이 죽으면 영혼도 같이 죽는 거지요. 몸이 죽으니 모두 다 죽는 거 아니예요?"라고 대답했다. 많은 분들이 이런 식으로 생각하고 있다. 사람들은 영혼의 본질에 대해 별로 아는 바가 없다. 영혼은 보이지 않고 인간 내면에 깊숙하게 자리 잡고 있기 때문에 사실 제대로 알 수도 없다. 그러나 성현들은 영혼에 대해 말하고 있다.

성 어거스틴은 "몸의 생명은 영혼이다. 그러나 영혼의 생명은 하나님이시다"라고 말했다. 융은 하나님은 우리가 도저히 다 알 수 없는 분이며, 심리학적으로 하나님은 우리 내면에 있는 '도저히 알 수 없는 중심'과 대응하며, 그 하나님을 실현하는 개성화는 중심을 향해서 나아가는 것이라고 주장하였다. 그가 말하는 하나님은 '도저히 알 수 없는 비어 있는 중심'이다. 그 무엇이라고 규정할 수 없는 신비의 심연이다. 사람들은 그 심연을 여러 가지로 상상할 수 있지만 그 어느 것도 그것을 올바르게 나타낼 수 없다. 그래서 융은 하나님은 인간이 아니라 하나의 현상이라고 주장하였다.

일반적으로 사람들은 영혼이 죽으면 빠져나간다는 것과 살아있는 동안에는 생명유지를 위한 필요한 요소라고 여긴다. 철학자들은 몸의 모든 곳에 영혼이 존재하지만 영혼은 그 육체를 초월한다고 말한다.

영성가, 예술가, 음악가, 정신세계를 연구하는 자, 자기 내면을 살펴보는 자들은 영혼을 귀하게 여기고 영혼에 일치된 삶을 살기를 언제나 꿈꾸고 있다. 존 브래드쇼는 이를 두고 영혼충만(soulful)이라는 용어를 사용하였다.

칼 융은 영혼이 인간의 역사에서 가치 있고 고귀한 위치를 속히 회복해야 한다고 주장하였다. 그는 "정신의 질병은 한 개인이 자신의 영혼을 잃어버릴 때 찾아오고 육체와 영혼의 분리는 질병과 죽음에 이르게 하는 것이다."라고 했으며 영혼은 무의식이 인격화된 것이며 거기에 보물이 있는데 그것은 내면에 깊이 잠겨 있으며 하나님의 나라라고 볼 수 있다. 이것은 하나님과 연합에 이르러 그의 나라에서 사는 것이며 즉 무의식 속에서 활동하게 되고 의식적인 삶을 결정하는 상태에서 살게 되는 것이라고 말했다. 그리고 그는 덧붙여서 말하기를 "현대인이 찾는 영혼의 삶이란 바로 상징들을 통해서 무의식의 내용들을 인격화시키는 삶을 가리킨다. 현대인에게는 상징적으로 생각하는 훈련이 필요하다"고 했다.

초기교부들은 로고스 즉 내주하시는 그리스도가 인간의 영혼 안에 존재한다고 보았으며 영혼을 공경하는 것이 그리스도를 섬기는 것으로 믿었다.

웨슬리는 "영혼은 죄에서 건짐 받을 때 본래의 건강을 회복하고 신적인 본성을 회복하며 하나님의 형상을 따라 진리 안에서 새로워지는 것이다. 구원이란 현재적인 것이고 하나님의 자비를 통해 지금 누리고 있는 것이다."고 말했다.

영혼은 사람의 본질이다. 그러나 형상이 없이 본질만 존재한다면 사상이나 이론에 불과할 것이다. 영혼은 형상을 이루고 있다. 그 영혼의 형상에는 사상과 정동이 들어 있다. 사람이 만일 영혼의 형상을 볼 수 있다면 소스라치게 놀랄 것이다. 왜냐하면 영혼은 선악으로 구분되어 형체를 드러내기 때문이다. 만일 사람에게 영혼이 없다면 무엇으로 몸의 각 부분을 지탱하고 유지할 것인가? 영혼이 없는데 어떻게 물질 자체의 힘만으로 존재할 것인가? 영혼이 있음으로 몸이 존재할 수 있고 인간이 살아가는 힘을 갖게 된다.

다시 말하면 영혼은 육체가 움직일 수 있도록 하고 다른 것을 존재하게 하는 근본이 된다. 또한 영혼은 육체가 죽은 후에도 생존한다. 육체에서 영혼이 빠져버리면 육체는 뱀의 허물과 같이 껍데기에 불과하다. 그러므로 영혼은 보이지 않게 육체의 모든 부분에 자리 잡고 있어서 생명을 유지한다.

내면 가장 깊은 곳에 자리 잡고 있는 영혼은 하나님으로부터 생명을 받고 있는 곳이기도 하다. 영혼은 하나님으로부터 생명을 받아서 마음과 육체에 생명을 전달하는 기능을 한다고 할 수 있다.

그러므로 우리가 지금 생각하고 느끼고 감정과 욕구를 갖고 있으며 살고 있는 것은 몸이 아니라 그 안에 있는 영혼이라는 것을 알아야 한다.

영혼은 육체 안에 존재하는 내면적인 사람으로 육체가 죽은 후에도 남는 존재이다. 영혼이 육체로부터 풀려날 때 영혼의 형체가 나타난다. 사도바울도 영혼의 형체에 대해 자세하게 설명하였다. "육의 몸으로 심고 신령한 몸으로 다시 살아나나니 육의 몸이 있은즉 또 영의 몸도 있느니라."(고전15:44)라고 말하였다. 그러므로 사후에는 영의 몸을 입게 된다. 몸이 있다면 그의 따른 정교한 시각, 청각, 촉각, 후각을 갖는다. 사후의 삶은 생의 연속이다. 그것은 그의 선악의 삶에 따라 주어진다. 선악의 삶은 영혼의 상태를 이룬다. 선한 자는 아름다운 천사의 모습으로 드러날 것이고 악한 자는 괴물과 같은 형체로 드러날 것이다. 이런 사실을 생각하면 사후에 자신의 영혼의 모습이 형체를 갖는 순간 소스라치게 놀라게 될 것이다. 왜냐하면 누구나 아름다운 형체를 갖기를 바라고 자신은 그럴 것이라고 믿기 때문이다. 순진무구 상태의 영혼은 사람 본연의 상태라고 할 수 있다.

영혼은 인간의 형체이고 그것은 손상되거나 없어지지 않는다. 영혼은 몸 전체의 보이지 않는 내부를 이룬다. 한마디로 영혼은 내부적인 사람이다. 우리가 겉으로 보는 외적인 모습은 내부적인 사람이 들어있는 육체일 뿐이다.

그래서 영혼과 육체를 가진 인간은 충분하게 완전한 사람으로 존재한다. 영혼은 상태를 이루고 있다. 성경은 영혼의 상태를 두고 생명이 있다 혹은 죽었다고 말한다. 영혼의 최상의 상태는 순진무구이다. 순진무구는 선의 상태이기 때문이다. 그러나 영혼은 스스로 상태를 유지하는 것이 아니라 상태를 유지한다.

결론적으로 "영혼은 사람의 가장 내적이고 가장 신비스러운 형체가 있는 본질이다. 영혼은 상태이며 선으로 이루어진 형체이다. 영혼은 물질적인 몸 안에 거주하면서 살고 있으며 불멸하다. 그 이유는 하나님으로부터 부여된 생명으로 이루어져 있기 때문이다."

02 수치심의 현실

"내가 벗었으므로 두려워하여
숨었나이다"(창 3:10)

수치심은 순진무구를 상실한 인간이 갖게 되는 치욕스런 상태이다. 인간에게 수치심이 어떻게 형성되었으며 그 결과는 무엇인가?

아담이 하와가 벌거벗었음을 알게 된 것은 지각의 기능 때문이다. 지각은 선과 악, 진리와 거짓을 분별하는 능력이다. 아담과 하와는 악에 빠졌다는 것을 지각으로 알게 된다. 이는 아담에게 아직 지각이 남아있음을 의미한다. 남아있는 지각은 남은 그루터기를 의미한다. 그들은 "주 하나님의 소리를 들었다"는 말씀과 무화과나무 잎을 엮어 앞을 가렸다는 것과 부끄러워한 것, 동산 나무 뒤에 숨은 것으로 보아 그들 안에 아직까지도 그루터기 지각이 남아 있음을 알 수 있다. 인간이 숨지도 않는다는 것은 그나마 지각이 없어서 자기인식조차 못할 정도로 아주 망가졌다는 것을 의미하기 때문이다.

이는 탕자가 아버지 집을 떠나서 먼 나라로 와서 방탕하여 모두 다 허비하고 난 후에 배고픈 상태에서 자신의 비참한 모습을 발견하게 되었고, 결국 아버지 집으로 돌아갈 마음을 갖게 된 것과 같다. 미미하지만 아직도 남아있는 그루터기로 인해 자기인식을 하고 아버지 집으로 돌아가게 되었다. 그리고 아버지를 직면하는 순간 자신의 현실을 고백한다. 송아지와 새 옷과 신발을 갈아 신은 것은 순진무구를 회복하게 된 것을 의미한다.

탕자의 이야기에서 그가 먼 나라에서 기근이 들려 돼지를 치게 되었다. 성경에는 기근이 들었을 때 돼지가 등장하고, 아버지께 왔을 때 송아지가 나온다는 점을 주시하기를 바란다. 돼지와 송아지는 상징성이 대비되는 짐승이다. 예컨대 성경에 돼지는 불결과 탐욕을 상징하고 송아지는 선을 상징한다. 탕자가 돼지의 쥐엄 열매를 먹고자 한 것은 그가 탐욕의 상태로 인해 더러운 현실에 처해 있다는 것을 의미한다. 그러나 탕자는 돼지 쥐엄 열매를 먹지는 않았으며 비참한 자신의 현실에서 굶어 죽어가는 자기의 처지를 알게 되었다.

순진무구 상실은 인간으로 하여금 복구할 수 없는 돼지와 같은 탐욕의 상태에 빠지게 된다. 그 나라에 기근이 들었다는 것은 진리의 황폐를 의미한다. 그리고 '내 아버지 집에는 먹을 것이 많다'는 말은 선의 양식을 먹을 때에 신을 회복할 수 있음을 가르쳐 준다. 인간이 이렇게까지 바닥에 떨어지게 된 시작점은 감각몰입이다.

창세기에 뱀은 이런 말을 한다. "하나님이 정말로 너희에게 동산 안에 있는 나무의 열매를 먹지 말라고 말씀하셨느냐?" 이 말은 인간에게 의심이 시작되었다는 것을 말한다. 그러니까 감각 이전에 의심이 선행되었음을 의미한다. 그것은 궁극적 진리에 대한 의심이다. 이는 결국 신의 뜻에 대한 반항이다.

신의 뜻은 인간이 감각에 머물러 살 것이 아니라 감각보다 우선되는 가치 즉 지각과 양심과 이성의 순위에 따라 살아야 할 것을 말씀하지만 인간은 그것보다는 가장 하위 계층인 감각을 우선으로 여긴다. 의심을 통해서 높은 가치를 부정해야만 감각에 충실할 수 있기 때문이다. 진리에 대한 의심은 지각에서 감각으로 들어가는 관문이다.

고대인은 뱀이 배를 땅에 밀착하여 살기 때문에 감각을 '뱀'이라고 불렀다. "여자가 뱀에게 대답하였다. 우리는 동산 안에 있는 나무의 열매를 먹을 수 있다. 그러나 하나님은 동산 한가운데 있는 나무의 열매는 먹지도 말고 만지지도 말라고 하셨다. 어기면 우리가 죽는다고 하셨다."(창 3:2-3)

동산 안의 나무 열매는 하나님이 태고로부터 계시된 선이다. 선은 지각과 양심에 의해 알게 된다. 인간은 지각과 양심의 눈을 떠서 선한 삶이 우선되어야 하는데 인간은 그것을 부정하게 되었다. 그리하여 인간은 동산 가운데 있는 선과 악의 지식의 나무의 열매인 감각을 찾게 된다. 하나님은 그것을 만지지 말라고 하셨는데 만진다는 것은 감각적 터치이다. '죽는다'는 말은 지각, 양심, 이성과 같은 높은 가치가 모두 소멸한다는 뜻이다.

즉 인간이 감각에 빠지면 최상의 지혜가 사라진다는 경고이다. 인간이 최고의 영예인 지혜를 잃어버렸을 때 짐승으로 전락하게 되고 이는 죽는 것과 진배가 없다. 지혜가 사라진 인간은 죽은 인간이다. 그럼에도 인간은 감각에 심취한다.

　오늘날 감각으로 하나님을 찾고자 하는 자는 자신에 대한 의혹에 빠지게 된다. 감각으로는 영적인 진리를 알 수 없기 때문이다. 이는 낙타가 바늘귀를 통과하는 것과 같다. 감각에 심취한 이들이 손으로 하는 일들은 악행일 뿐이다. 이들은 순진무구를 잃어버렸다. 이런 자들은 깊은 어둠속에 묻히며 종착점은 탐욕이다. 자연의 신비조차 알 수 없는 어리석은 인간이 보이지 않는 하늘의 세계를 어떻게 알 것인가?

　뱀이 여자에게 말하였다. "너희는 절대로 죽지 않는다. 하나님은, 너희가 그 나무 열매를 먹으면, 너희의 눈이 밝아지고, 하나님처럼 되어서, 선과 악을 알게 된다는 것을 아시고, 그렇게 말씀하신 것이다." (창3:4-5)

　'나무 열매를 먹기만 하면 눈이 밝아진다' 는 말은 감각으로 진리를 판단하면 결국 하나님처럼 되어 독립적인 삶을 살게 된다는 의미이다. 이는 이른바 '감각의 신' 에 도달한다. 지혜로 살았던 인간은 짐승처럼 전락하고 감각을 신이라고 자축하는 입장에 도달했다.

　'하나님처럼 선과 악을 알게 된다' 는 말은 감각에 의한 기억을 가지고 제멋대로의 삶을 살 것이라는 것을 말한다. 눈이 밝아졌다는 것은 자아의 판단으로 인해 독립적으로 살아가게 된 것을 말한다. 인간은 감각에 의해 무엇을 믿어야할 것인지를 결정하고 그것에 따라서 인노를 받게 되었다.

　오늘날 지식인이라고 자처하는 이들 중에는 감각적 판단으로 우주를 망원경으로 들여다보고 하나님은 없다고 주장한다. 자아의 감각을 가지고 영적인 세계를 판단하기 때문에 성경은 이를 두고 눈이 밝아졌다고 한다. 이는 저급한 인간의 착각이다. 성경은 이를 두고 '흑암의 깊음'이라고 한다.

어느 수십 년간의 도를 깨달은 수도승과 동자가 길을 걷고 있었다. 둘은 길을 가는 중에 관능적인 여인의 그림이 있는 영화 포스터를 발견한다. 수도승은 길을 멈추고 포스터를 한참동안이나 유심히 들여다보았다. 그러자 동자가 물었다. "선생님 어찌하여 포스터를 그렇게 쳐다보고 계십니까? 동자가 생각하기에는 수도승이 여인의 관능적인 미모에 취해 있는 것이 안타까웠다. 그러자 수도승이 동자의 머리를 쥐어박았다. "어찌하여 너는 내가 그렇게 보고 있다고 생각하느냐? 내가 보는 것과 네가 보는 것이 같으냐?" 수도승의 눈과 동자의 눈이 다른 것처럼 지각과 감각은 하늘과 땅만큼의 차이가 있다. 믿음의 세계는 진리의 지각으로만 가능하며 감각으로는 알 수가 없다.

자아는 주님의 인도를 받기 보다는 감각의 짜릿한 만족을 목표로 행하기를 좋아한다. 또한 자아는 무엇을 믿어야할 것인가에 대해서 감각을 기초로 삼는다.

"여자가 그 나무의 열매를 보니, 먹음직도 하고, 보암직도 하였다. 그뿐만 아니라, 사람을 슬기롭게 할 만큼 탐스럽기도 한 나무였다. 여자가 그 열매를 따서 먹고, 함께 있는 남편에게도 주니, 그도 그것을 먹었다." (창3:6) 이 구절은 자아의 성질과 특성을 그대로 보여준다.

열매가 먹음직스럽다고 표현한 것은 탐욕을 상징하고, 탐스럽다고 한 것은 환상적인 요소를 갖게 되었음을 말하며 슬기롭게 해줄 것 같다는 뜻은 만족의 요소를 상징한다. 여자는 의지적 자아의 상태를 말한다. 자아는 만족을 추구하며 그것이 채워지면 모든 문제가 해결된 것으로 여긴다. 결국 인간의 의지는 자아의 감각적 만족에 의해 유혹을 받는다.

남편도 먹었다는 것은 이해적 자아도 동참하였다는 것을 상징한다. 아담과 여자가 선악과를 먹었다는 의미는 인간의 의지와 이해가 감각으로 완전하게 돌아섰음을 말한다. 이제 자아는 높은 차원의 가치보다는 모든 것을 감각을 목표로 추구하고 이해하게 되었다. 감각에서 끌어낸 신념을 진리라고 믿는다. 그리고 주님이 주시는 진리가 자신에게 감각적 만족이 되지 않으면 거짓이라고 하기에 이르렀다. 이것이 감각이 가져다준 결과이다.

이런 식으로 사람들은 감각의 바탕에서 모든 것을 해석하고 추론하게 되었으며 악한 것을 선한 것으로, 거짓을 진리로, 진리를 거짓으로 믿기에 되었다. 한마디로 순리가 역리로 역리가 순리로 바뀌게 되었다. 인간들은 모든 것을 반대로 판단하게 되었으며 진리를 의심하는 버릇을 갖게 되었다. 성경에는 이런 사람을 가리켜 절름발이, 눈먼 자라고 불렀다. 자아는 이런 만족적인 환타지를 추구하기 때문에 악으로 가기가 쉽다. 자아의 특성을 다음과 같이 내릴 수 있다. '인간의 자아는 감각에 의존하며 탐욕과 판타지, 쾌락을 추구한다. 인간은 모든 것을 자의적으로 판단하고 결정하는 기능을 갖고자 한다.'

이제 인간은 감각을 통하여 자아만족을 위한 길에 들어선다. 인간에게 감각적 만족은 진리가 되고 말았다. 자아는 무슨 일이든 쾌락을 추구하고 자기신념에 의해 판단하게 되었다. 그것으로 끝난 것이 아니다. 자아는 새로운 세계에 돌입하게 되었다. 자신을 보는 순간 벗은 몸인 것을 알게 되었다. "그러자 두 사람의 눈이 밝아져서, 자기들이 벗은 몸인 것을 알고, 무화과나무 잎으로 치마를 엮어서, 몸을 가렸다."(창3:7)

곧 수치심의 상태에 이르게 되었다. 마치 탕자가 돼지 쥐엄 열매를 먹고자 하여 자신이 주려 죽는다는 것을 알게 된 것과 같다.

그들은 눈이 밝아져서 감각적 쾌락에 젖은 상태를 보았다. 내면적 눈이 뜨여져서 만족에 집착하고 있는 자신을 보게 되었다. 벌거벗은 자신의 현실을 보았다는 면은 그들에게 아직까지도 지각의 능력이 있음을 알게 해준다. 눈이 밝아진 것은 내적인 판단을 의미한다. 그들이 내적 분별을 가지고 보니 이전에 몰랐던 사실을 알게 되었는데, 순진무구에 있어야할 자신들이 감각에 심취하고 있다는 사실을 알고 부끄럽게 여겼다. 즉 수치심을 발견하게 되었다. 자신의 만족에 머물러 있는 비참한 상태를 알게 되었다.

우리는 다음과 같이 수치심의 정의를 내릴 수 있다. 즉 "수치심은 선을 추구하며 살아야하고 감각만으로는 절대로 만족할 수 없는 인간이 감각의 구덩이에 빠져버린 자신의 모습을 보고 치욕을 느낀 것이다."

우리는 수치심의 정의를 제대로 이해했다면 회복하는 방법도 다시 재조명해야 한다.

그들이 본래 벗었으나 부끄러워하지 않았다는 것은 순진무구를 상징한다. 그러나 부끄럽다는 것은 그 반대의 뜻을 상징한다. 이제 자신은 더이상 순진무구 상태가 아닌 것을 알게 되었다. 인간은 악에 빠져 있음을 알아차린다. "벗은 몸인 것을 알았다"는 의미는 순진무구가 완전 사라졌다는 것을 의미한다.

알몸은 감각에 집착한 자아 상태를 말하는데, 이는 인간에게 치욕을 가져다주었다. 더구나 감각에 집착하다보니 악하고 거짓된 생각이 뒤따라 왔다. 그래서 순진무구를 상실한 인간은 곧바로 몸을 가리는 행동을 한다. 자아가 악에 빠져있기 때문이다. 알몸상태의 인간은 네 종류가 있다.

첫째, 자신의 허물을 보고 감추려고 시도하는 인간 둘째, 허물을 감추려고 시도하지도 않는 인간 셋째, 자신에게 허물이 무엇인지 알려고 하지도 않는 인간 넷째, 상대방의 허물을 찾아내는 인간이다.

순진무구가 사라져버린 인간의 자아는 은연중에 자신에게 정당성이 있으며 선이 있다는 것을 남들에게 보여주고자 포장행위를 한다. 오늘날은 자신의 행위에 부끄러움조차 말라버린 시대가 되었다. 인간의 이런 뻔뻔한 모습에 대해 예레미야서는 이렇게 기록했다. "그들이 그렇게 역겨운 일들을 하고도 부끄러워하기라도 하였느냐? 천만에! 그들은 부끄러워하지도 않았고 얼굴을 붉히지도 않았다."(렘8:12)

극단적 자아애(love of self)

수치심은 자아애에서 비롯된다. 나는 상처받아서 자존감이 약해졌다고 주장하는 사람들 중에 자아애가 없는 사람을 본적이 없다. 자기를 비난하고 자책하는 이들 속에도 자세하게 들여다보면 피해의식 속에는 언제나 자아애가 도사리고 있다.

자아애는 두 가지 극단적 양상으로 치우치는데 자아애로 인해 이상적 행동을 보여주는 경우에는 항상 공개적으로 칭송받기를 바라고 자만하며 자기가 최고의 자리에 올라서야 하며 목소리를 높이고 폭력이나 힘으로 타인을 짓밟고 누른다. 그러나 자아애로 이하적 행동을 보여주는 경우에는 무기력감을 갖고 있어서 자아애가 없는 것처럼 보이지만 이들은 극단적 피해의식에 젖어서 타인에게 수동적으로 공격하고 항상 눈치를 보면서 언제나 높은 자리에 올라설 기회를 엿보고 공개적으로 행동하기보다는 남몰래 엉뚱하고 거친 행동을 하고 힘 있는 자 앞에서는 아부하고 순종하는 척한다.

이들 모두 한 가지 공통점은 다른 사람에게 피해를 주고 자신을 변호하고 포장하며 피해의식에 젖어있으며 오히려 피해라고 여기는 사실을 가지고 타인을 조종하고 통제한다는 점이다.

만일 한 가정의 아버지가 '자아애'만을 높이려고 한다면 자녀들과 부인을 돌보지 않고 가정을 책임지지 않으며 폭력으로 일관하며 목소리를 높이고 술에 취해 고성을 지르며 무정하고 자기만족에 빠진다.

어머니가 '자아애'만을 높이려 한다면 남편과 자녀의 눈을 피해 만족거리를 찾아다니고 무절제하고 험담하고 무리지어 다니고 자신은 남편과 자녀의 피해자라고 공개적으로 비난하고 가족을 돌보지 않으며 화려한 귀금속으로 치장하며 귀에 듣기 좋은 말로 현혹되어 교만한 자가 된다.

이들은 항상 자기중심적이고 자기를 만족하거나 높여줄 때에만 관계를 유지하며 자신에게 항상 박수쳐주기 만을 기대한다. 아버지나 어머니 혹은 자녀라도 자아애가 가득하여 자기가 하고 싶은 일에만 몰두하고 목소리를 높이며 온 집안 식구들을 통제한다고 생각하여 보라. 가족 중 그 누구도 항변할 사람이 없다. 이들에게 대항하면 언제든 복수를 당하기 때문이다. 이들은 극단적 자아애에 빠진 상태로 자기만 싸고도는 형국이고 남을 경멸하면서 자기만족에 배불리고 다른 이들에게 유익을 줄 수 없다. 이런 상태가 악에 빠진 상태이다.

이런 사람은 언제나 주관적이어서 탐스러운 환타지를 찾는데 이들은 객관성이 적은 것이 특징이다. 객관성이 약하다는 것은 그만큼 이성적 능력이 부족하고 악에 빠질 위험성이 크다는 것을 의미한다. 이성이나 양심, 지각은 객관적 진리를 인식한다. 그러나 감각은 주관성에 몰입되어 있다. 그러므로 자아애에 빠져 있는 사람은 객관적 진리를 가진 사람이 도와주어야 한다. 만약 누군가가 객관적인 도움을 주고자 할 때 그 말을 듣는다면 그는 변화될 가능성이 있다. 그러나 자기 입장을 합리화하고 변명을 내세우고 정당성을 주장한다면 그에게 변화의 희망은 없다.

아담이 선악의 열매를 먹은 이유는 하나님이 주신 여자가 주었기 때문이고, 하와는 뱀이 꾀므로 먹었다는 핑계를 계속 한다면 그들은 이미 거짓의 주관성에 취해 있다고 볼 수 있다. 자아애는 항상 자기중심적으로 돌아가며 객관성을 잃어버리게 하므로 악으로 치달을 수 있는 가능성이 높을 수밖에 없다. 사회심리학사 에리히 프롬은 인간의 마음이라는 책에서

"내 의견으로는 사랑의 정위는 가장 사악하고 위험한 형태의 기반을 이루는 것이다. 그것은 죽음에 대한 사랑, 자기도취, 공생적-근친상간적 고착이다. 이러한 세 가지 정위가 결합할 때는 쇠퇴의 증후군, 다시 말해

서 사람들로 하여금 파괴를 위해 파괴하게 하고 증오를 위해 증오하게 하는 증후군을 형성한다. 쇠퇴의 증후군에 반대되는 것으로서 나는 성장의 증후군을 설명한다. 이것은 삶에 대한 사랑, 사람에 대한 사랑, 독립성이다. 오직 소수의 사람들에게 이것이 있어서만 이러한 두 가지 증후군 중의 어느 하나가 충분히 발달되어 있다. 그러나 각자가 선택한 방향, 곧 삶의 방향이나 죽음의 방향, 선의 방향이나 악의 방향으로 나가고 있다는 것은 부정할 수 없다."

에리히 프롬은 두 가지 종류의 사랑을 구분했는데 자기도취 아니면 이웃 사랑에 따라서 인간은 쇠퇴 혹은 성장이 온다고 보았다. 그는 인간에게 진정한 휴머니즘은 이웃사랑이며 악은 자아애에서 온다고 설명한다.

자아애는 인간에게 주어진 하늘의 선용의 질서를 파괴한다. 땅은 식물에게 자리를 내어주고 식물은 동물과 새에게 먹잇감을 주고 동물은 사람에게 자신을 내어주는 것이 자연의 질서이다. 타인을 위해 봉사하는 것이 하늘의 질서이다. 그러나 자아애는 질서를 추구하기 보다는 자기만족에 배불린다. 자아애는 질서에 위배될 뿐만 아니라 악을 추구하므로 다른 사람을 파멸로 끌고 간다.

자아애는 늑대가 먹잇감을 노려보듯 기회를 엿보고 있다가 자기 만족을 위해 남을 지배하고 복수하며 거짓말을 하면서 악을 꾀한다. 자아애는 양심의 구속을 받지 않는다. 자아애는 논리적으로 정당성을 주장하지만 모두 자신을 위한 것이다. 자아애는 이익과 편의대로 살아간다. 인간이 의도적으로 자아애를 반복한다면 자아애에 더 깊이 빠져들고 만다.

그러므로 인간은 자신의 자아로써 사람, 재물, 성에 대해서 구별해야 한다. 자아애에 빠진 자는 사람을 지배하고자 하고 재물에 집착하며 성을 남용한다. 사람을 지배하는 이들은 지배욕으로 배신, 의심, 나르시즘, 학대와 폭력, 살인을 저지른다. 재물에 집착하는 자는 자기 배를 배불리려는 자로 고급저택과 비싼 차, 값비싼 옷과 명품으로 치장한다. 성에 집착하는 자는 누가 되었든지 간에 정욕에 헐떡이며 변태적 취향을 보이고 결혼의 질서를 파괴하고 자기만족에 도취된다.

자아애에 빠진 이들은 특별 의식을 내세우며 자신의 음란하고 부끄러운 행위를 성경구절을 남용하여 이런 주장을 하면서 자기 행위를 정당화하면서 이렇게 말을 한다. '너와 나는 하늘로부터 특별한 사명을 부여받았다. 그래서 우리들의 행위는 간음이 아니라 주님이 허용한 새로운 관계이다. 다윗을 보라 나발이 죽고 아비가일을 다윗에게 주지 않았는가? 우리는 이런 특별한 관계이다. 그러니 양심의 가책을 갖지 말라, 너와 나는 성자와 성녀이다. 너희 남편은 나발처럼 저주받은 자이고 주님이 죽게 만들 것이다. 너와 나는 하나님의 섭리에 의해서 맺어졌다. 자 이제 우리는 서로 부부가 되었으니 너는 나를 두고 남편이라고 부르라. 너는 내 아내이다. 다윗도 아브라함도 아내가 여러 명이었지 않은가?'

오늘 이런 악을 도모하는 자들이 활개치고, 이들을 허용하는 교회 조직의 현실을 보면서 가슴이 서미도록 아프다. 이들의 행위는 한마디로 신성모독이다. 이들은 모두 지옥의 형벌을 피할 수 없다. 성경은 신성모독을 간음을 행한 여인으로 말씀하신다. 이들은 주님의 사랑을 자아애로 변질시켰고, 주님의 지혜를 자신의 미련한 지식으로 변질시킨다. 하나님의 형상과 모양을 바꾸어 버렸다. 결국 하늘은 닫히고 땅은 열려서 지옥으로 떨어진다. 이들은 하나님보다 쾌락을 숭배하여 종교가 멸망을 자처하도록 만드는 원흉이다.

이들은 자신들은 천국에 들어갈 것이라고 스스로 믿지만 자아애를 가지고서는 순진무구한 상태가 될 수 없다. 주님은 절대로 어린아이 같이 되지 않으면 천국에 들어갈 수 없다고 하셨다. 어린아이의 상태는 곧 순진무구 상태이다. 이들의 상태는 잔인하고 더럽고 냄새나는 쓰레기와 같은 상태이다. 마치 상한 음식의 냄새에 파리가 꼬이듯이 배설물 외는 아무 것도 좋아하지 않는다. 이들의 영혼은 더러운 냄새가 오히려 감미롭다. 자아애를 가지고 쾌락을 추구한 자들은 절대적으로 선이 없다. 주님의 나라는 선의 나라이다. 세상에서도 선용에 따라 평가되고 존경받는다면 얼마나 멋진 일인가?

자아애는 자기의 행위를 포장하고 정당화하는데 능숙한 논리를 가지고 있다. 그러나 이들의 논리는 자기만족을 위한 감각에 기초한 논리일 뿐이다. 진정한 논리는 우주만물의 질서에 기초해야만 합리적이고 보편타당하다. 이런 보편적 진리의 지식은 고대인이나 현대인, 남녀노소 누구에게나 적용되어야만 한다. 자아애는 자기만의 입장을 설득하기 위한 논리로써 아주 간편하고 편리하게 진리를 왜곡하고 인간을 현혹시켜 자기만 배불리며 삶의 질서를 망가뜨리는 것이다.

또 다른 관점의 극단적 자아애를 말하고자 한다. 만일 유대인들이 주님을 영접했으면 그 결과가 어떠했을까? 만일 그들이 주님을 받아들였으면 결국 주의 신성과 거룩을 더럽힌다. 유대인들의 자아애는 이방인은 지옥의 불쏘시개라고 말하고 자기들은 특별한 선민으로 여긴다. 그리하여 그들은 주님의 진리를 왜곡시키고 자신들만의 종교로 만들어 편협하게 오염시키고 만다. 성경에는 이렇게 될 것에 대해 말씀하고 있다.

"이 백성들의 마음이 완악하여져서 그 귀는 듣기에 둔하고 눈은 감았으니 이는 눈으로 보고 귀로 듣고 마음으로 깨달아 돌이켜 내게 고침을 받을까 두려워함이라 하였느니라."(마13:15) 주님은 이들이 진리로 인해 나아진 듯싶거나 고침을 받는다면 오히려 두렵다고 하신다. 그 이유는 이들이 신성모독하기 때문이다. 유대인들은 자아애를 가지고 그들의 역사를 그런 식으로 왜곡되게 만들어온 민족이다.

주님은 선악과와 생명나무를 구별하신 것처럼 선과 악이 섞이지 않도록 하신다. 그러므로 거룩한 것을 보존하라. 가정을 거룩하게 여긴다면 가정을 지키라. 부부가 거룩한 관계라고 여기거든 음란이 들어오지 못하도록 하라. 교회가 거룩하다고 믿는다면 악을 물리치라. 천국이 거룩한 곳이라고 믿는다면 선을 사모하라. 당신이 하는 일이 거룩한 일이거든 양심적으로 행하라. 진정 생명나무와 같이 살고자 하거든 겸손하게 낮아지고 악을 피하고 행위를 올바르게 하는 것이 필요하다.

자아애는 뱀의 머리이다. 주님은 이것을 발로 밟으셨다. 진리를 겸손하고 순진무구하게 받아들이고 오염되게 하지 않는 것이 인간이 주님께 해야 할 일이다. 그러기 위해서는 자아애에서 벗어나서 겸손한 마음으로 섬기는 자세를 가져야 한다. 주님은 인간에게 무한의 세계를 열어주었다. 유한한 인간은 살아있는 동안에 주님의 사랑의 계명을 지키고 무한하고 영원한 세계에 들어간다는 것을 알라. 그러면 무엇을 준비해야 하며 어떻게 살아야 하겠는가?

묵상

당신은 욕심과 자만에 깊이 빠져 있음을 아시나요? 매사에 탐욕을 가지고 자기만족을 위해 변명거리를 만들고 자기 생각은 옳으며 자기 말은 반드시 이루어져야 하고 게으르며 잠에 취하고 무식하고 교만한 말을 드러내며 음란하게 사통하여 스릴을 즐기고 자신의 행위에 비추어 타인을 의심하며 남의 잘됨을 시샘하며 자기만족을 채워줄 사람을 찾아다니며 즐거운 일에 목말라 하고 자기가 대단한 사람임을 드러내고 싶어 하고 자랑거리가 없어서 분노하는 당신은 지독한 자아애에 빠져 있는 것입니다. 이는 소돔과 고모라와 같고 롯의 처와 같으며 바벨론과 같아서 불속에서 끄집어낸 나무 조각처럼 되었으며 거친 풀이 덮였고 어두운 밤이 되었고 황무지가 되었는데도 아직도 거만하여 허황된 거짓과 환상에 젖어서 독한 자아애에 감염되었음을 보지 못하는 당신은 바로 깊고 깊은 지독한 자아애에 빠져 있는 것입니다.

아! 나는 이 사실이 두렵습니다. 내 안에 자아애의 작은 모양이라도 있어서 과거 자아애가 다시 들어와 이미 깨끗하게 잘 수리된 집을 또다시 차지할 것이 두렵기만 합니다. 이제까지 나는 많이 속아왔으나 이제는 속을 수 없습니다. 그러므로 나는 변화가 있어야만 합니다.

내 안에 순진무구한 진리는 새로운 왕국을 건설합니다. 오늘도 그 작업 중입니다. 매일 새벽마다 자신을 관찰하면서 새로운 왕국의 꿈을 꿉니다. 당신이 자아애의 지옥불 속에서 살아남기를 바란다면 악을 제거하고 선을 찾으세요.

은폐

수치심에 빠진 인간은 언제나 자기의 모습을 은폐하고자 시도한다. 창세기의 첫 장에 "하나님이 손수 만드신 모든 것을 보시니 보시기에 참 좋았다."(창1:31)고 했다. 이 말은 본래 하나님이 창조하신 모든 것은 선하다는 것을 의미한다. 그러나 인간은 자만과 자아애로 만족을 추구하다가 선의 상실과 함께 악이 생겨났다. 악은 자아의 감각적 사랑에서 생겨난다. 스캇 펙은 거짓의 사람들이라는 책에서 악한 사람의 성격 유형에 대해 몇 가지를 말했다.

첫째, 악한 자는 파괴적인 행동, 희생양 찾기, 책임전가 행동이 일관성 있게 나타나며 그 양상은 대개 아주 미묘하다.

둘째, 비난이나 그 밖의 자아애적 상처들을 지나치리만큼 못견뎌하는데 대개는 눈에 잘 띄지 않는다.

셋째, 사람들이 자기 이미지를 좋게 보거나 자기를 존중하는가에 유별나게 관심을 가지고 있다. 이로 인해 생활양식이 견고해지지만 동시에 그것은 증오나 복수심을 부정하고 위선의 정도를 심하게 만든다.

넷째, 지적인 속임수를 자꾸 쓰게 됨에 따라 스트레스를 받게 되면 가벼운 정신분열증적 장애와 같은 모습이 많이 나타난다.

그는 자아애적 성격 장애자들은 평소에는 별 일없이 잘 지내다가 스트레스를 받으면 입원할 정도로 사고 체제가 무너져 내리는데, 정신분열증 자녀를 만들어 내는 부모들은 대개 정신분열증 환자나 악한 사람의 특질 보유자라고 말하였다. 그가 말하는 악이란 자신의 병적인 자아를 방어하고 보전하기 위해, 다른 사람의 정신적 성장을 파괴하는데 힘을 행사하는 것이라고 정의했다. 나는 스캇 펙이 악에 대해 정확하게 지적했다고 생각한다. 악은 가슴에 이름표를 달고 다니는 것이 아니고 기회가 주어졌을 때 돌변하기 때문이다. 스캇 펙은 그것을 스트레스를 받을 때라고 설명했다. 악은 뱀이 평소에는 누워 있다가 먹잇감이 나타났거나 공격할 때 머리를 내세우는 것과 같다. 마찬가지로 감각적 쾌락을 취하고자 하거나 스트레스를 받으면 언제나 자아애는 머리를 내세우게 된다.

자아애는 자신이 존경스러운 이미지를 얻어내고자 하는 경향이 있다. 좋은 이미지를 위해 포장하고 높은 지위를 얻기 위해서는 어려움도 견뎌낸다. 그러나 자신의 양심을 지키려고 하거나 인간의 한계, 불완전함을 인정하는 것은 매우 고통스러워한다. 자기인식의 눈이 없기 때문이다. 이들은 자신을 보지 않고 다른 사람에게 인정받기 위해 스스로 포장하고 아름답게 덧칠한다.

악은 자신을 은폐하고 포장하고 회피하는 데 전문적인 기술을 가지고 있다. 주님은 바리새인을 향해서 겉모습을 아름답게 꾸미지만 그 속에는 노략질하는 이리라고 말했다. 아름다움과 매너를 가지고 있지만 증오를 감추고 사람을 죽이는 도구를 숨기고 있다. 이들은 위장 전문가들이다. 이들의 자만과 사악함을 드러내기는 어렵다. 겉으로 보기에는 아름답기 때문에 찾아내기 어렵다. 이들은 겉으로만 아름답게 위장할 뿐이다.

인간은 자아의 만족을 찾고 선을 몰아내고 악으로 채운다. 이유는 선의 기쁨보다 악의 쾌락이 더 좋기 때문이다.

그러므로 진정 사람답게 살고자 하거든 악을 몰아내야 한다. 그러면 어떻게 악을 몰아낼 수 있는가? 먼저 진리에 대한 이해와 소원을 가져야 한다. 진리는 자연과 인간관계와 마음속에 있다. 그러므로 성경을 배우되 이스라엘의 역사적 사실이나 지리, 전쟁에서 승리했다는 스토리에만 관심을 갖는다면 진리를 찾아내기란 어렵다. 성경은 역사적 기록을 목적으로 쓴 책이 아니다.

성경에는 의미가 있다. 성경의 비유와 문자적 기록과 스토리에서 진리를 이해하고자 하고 그 속에 담긴 영적인 뜻을 찾아야 한다. 깊은 속뜻을 아는 것만이 진리를 이해했다고 말할 수 있다. 당신이 만일 깊은 속뜻을 이해했다면 진리를 얻게 될 것이다. 진리에는 선과 결합하려는 특징이 있다. 그리고 선으로 인하여 존재 깊은 곳에서 올라오는 지극히 내적인 기쁨을 느끼게 된다. 세상적인 기쁨과 비교한다면 세상적인 기쁨은 사막의 모래바람과 같다면 내적 기쁨은 봄철의 산들바람과 같다고 할 수 있다.

그러므로 악을 몰아내고 선을 채워야 한다. 가시덤풀을 제거해야 정원을 만들 수 있고 야생동물이 사라져야 양을 키울 수 있다. 선을 채우기 위해서는 먼저 자신의 마음에 순진무구한 상태를 만들어야 한다. 순진무구는 자기인식을 통한 겸손한 고백이다. 그것은 '내게는 선이 없습니다. 내게는 악만 가득합니다. 내가 선한 일을 했다면 주님이 주신 것입니다. 주님께서 내게 선을 주시기를 바랍니다. 선한 목자 되신 주님을 따르기 원합니다.' 이런 고백이 '순진무구'이다. 그 위에 진리를 배우는 과정과 함께 선이 주어진다.

묵상

열매가 익기까지 그 안에는 보이지 않는 수많은 변화가 진행되었습니다. 뜨거운 햇빛과 자양분과 비와 바람이 섞여서 잘 익은 열매를 만들어 내었습니다. 열매가 익어가듯이 거듭나면서 나는 진리를 사랑하게 되었습니다. 진리에 대해 진지하고 소중하게 여기며 진실과 정직으로 다가설 때 하늘의 신령이 내 마음에 들어오기 시작하였습니다. 나는 느끼지 못하였지만 마음에는 이미 진리를 지원하고 있습니다.

이로써 나의 내면의 우주 속에는 엄청난 변화작업이 진행되었습니다. 거짓과 악의 무리들이 점령하던 도성을 선과 진리에 의해 되찾아오기 시작하였습니다. 내가 진리를 사랑하는 만큼 악의 성은 점령당합니다. 그러나 아직도 여전히 수를 헤아릴 수없이 많은 성이 남아 있습니다. 지금도 겪어야할 전투로 남아 있습니다.

내가 순진무구를 원하고 진리를 배우고 사랑을 실천하는 순간, 선과 악의 싸움은 진행되고 있습니다. 내가 나도 모르게 선하게 된 증거는 그동안 어둠 속에서 진행되어 왔던 일들이 한꺼번에 터져 나온 것입니다. 예전 같으면 이 일을 감당할 수 없었을 것입니다. 그러나 나는 선으로 악을 이겨나기로 선택하였습니다. 해가 빛을 발하고 뜨거운 열기가 가해지면서 수많은 천천만만의 군사와 수많은 성을 빼앗는 중생 전투는 앞으로 무한대로 진행될 것입니다.

비난

자아인식이 없는 인간은 비난을 무기로 삼는다. 이들이 비난에 집착하는 이유는 자아애에 깊이 빠져 있어서 자기의 생각이 옳다고 여기기 때문이다. 그는 수치심의 사람과 동일한 처지에 있다. 자아애에 빠진 사람은 자기에게 이득이 되지 않거나 자기의 편이 되지 않는 사람을 증오한다. 이들의 눈은 타인의 허물과 실수만 보일 뿐이다.

그는 상대방의 실수와 잘못을 보고 판단하고는 연속적으로 비난을 퍼부어댄다. 그리고는 타인의 실수를 가지고 공개적으로 험담을 일삼는다. 특히 그에게 가족이란 비난의 대상이며 표적이다.

비난은 수치심을 감추기 위한 방법에 불과하다. 이들은 자신이 완벽하다고 여기고 다른 사람을 무시한다. 다른 사람을 비난함으로 얻어지는 효과는 기분전환에 불과하다.

인간은 모든 매사에 완벽하게 행동할 수는 없는 것이다. 비난하는 자는 자기인식을 하지 않는 자이다. 이런 사람의 목소리와 눈초리에는 비난이 담겨 있어 보이지 않게 다른 사람을 공격한다.

이런 인간은 겉으로는 애정이 있는 척하지만 속에서는 경멸과 증오가 있고 상대방의 실수와 잘못을 찾는다. 이들의 겉과 속은 불일치이다. 이들의 친절은 남에게 인정받기 위한 수단에 불과하며 이들의 목적은 오로지 타인을 짓밟는데 있다.

묵상

이미 황폐하게 되었습니다. 일생동안 살면서 불안과 공포에 찌들어 버렸습니다. 세상은 그를 일그러진 형상으로 만들어 버렸습니다. 세상의 문화는 행복의 이름으로 물고기 몰이하듯이 쾌락의 채에 담아 쓸어버리기 위해 그를 길들였습니다. 이제 기름진 땅은 거친 풀과 소금 구덩이 입니다. 소금구덩이와 거친 풀에 맞는 교리를 갖고서 무한하고 영원한 삶을 판단하고 있습니다. 이미 그들의 마음은 메마른 사막이 되어버린 지 오래입니다. 뒤를 돌아본 롯의 처와 같고 무의미하게 서있는 소금기둥과 같습니다. 과시하면서 살아가는 노인, 정욕에 절은 부인, 장사꾼, 오락과 범죄에 빠져있는 아이들, 뻔뻔하고 교만한 종교인, 스트레스만 남아있는 자들은 메마른 사막이고 거친 풀들이고 소금구덩이입니다.

자아몰입

인간은 언제나 자아의 지시를 받으며 살아간다. 인간은 자아 외에는 누구의 말도 듣지 않는다. 자아가 화려한 감각과 환상적인 아름다움에만 심취되면 자아애에게 기만당한다. 자아는 자아애에 의해 기만당하는 사실초차 모른 채 서서히 흑암의 길로 들어선다. 마치 깨어날 수 없는 깊은 잠에 빠진 것처럼 자아애의 상태에 머물게 된다. 이는 어린아이가 장난

감에 심취되는 것과 같다.

자아가 감각이 주는 쾌락에 심취되면 그 상태에서 헤어 나올 수 없는 구덩이에 빠진다. 그러므로 자아는 변화해서 높은 수준의 상태에 이르러야 한다. 인간이 근원적 질서대로 살지 않고 감각에 의해 살아간다면 가치기준을 잃어버리고 자만하게 되어 저급한 가치와 높은 가치를 섞어버려 스스로도 혼란스럽게 된다. 결국 가치혼란은 어디에서도 환영받지 못한다. 밝은 빛 앞에 드러나는 순간 스스로 부끄러울 수밖에 없다.

묵상

매번 그렇지만 어떤 불의한 이들에게서 영의 기운을 느꼈습니다. 나는 이들이 쾌락을 찾아 떠돌아다니는 더러운 영이라는 것을 알아차렸습니다. 이들은 마치 유령처럼 먹을거리를 찾아다닙니다. 이들은 돈과 권력, 세상의 쾌락이 전부라고 여기고 즐기지 못한 만족과 환상의 꽃을 피우기 위해 사람과 사람을 찾아다닙니다. 이들은 저급한 자들입니다. 정경이 탁 트인 높은 아파트에서 살고 있지만 다른 나라를 여행하며 흥미 거리를 보고 있지만 자기에게 달콤한 말로 위로해줄 상대를 찾으며 떠돌아다닙니다. 전문적 지식을 가지고 있지만 낮은 영역의 영들입니다. 감각과 보이는 세계에 안주하는 영들입니다. 내면에 어두움이 가득하여 빛과 선함과 진리 없이 떠돌아다니는 그런 영들입니다. 그러나 이들에게서도 내면 깊은 곳에 실오라기 같은 희망을 기다리고 있음을 보았습니다.

감각 충실

　수치심은 감각적 산물이다. 감각에만 충실한 인간은 보고 듣고 만지는 것 이외는 믿지 않는다. 이들은 자신들이 과학적인 사고를 가졌고 지성인이라고 치부한다. 그러나 이들은 바람이 부는 원리는 설명할 수 있지만 바람이 어디에서 생겼는지 설명할 수는 없다.

　이들은 감각에 몰입되고 기억에만 의지하면서 자신의 감각과 기억에 일치하지 않는 것은 진리라고 인정하지 않는다. 보이지 않는 세계와 하늘에 대해서는 무지하다. 고로 이들의 마음에는 영적흑암이 가득하고 깨달음이 없는 메마른 들판과 같다. 이들은 영혼의 존재를 부인하거나 육체가 죽으면 연기가 사라지듯이 영혼은 저절로 없어진다고 여긴다. 감각에 충실한 자들은 영의 존재를 받아들이지 않는다. 감각을 통해서만 진리를 찾고자 하며 감각 이전의 세계는 무시한다.

　이들은 자연은 스스로 움직이는 세계이기 때문에 자연을 먹이시고 기르시는 하나님은 없다고 말한다. 더구나 인간의 내면에 신비로운 우주가 들어있음을 알 길이 없다. 인간의 신체와 마음이 하나를 이루고 있다는 사실은 신비이기 때문이다. 감각에 충실한 이들은 우주만물에는 감각만으로는 설명할 수 없는 것들이 존재하고 하늘과 땅에 진리가 가득하다는 것도 인식할 수 없다. 마음은 하늘과 연결되어 있으며 사후에 마음은 죽지 않고 영원한 세계에 현재 상태를 가지고 들어가는 것을 알 수 없다.

묵상

    나는 눈먼 뱀이었습니다. 진리를 볼 수없는 뱀이었습니다. 나의 눈에는 모든 것이 어두웠습니다. 나는 날으는 뱀이었습니다. 나름대로 판단하기 좋아하고 제 멋대로 살아가던 종자였습니다. 나는 불 뱀이었습니다. 나는 세상을 좋아하고 정욕을 사랑하는 그런 종자였습니다. 나는 독사였습니다. 다른 사람에게 악독한 것을 내뱉는 사람이었습니다. 나의 독으로 인해 아파하는 사람이 그 얼마이던가요? 나는 귀먹은 뱀이었습니다. 진리를 알아듣지 못하고 하늘의 질서에 순종하지 않았습니다. 나는 선과 악의 지식의 나무 옆에 있던 뱀이었습니다. 언제나 내가 하나님이 되어 자기 만족의 신념에 빠져서 확신하는 그런 종자였습니다.

    뱀은 나에게 감각으로 살게 하였고 자기사랑과 자만을 위해 간교한 계략을 꾸미게 하였습니다. 결국 나에게 불안과 지옥을 가져왔습니다. 나는 모든 것이 나에게서 출발한다고 고집스럽게 믿었습니다. 나는 천지를 지으신 하나님을 두려워하지 않고 어리석게 살았습니다.

    아! 나는 그렇게 살아왔습니다. 그러던 내가 주님을 만나서 어린아이가 되었습니다. 선에 대해 순진무구하고 순종하는 무지를 안고 있는 아이입니다. 이제야 깨닫습니다. 내가 전에 뱀이었다는 사실을, 내 눈이 뜨이는 순간 내 속에 악한 것 외에는 아무 것도 없음을 고백하게 되었습니다. 그러나 아직 내게 순수함이 부족합니다. 독사에 굴에 손을 넣어도 상치 않을 만큼 순진무구한 영혼을 갖고 싶습니다.

정욕

수치심은 감각에 기초한다고 말했는데 감각에 가장 가까운 상태는 정욕이다. 정욕은 타오르는 불과 같다. 정욕의 열망을 갖는 순간부터 불길은 타오른다. 만일 쾌락을 원치 않았다면 정욕의 불길은 더 이상 타오르지 않는다. 정욕의 불은 감각에 기초한 자아애에서 비롯되었다.

정욕은 자아애를 가지고 있기 때문에 자기를 높이지 않는 자를 파멸하려 든다. 우리는 가족 간에 죽이고 망하게 하는 뉴스를 접한다. 그리고 인간이 저럴 수가 있을까 하는 마음이 든다. 이는 모두 정욕의 불길에 의한 사건이다. 자아애에서 시작된 정욕의 불길은 분노와 증오, 복수심과 함께 과도한 격정을 일으킨다. 만일 정욕으로 날뛰는 인간에게 법적 제재가 없다면 정욕의 불길은 걷잡을 수없이 타오른다. 그리고 온갖 만행과 악을 저지르게 된다.

또한 정욕은 법률과 도덕적으로 포장하기도 한다. 그러나 정욕은 법적인 제재가 사라지면 닥치는 대로 상점의 유리문을 부수고 남의 물건에 손을 대고 강간과 살인을 저지른다. 마치 독재정권의 권력자가 하는 것처럼 자신에게 이익이 되지 않으면 죽이거나 남의 것을 빼앗는 행위를 서슴치 않게 하는 것과 같다.

정욕을 가진 자들도 이웃사랑을 말한다. 그러나 이렇게 말을 하는 것은 포장하기 위한 수단일뿐이다. 이들이 자기 만족에 빠져있으면 본심으로 돌아온다. 이들은 남이 보지 않으면 쾌락의 뒷거래를 하는데 주로 대상은 어리석고 미련한 이들이다. 대표적인 예가 원조교제이다. 이는 늑대가 어리석고 순진한 양을 꾀이는 것과 같다.

어느 여성은 오랫동안 사귀었던 내연남과 함께 보험금을 목적으로 살인을 음모하였다. 애인으로 하여금 몰래 남편이 자고 있는 틈을 이용해서 집에 들어가 방화하도록 하였다. 결국 남편은 불길에 죽었으며 그 여인은 남편의 사망보험금을 받아내었다. 그러나 그 일이 발각되었고 결국 이 여성은 애인과 함께 공범으로 구속되었다. 정욕에서 시작한 음모는 증오심과 함께 결국 남편의 목숨까지도 빼앗아버렸다.

정욕의 열망과 함께 타오른 불꽃에서 일어나는 이기심은 남편을 죽이고도 양심의 가책을 느끼지 않고 정당방위를 주장하면서 형벌을 피하고자 할 뿐 아니라 하며 오히려 법적 알리바이를 주장하고 있었다. 이 여성에게는 남편에 대한 사랑보다 남편의 사망보험금에 더욱 관심을 갖고 있다. 정욕은 이기적 목적을 위하여 방해가 되는 자들이 망하는 모습을 보면서 즐거워한다. 그러면 정욕에서 벗어나기를 원한다면 어떻게 해야 하는가? 그것은 먼저 자기의 정욕을 인식해야 한다.

중세시대에 포이맨은 당대에 권위 있는 교부이다. 어느 도시의 유력한 신학자가 포이맨으로부터 영적 생활에 대해서 듣고자 먼 길을 찾아왔다. 그는 자신의 영적생활에 대해 장황하게 이야기하였다. 그러나 포이맨은 그에 대해 일언반구 대꾸 없이 묵묵히 듣기만 하였다. 화가 난 신학자가 수도승을 떠나려고 하였다. 그러자 포이맨의 제자가 스승에게 물었다. "선생님! 그는 멀리서 가르침을 받고자 왔는데 왜 가르침을 주지 않습니까?" 그러자 포이맨은 제자에게 대답했다. "그는 높은 데 살고 하늘에 관해 말하는 사람이고 나는 아래에 있는 사람으로 세상일에 대해 말한다오. 그가 만일 영혼의 정욕에 대해 얘기했더라면 대답했지요. 그러나 그가 하늘에 대해 말을 하므로 나는 알아듣지 못했다오!"

그제서야 신학자는 다시 포이맨에게 찾아왔다. 그리고는 말했다. "정욕이 나를 뒤덮으면 나는 무엇을 해야 합니까? 라고 묻자 포이맨은 대답하기를 "이제야 바로 찾아 오셨구료. 이런 문제들에 대해 물어 보시오 그러면 가득 채워 드리겠소."

정욕의 인식 없이 질서있는 삶을 살 수는 없다. 자신의 정욕을 인식하고 투쟁해야 한다. 인간은 미움, 증오, 질투, 복수를 인식해야 한다. 정욕은 미움과 증오를 가지고 자기 이익을 위해 다른 사람에게 만행을 저지른다. 이는 정욕이 생산한 결과물이다. 성경에 지옥을 불 못이라고 표현한 것은 정욕이 타오르는 불을 말하기 때문이다.

성경 요한계시록에 "무저갱을 여니, 거기에서 큰 용광로의 연기와 같은 연기가 올라왔습니다. 그래서 해와 하늘이 그 구덩이에서 나온 연기 때문에 어두워졌습니다."(계9:2)고 하였다.

무저갱은 지옥이고 연기는 정욕이다. 인간이 정욕에 빠지면 지옥에 머무는 것과 같다. 이들은 정욕으로 인해 시꺼멓고 메스꺼운 연기가 올라와서 눈을 뜰 수도 없고 숨을 쉴 수 없어서 인간을 질식시키고 죽음에 이르게 된다. 의식 속에 정욕이 들어오면 인간의 성품이 결정된다. 정욕이 의지에 들어오면 순종적이고 조용한 성격을 갖던 자라도 어느새 야수처럼 돌변하여 난폭하게 된다. 이는 정욕이 그 마음에 악한 의도를 심어 놓았기 때문이다.

묵상

선한 자와 악한 자는 다릅니다. 선한 자는 생명의 근원을 알고 있습니다. 악한 자는 스스로 존재한다고 여깁니다. 선한 자는 지각과 양심 안에 생명이 존재함을 알고 살아갑니다. 악한 자는 감각적 쾌락만이 최고의 삶이라 여깁니다. 선한 자는 생명은 번성한다는 것을 압니다. 악한 자는 눈에 보이는 것이 전부입니다. 선한 자는 진리를 실천하며 살아갑니다. 악한 자는 정욕과 거짓으로 살아갑니다. 선한 자는 주님이 선과 진리를 공급해 주심을 압니다. 악한 자는 쾌락이 사라지면 존재 이유를 잃어버립니다.

생명은 각자의 성품에 따라 다르게 수용됩니다. 태양이 만물에게 빛을 비칠 때 무지개 색깔의 오색찬란한 조화를 내지만, 죽은 것은 더욱더 부패하게 됩니다. 생명은 어떤 이에게는 천국으로 드러나지만 어떤 이는 지옥으로 나타납니다.

간음

수치심과 간음은 아주 밀접하다. 왜냐하면 수치심은 감각의 산물이기 때문이다. 인간은 감각적 쾌락의 맛에 길들이면 그것이 전부라고 여기고 쾌락을 위해 모든 것을 희생시키는 행동을 한다. 간음은 악의 복합체이다.

수치심의 인간은 색다른 만족과 쾌락에 목말라 있다. 성관계는 자아애와 쾌락을 만족시켜 준다. 성관계에서 오는 만족감과 포만감은 수치심의 인간에게는 목마른 자에게 주는 한 모금의 물과 같다. 그 물이 부부관계에서 발생한 것이 아니면 더러운 구정물 같은 것이기 때문에 마실수록 더욱 목마르고 갈증을 느낄 것이 분명하다. 사실 더러운 물인지 깨끗한 물인지는 그의 양심이 가르쳐 준다.

부부를 법적 혼인기록 정도로만 여기고 부부간에 행하는 섹스를 간음과 같은 행위로 보는 인간은 성관계를 대수롭지 않게 여긴다. 이들은 삶의 기준이 육체에 머물러 있다. 이들이 교회에 나가는 이유는 교회에서 인정과 존중받고자 하는 신분상승을 위함이다.

또한 이들이 말하는 복이란 세상적인 성공과 재물의 부요 외에는 없다. 이들은 양심에 위배되면 그에 걸맞는 성경구절을 이용하여 양심을 내리누른다. 간음하는 자들이 이상할 정도로 예언의 목소리에 관심을 기울이는 것은 그들이 그곳에서 위안을 받고 싶어 하기 때문이다. 어느 누군가 당신은 '하나님의 딸이며 주님이 당신을 특별하게 사랑한다' 라고 힘주어 말해주면 신으로부터 자기의 죄가 탕감 받는 느낌을 얻는다. 그러나 예언을 한다는 그들도 동일하게 마음속에 악이 머물러 있다. 이들 중 재물의 욕심에 망해가는 모습을 보기도 한다. 이들 모두 양심과는 거리가 멀게 신의 목소리를 내면서 종교적 자만심으로 지배욕에 몸을 담궜기 때문이다.

마치 죽은 아벨의 핏 소리가 하늘에 소리치듯이 양심은 죽을 때까지 목소리를 높인다. 양심은 부부관계를 통한 성관계와 혼외 성관계의 육체적 접촉을 구별하고 판단한다. 그러나 양심이 사이렌 소리가 되어 마음 속에 울려 퍼지면 마치 자명종을 끄듯이 사정없이 내리 눌러버린다.

최근 간통법이 폐지가 되어 혼외 성관계를 법으로 구속하지 않게 되었다. 법은 사회적으로 타협한 실재이며 현실을 반영한다. 인류가 살아오면서 간음하는 이들에 대해 처벌은 있었으나 혼외성관계가 합법이라고 말한 적은 없었다. 그러나 사회가 그것을 허용하고 간통법을 폐지한 것은 사회적으로 그만큼 혼외 성관계가 많다는 것을 말한다. 그만큼 세상은 무질서가 질서로 둔갑하는 현실을 맞이하게 되었다. 간음을 법적인 하자가 없다고 여기는 순간 성은 감각적인 자들의 놀이터가 될 것은 뻔하다. 이 일로 인해 상대방 남편이나 아내가 당하는 마음의 상처는 상상을 초월한다. 그들은 배우자에 대한 배신감으로 삶의 의욕을 잃어버리고 자살과 이혼으로 가족이 흩어지게 되는 아픔을 겪고 심리적인 와해로 삶의 애착이 한꺼번에 무너지는 고통을 느끼게 된다.

우리가 아는 대로 생명나무와 선악을 아는 지식의 나무는 절대로 접붙임이 될 수 없다. 주님은 인간이 죄를 범한 이후에 생명나무에는 불 칼을 두어서 접근하지 못하도록 명하셨다. 즉 선과 악이 섞이지 못하도록 하셨다. 만일 그것을 섞는다면 신성모독이 되기 때문이다.

간음은 부부관계를 떠나 성관계를 슬기는 것을 말한다. 성경에서 부부관계는 주님과 교회의 연합이고 거룩하고 순수하다고 말하고 있다. 이 말은 부부관계는 신이 맺어준 관계라는 의미이다. 그러나 간음을 하게 되면 여자는 남편의 씨와 다른 남자의 씨가 섞인다. 씨는 생명이다. 성관계로 인해서 거룩한 것과 더러운 것이 혼합되어 버린다. 이런 여자는 천국과 지옥을 혼합시키는 어리석은 여자가 된다. 정당한 부부사이의 성관계와 다른 인간과 성관계를 진행하기 때문에 두 세계를 혼합하는 행위이다. 바울은 창기와 합하는 자는 창기와 하나됨을 알지 못하느냐고 항변하였다. 간음은 두 세계를 혼합한 것이기 때문에 간음하는 순간 천국의 문은 닫힌다. 그러므로 '간음, 매춘'은 선을 악용한 것이고 부부관계에 악을 적용시킨 것이다.

성경은 간음에 대해서 말씀하시기를 마음에서 나오는 것이며 사람을 더럽게 하는 것이라고 하였다. "마음에서 악한 생각들이 나온다. 곧 살인과 간음과 음행과 도둑질과 거짓 증언과 비방이다. 이런 것들이 사람을 더럽힌다."(마15:17-20)

일단 정욕이 의식세계에 들어오면 행위의 스타일을 규정한다. 정욕은 모든 행위의 삼종세트와 같다. 정욕이 의지에 들어오면 악한 의도가 된다. 음욕을 품었다는 말은 간음의 의도를 가졌다는 의미이다. 간음은 부부관계를 떠난 외설적 행위이지만 의도까지 포함해서 말한다.

그러므로 한 명 이상과 성적 관계를 맺는 것은 악과 거짓의 연합이다. 부부관계는 생명의 잉태를 가져오는 관계이며 종교적인 명령이고 선과 진리의 연합이기 때문이다.

성은 시작과 클라이막스와 종결의 그래프 곡선을 그린다. 그래서 마치 영화 한 편을 보고 나온 것처럼 결말이 분명하다. 성은 스킨십을 통해 만족스럽고 짜릿하고 특별한 느낌을 주며 끝나면 시원한 느낌이 들며 성적 호기심을 유발하기 때문에 목마른 자들은 또 성을 찾게 된다.

부부관계는 안정된 상태에서 성관계가 이루어진다. 그러나 간음하는 자들은 자신들의 행위가 드러날 것이 두려워서 남의 눈을 의식하게 되고 마음에는 양심의 소리가 있기 때문에 더욱 긴장하게 된다. 그 긴장감과 스릴은 더욱더 성적인 흥분감과 기대감을 갖도록 만든다. 간음하는 이들은 이것을 오히려 진정한 사랑이라고 착각한다. 그리고 자기의 남편이나 아내는 자신에게 이런 만족을 주지 못하는 허접하고 바보 같은 존재라고 여긴다. 그러므로 간음을 즐기는 자는 더러운 욕심으로 인해 오물의 냄새를 즐기는 자들과 같다.

이들은 양심과 쾌락 사이에서 방황하게 된다. 이들은 양심의 법을 두려워하지 않는다. 양심은 올라오는 순간 내리 누르면 그만이다. 다만 혹시라도 받게 될 간음으로 인한 결과와 사후의 형벌을 두려워할 뿐이다. 그래서 양심의 찔림이 올 때에는 애써 무마하고 그 결과는 무책임으로 일관하고 사후의 형벌에 대해서는 주님은 사랑이시며 주님의 피로 깨끗해졌다는 말을 앵무새처럼 반복해서 주문을 할 뿐이다.

그러나 이들이 간과한 것은 선하신 주님은 모든 이들에게 천국을 주시기를 원하지만 자신의 삶의 상태에 맞게 그 나라에 살게 된다는 사실이다. 그 나라는 정확하게 선한 자와 악한 자의 구분이 있는 나라이다.

간음하는 여인은 남편이 힘들게 고생하는 모습을 보고 잘 대해주어야 하겠다는 생각을 갖고 있지만 그녀의 정욕의 불길은 시간이 지날수록 더욱 타오른다. 시간이 지날수록 원상태로 돌아갈 수 없다는 생각으로 체념하게 되고 나중에는 갈수록 대담해진다. 그러므로 외간 남자를 자기의 집안으로 끌고 들어오기까지 한다. 어느 여성은 아이들의 학원비를 번다는 명목으로 창녀의 짓까지 마다하지 않는다.

간음은 타인을 괴롭히는 습성을 가지고 있다. 간음하는 남성과 여성은 자신의 배우자에게 폭력적으로 변하는 특성을 갖고 있다. 간음하는 여인이 어느 순간 자신의 처지를 비관하고 무기력이 발생할 때 남편을 향해서 늑대처럼 돌변하여 난폭하게 대한다. 그리고 폭풍이 지난 후에 남편이 기진맥진하여 더 이상 어찌할 수 없어서 부드러운 말로 아내를 달래면 온순한 양이 된 것처럼 위장한다. 그녀가 간음을 진행하는 동안에는 언제나 이런 일들이 반복된다. 그래서 간음하는 여인이나 남편은 평범하게 가정생활을 이루지 못하고 막말과 고성과 같은 극단적인 싸움이 뒤따르게 되고 그것의 피해자는 주로 아이들이다. 간음이 위험한 것은 악의 의도를 가지기 때문이며 간음으로 인한 사상과 생각이 부패해지기 때문이다.

모든 행위는 마음에서 나오기 때문에 마음이 부패하는 것은 이미 인간의 의지가 흔들리게 되었다는 것을 의미한다. 결국 간음은 마음속에 있는 하늘나라를 파괴한다. 간음의 위험성은 마음속에 있는 하늘나라를 악으로 점령하도록 하기 때문에 간음 자체를 악이라고 부른다. 이 속에는 오로지 자기만족과 자기사랑만 존재한다. 배우자와 자녀를 배려하지 않고 악이 존재하기 때문에 하늘나라의 법과 질서에 위배된다. 간음하는 자들은 부부관계에서 이루어지는 선을 악용한다. 그러므로 간음하는 이들은 악용의 대표자라고 할 수 있다.

하늘나라에 간음자들이 들어갈 수 없다고 하는 이유는 간음자체가 악이기 때문이다. 간음에 중독된 자들은 그것에서만 만족을 누리기 때문에 진리와 같은 높은 차원을 절대로 기대할 수가 없다. 천국은 진리를 믿고 행할 때 가는 나라이므로 이런 자들은 하늘나라에 들어갈 수 없다.

감각을 우선으로 여기는 이런 시대에는 많은 사람들이 간음을 대수롭지 않게 여긴다. 그래서 순간의 끌림이나 느낌만으로도 성관계가 이루어진다. 그러나 간음은 우상이고 선의 모독하고 진리의 악용이다. 간음이 우상인 것은 그것이 인생 최고의 목적이 되기 때문이다.

간음을 행하는 이는 간음으로부터 벗어나기란 어렵다. 간음에서 벗어나려면 자신의 현실을 분명하게 인식해야 하고 간음과 대항하여 싸워야 하며 진리를 따르고자 하는 소원이 있어야 한다. 간음은 혼자만의 일이 아니고 남녀의 결합이며 악의 영들의 침범과 소행이기 때문에 더욱 어렵다.

더구나 종교인들조차 간음을 대수롭지 않게 여기는 이들이 있다. 이들은 사랑을 말함으로 순결한 자처럼 보이지만 실상은 깊은 함정에 빠져서 어두움 속에 있는 위선자들인데 언제나 간음할 대상을 찾아다닌다. 이들은 순진한 자들을 꾀어 지옥의 배설물에 빠뜨리는 자들이다.

그럼에도 불구하고 입으로는 성령을 주장하면서 성령께서 자신에게 특별한 은총을 주셨고 높이 들어 쓰신다고 말한다. 그리고 그와 한통속이 된 여성에게 이와 같은 말로써 현혹시켜 자기의 어둡고 쓰레기와 같은 사상을 성관계와 함께 불어넣는다. 그리고 덧붙여서 둘은 배우자를 비난하는데 그들의 데이트 시간을 소비하며 핏대를 올린다.

이들이 성령을 주장하는 이유는 진리와 양심으로는 자기의 입장을 합리화할 수 없기 때문이다. 이들이 말하는 성령은 자유로운 분이고 자신들의 믿음을 충족시키는 분이고 자신들은 이미 이전에 성령 받은 흔적이 있다고 여기기 때문이다. 그렇지만 이들은 악을 숭배하는 존재들로써 미련하고 어리석은 여인을 찾아다닌다. 이들은 흔들리지 않는 믿음을 주장하지만 정작 믿음은 삶과 일치되는 것이라는 것을 절대로 인식하지 못한다. 그러므로 이런 자의 마수에 빠진 여성이 그로부터 벗어나려면 진리와 진리를 실천함으로 마음 속의 가시떨기를 제거해야만 한다.

　젊어서는 종교적 일에 열심을 내지만 간음에 구렁텅이에 빠진 이들이 있다. 이들의 현재 모습은 그가 살아온 삶의 열매이다. 이들은 천국이 선한 삶의 나라가 아니고 오로지 자신들의 확고하고 흔들리지 않는 굳센 확신에 의해 천국이 주어진다고 여긴다. 간음하는 자일수록 믿음만능, 보혈 만능을 부르짖는다. 그렇지만 그에 부합한 삶은 존재하지 않으며 살려고도 하지 않는다. 다만 이들의 믿음은 변질된 신념에 불과할 뿐이다. 분명한 것은 간음에서 오는 쾌락은 악을 사랑하는 즐거움 외에는 다른 것이 없으며 그 쾌락은 지옥의 쾌락이고 이웃 사랑의 진리는 아니다.

　이들은 긴장감과 스릴과 함께 남의 부인을 취하는 것이 유일한 즐거움이고 살아있다는 기분을 느끼게 해준다. 그래서 아무런 수치심과 죄책감 없이 뻔뻔하게 행동한다. 이들은 무화과 나뭇잎으로 가리고 나무 뒤에 숨으면 아무도 자신의 행위에 대해 간섭하지 못할 것이라고 여긴다. 그러나 나무 뒤는 어둡고 그늘진 곳이고 지옥인 것을 모르고 있다. 결국 종교의 이름으로 탈을 쓰고 간음으로 다른 이의 부인의 영혼을 어둡게 하고 정신세계를 망가뜨려서 부인의 배우자의 마음을 괴롭고 고통스러운 지경을 몰아넣었다. 이들이 받을 형벌은 수치와 치욕이고 사후에 지옥의 어두움과 비참한 현실에 내동댕이쳐질 것이 뻔하다.

요한계시록에는 하나님의 진리를 고집과 편견을 가지고 제멋대로 악용한 자들에 대한 형벌이 나온다. "땅의 임금들과 왕족들과 장군들과 부자들과 강한 자들과 모든 종과 자유인이 굴과 산들의 바위틈에 숨어 산들과 바위에게 말하되 우리 위에 떨어져 보좌에 앉으신 이의 얼굴에서와 그 어린 양의 진노에서 우리를 가리라."(계6:15) 바위를 향해서 얼굴을 가려달라는 말은 악한 자들이 완고한 고집에 숨는 것을 말한다. 이들에게는 나름대로의 고집에 의한 세계가 존재한다.

이스라엘 율법에는 간음죄를 지은 자에게 돌로 쳐 죽이라는 조목이 나온다. 간음하는 자를 돌로 치는 형벌은 영적인 의미로 간음 자체는 진리를 무너뜨리는 고집에서 비롯된 것이므로 돌이 의미하는 진리가 간음하는 자의 고집을 깨뜨리는 것을 의미한다. 남자와 여자가 한 몸을 이루고 자녀가 생산되어 그들이 천국에 이르는 것은 우주만물의 질서이다. 그러나 간음은 이런 질서를 모독한다.

간음하는 이들은 자신들의 사악하고 교활한 생각을 남에게 퍼트리기를 즐긴다. 그래서 결국 그들과 같은 동류들과 만나서 간음한 결과를 서로 공유하고 나누고 싶어 한다. 이들의 무리 속에 정직하게 부부관계만을 고집하는 이가 들어오면 분위기를 망가뜨리고 속이 좁고 시대를 모르는 옹졸한 사람이라고 우습게 여기고 조롱한다.

그러므로 아마도 간음하는 자에게 천국을 선물로 준다고 해도 이들은 스스로 거절한다. 천국에서는 간음의 쾌락을 누릴 수 없기 때문이다. 이들은 이렇게 말한다. "천국에는 성관계가 없어서 무슨 재미로 살아요?"

거짓

물과 기름처럼 거짓은 진리와 혼합될 수 없다. 거짓은 진리와 반대되는 사상을 말한다. 십계명 중에 제9계명은 "이웃에 대하여 거짓증거하지 말라"고 하였다. 이는 자기의 이익을 위해 주장하는 일과 위선, 명예훼손, 타인의 평판을 해치는 것까지 포함한다. 거짓은 미움에서 비롯된 배신행위이다.

또한 거짓은 악을 선으로 여기는 억지주장이다. 주님은 이에 대해 이렇게 말씀하셨다. "너희는 너희 아비 마귀에게서 났으니..진리가 그 속에 없으므로 진리에 서지 못하고 거짓을 말할 때마다 제 것으로 말하나니 이는 그가 거짓말쟁이요 거짓의 아비가 되었음이라"(요8:44)

거짓은 진리의 질서를 깨뜨리는 온갖 사상이다. 이는 진리와는 정반대이다. 거짓은 선악을 알게 하는 뱀과 같아서 신성한 영역을 파괴하고 감각에 의한 사상을 가져온다.

물론 거짓된 인간도 진리를 배울 수도 있고 가르칠 수도 있다. 이들은 자신의 말이 진리인양 열정을 가지고 말하기도 한다. 겉으로 보기에는 진리인 듯 보이나 실상은 그렇지 않다. 마음에는 정욕과 이기적인 욕심이 가득하다. 이들은 자신이 도덕적인 사람인 것처럼 남을 속이기도 한다. 이들은 자신의 경제적인 이익과 타인의 이목 때문에 속마음을 감추고 자제할 뿐이다. 이들은 종교적인 일에 열심을 내지만 내면이 드러나면 거짓과 악만 남는다. 이들이 알고 있는 진리는 단지 감각적 만족과 기억 수준에 머물러 있다. 이러한 사람은 모든 것이 포장된 것이어서 거짓이 제거되면 미련한 자가 되고 만다.

그러므로 이들에게는 순진무구가 있을 수가 없다. 순진무구는 진정으로 자신이 악을 행하는 것 외에는 아무 것도 없다고 시인하는데서 시작하기 때문이다. 그러나 이들은 절대로 이와 같은 자기 인식을 할 수 없다.

인간이 거짓을 갖게 되는 이유는 진리를 모르기 때문이다. 진리를 모르는 것은 그의 이해의 눈이 어두워서이다. 이해가 어두우면 진리를 알 수 없고 거짓이 굳어져서 악을 행하게 된다. 그러므로 진리가 이해의 눈을 연다면 거짓은 닫히게 된다.

만약 거짓을 일삼는 부모가 있다면 그 자녀는 정서장애를 갖게 될 확률이 그만큼 높아진다. 전부다 그런 것은 아니지만 아이들이 정서장애를 안고 있다면 부모들의 거짓을 살펴볼 필요가 있다. 악한 사람의 거짓말 목록은 다음과 같다.

* 인간은 네 힘으로 살아야 하고 자신 외에는 아무도 믿어서도 의지해서도 안된다.

* 세상은 힘 있는 자들만이 성공한다.

* 주님은 나를 위로하시고 내 편이시다.

* 죽으면 다 끝난다. 그 뒤엔 아무 것도 없다.

* 돈 벌기 위해 남들보다 뛰어나야 하며 경쟁해서 이겨야 한다.

부모가 자아애에 빠져 있거나 무질서 속에 살거나 수치심에 매여 있으면 자신도 모르게 자녀에게 거짓을 물려주게 된다. 그래서 결국 아이들로 하여금 거짓된 삶을 살도록 유도한다.

성경에 보면 "너희는 새끼 염소를 그 어미의 젖으로 삼아서는 안 된다."(출23:19,34:26)는 말이 있는데, 이 말씀에서 새끼 염소를 그 어미의 젖으로 삼지 말라는 말씀은 새끼 염소는 순진무구를 상징하는 말이므로 자녀들의 순진무구를 부모들이 파괴하지 말아야 한다는 것을 뜻한다.

악한 사람은 자신에게는 거짓이 없다고 생각하는 까닭에 갈등이 생기면 남의 탓으로 돌린다. 자신은 털끝만큼도 악하다고 생각지 않고 오히려 다른 사람에게 있는 악을 찾아낸다. 자신의 눈에 대들보가 있으면서 남의 눈의 티를 찾아낸다.

악한 사람은 자아애와 수치심에 빠져 자신이 완전하다고 믿고 자신의 자아에 변화가 일어나는 것은 완전한 파멸이라고 생각하고 고집을 부리기 시작한다. 그래서 막다른 위기에 처하면 변명하거나 상대방을 비판함으로 요리조리 피해 가고, 자신들이 높은 위치에 있으면 남들이 무시하지 못할 것이라고 생각한다. 이들은 직면하는 것을 무서워하기 때문에 자아인식을 원치 않는다. 이들은 예배 참석, 헌금, 봉사와 같은 종교적인 행위를 자신의 지위를 높이는 도구로 사용한다. 일단 위장된 모습이 만들어지면 참 자신의 모습은 숨겨진다. 거짓된 모습으로 수년이 흐르다 보면 나중에는 자신이 만든 거짓이 진리인 것처럼 주인노릇을 한다.

거짓으로 일관적으로 살아온 자들은 그의 목소리, 웃음소리, 억양에서 기름기가 섞인 것같은 목소리가 나오고 끊임없이 거울을 들여다보고 외모를 가꾸는 데 모든 정성을 기울인다. 거짓은 상대방에 대한 적의, 증오, 복수, 질투, 경쟁심에서 비롯된 위선, 명예훼손, 억지 비방, 자기 체면과 명예를 위해 주장하는 것, 배신, 사기, 계획적 범죄를 말한다.

의심

수치심의 특징 중의 하나는 의심이다. 의심이 많은 인간은 언제나 긴 장상태에 머문다. 이들은 가장 가까운 사람이 자신을 무시하고 비난한다고 여기고 그에 대해 반격을 시도한다. 그래서 상대방의 말을 비비 꼬아서 듣는 버릇이 있다. 상대방과 대화할 때 상대방의 말을 듣고 차분하게 대답하려고 하기보다는 자신이 무슨 말을 할 것인지를 머릿속에 정리하기 때문에 타인의 말을 경청하지 않으므로 이해의 기능이 떨어질 수밖에 없다. 이들이 말하는 버릇이 언제나 빈정거리는 말투를 가지고 있는데 억양에 악센트를 주면서 말을 한다.

또한 남에게 일어나는 작은 사건이나 실수를 잊지 않고 기억하고 있다가 자신이 반격하고자 할 때 그 일을 꺼내서 상황에 맞지 않게 사용하기도 한다. 그래서 교묘하게 자기의 잘못을 은폐시킨다. 그러므로 의심이 많은 인간은 평범한 일도 자기를 위협하는 사건으로 보고 상대방의 순수한 의도를 왜곡시킨다. 마치 성경에 선악을 알게 하는 나무의 뱀의 말처럼 먼저 주님의 말씀을 의심케 하고는 자신이 하나님이 되고자 한다. 이들은 신리는 실천에 있음을 의심한다. 행함이 없는 믿음은 죽은 믿음이라고 배워도 금방 잊어버리고는 행위로는 구원이 없다고 주장한다. 행위와 믿음을 분리시키고자 한다. 이는 인간의 마음에 이해와 의지를 분리시킨 것과 같다.

의심은 상대방의 말을 먼저 깨뜨리기 위한 목적을 갖고 있다. 그러므로 의심하는 자들은 언제나 상대방을 비난하고 공격할 태세가 되어 있다. 이들과 대화하기란 어렵다 왜냐하면 이들은 남의 말을 듣는데 인색하기 때문이다. 이들은 다른 사람이 말을 하는 동안에 자기가 할 말을 준비한다. 타인의 말을 들으면서 자기 생각의 잘못된 점을 검토하지 않고 오직 저급하고 낮은 차원의 부분을 가지고 고집에서 벗어나려고 하지 않는다. 그러므로 이들에게 새로운 삶을 기대하기는 매우 어렵다. 깨닫고자 하거나 이해하고자 하는 마음이 없기 때문이다. 이들이 자주 사용하는 말 중에는 주님이 자신을 높여주셨다는 말과 단번에 죄가 사해졌다는 말 등등이다. 스스로 만들어낸 거짓 환상을 믿고 있다. 얼마나 어리석은가? 오늘날 인간들은 감각만을 믿는다. 감각적 믿음에는 이웃사랑이 존재할 수 없다. 모든 것이 거짓될 뿐이다. 의심은 짙은 어둠을 가져온다.

수치심의 인간에게 있는 의심 속에는 악의 의도가 머물러 있다. 악에서 행동하기 때문이다. 다만 명예와 다른 사람의 눈초리와 법이 무서워서 악한 행동을 하지 않을 뿐이다. 악의를 가진 자들은 겉으로 보기에는 상대방에 대한 신뢰로 위장되어 있기 때문에 구별을 하지 못한다. 그러나 속에는 악의가 가득차 있어서 언젠가 그 본성이 드러날 때가 온다. 이들은 언제나 악을 목표로 한다. 자신의 내면에 거짓이 가득하기 때문에 언제나 의심할 수밖에 없다. 이들의 입에서 나오는 의심의 말은 언제나 현실을 왜곡하고 자신의 처지를 그대로 표현하고 있다. 의심의 기운은 다른 이들에게 전달되어서 다른 이의 생각을 오염시켜버린다. 결국 의심은 거짓으로 하나되고자 하는 악의 세력의 확장이다.

영적 존재

인간의 마음은 영적 세계와 연결되어 있다. 인간은 홀로 살아가는 존재가 아니고 끊임없이 영적 존재와 교류한다. 이는 갓난아이가 움직이고 말하는 것을 보면 알 수 있다. 그 아이가 불과 태어난 지 얼마 안 되는 짧은 시간에 배운 기억으로는 저렇게 말을 하거나 신기한 면을 드러낼 수 없다. 아이의 깜짝 놀랄만한 행동을 하는 모습을 볼 때마다 신기하다고 여기는 경우가 한 두 번이 아니다.

또한 나는 상담을 통해 내담자가 어떤 영과 접촉해서 하는 말을 듣는 경우가 있었던 것을 여러 번 경험했다. 나는 인간은 이 세상에서 독립적으로 살아가는 존재가 아니고 영의 세계의 어떤 영과 접촉해서 살아간다는 것을 알게 되었다. 인간은 자신이 원하는 생각뿐 아니라 전혀 예측하지 못한 생각이 하루에도 수없이 떠오르는 것은 인간은 영적존재와 더불어서 살아가기 때문이다. 인간은 절대로 홀로 살아가는 존재가 아니다. 그러므로 인간이 악을 저지르게 된 것은 그와 함께 하는 어떤 영적 존재와 함께 저지른 것이다. 이를 두고 악령이라고 한다. 엄밀하게 말하면 악령이 심어놓은 악이 죄를 짓도록 한다. 마찬가지로 선을 행했다면 그와 연관된 영적존재가 있는 것이다. 이를 두고 천사라고 한다.

자연적 세계는 영적 세계에서 비롯되었다. 인간의 감각은 천국의 모형이다. 영적인 것이 사람에게 들어있어서 그 결과가 나타난다. 사람의 몸동작, 행동, 표정, 언어, 기쁨과 즐거움이 드러난다.

인간은 마음과 육체가 결합되어 있다. 마음의 세계는 무한하고 영원하지만 육체적 세계는 시간과 공간 안에 머물러 있다. 인간이 육체가 죽는 순간 마음은 선악에 따라 기준에 따라 영원한 세계로 들어간다. 인간이 이 세상에 살고 있는 것은 진리를 따라 마음의 선을 쌓는 과정 혹은 거짓을 따라 악을 쌓느냐의 과정이다. 그리고 인간은 사후에 선한 자의 부활과 악한 자의 부활로 새로운 삶을 살게 된다.

고로 인간이 세상에서 악을 행하는 것은 악령과의 연합작업으로 악령이 만들어낸 악이라고 보아야 한다. 또한 인간이 선을 행한다고 하면 주님의 도움으로 선행을 한 것이다. 사도 바울도 이것을 말했다. 그는 자신 안에 선을 거슬리는 악이 있다고 말하였다. 그는 자신이 저지른 죄는 자신이 아니고 자신 속에 거하는 죄라고 말했다.

악은 언제나 죄의 법을 따라 섬긴다. 인간이 생명을 얻을 수 있는 것은 선으로 가능하다. 왜냐하면 본래 인간은 하나님의 형상과 모양으로 지음이 되었기 때문에 선을 담을 수 있는 진리만이 그를 살릴 수 있다. 그러나 감각과 기억은 언제나 세상의 쾌락을 즐기고 욕심을 끌어내며 진리를 거부하기 때문에 감각이나 기억으로 선을 행할 수 없다. 감각과 기억으로는 욕심과 흑암 속에 묻히게 되며 변질된 신념을 유발하게 될 뿐이다.

그러므로 인간이 선의 마음이 닫혀지면 악의 영역이 열리게 되어 거짓을 진리로 추론을 지혜로 여기게 된다. 이는 박쥐가 훤한 대낮에는 아무것도 보지 못하면서 자신은 독수리의 밝은 눈을 가졌다고 말하는 것과 같다.

묵상

내 영혼에는 두 세계가 머물러 있습니다. 두 나라의 연합으로 영혼은 생명을 이어갑니다. 나는 영혼으로 이웃과 더불어 살아갑니다.

내 안에 에서와 야곱이 있습니다. 함께 잉태된 두 세계는 생명을 이룹니다. 하나는 생명의 불을 지피고 다른 하나는 불꽃이 타오르도록 기운을 불어 넣습니다. 두 세계는 연합합니다. 하나는 선의 세계요 하나는 진리의 세계입니다. 하나는 존재요 하나는 현현입니다.

둘은 수많은 욕심과 보복으로 만신창이가 되었습니다. 시간이 흘러 진리가 새로운 지식을 터득하여 깨우친 후 다시 만났습니다. 시작은 발뒤꿈치를 잡고 만났으나 얍복 강을 지나 브니엘을 거쳐 해가 솟아올라서야 마침내 둘은 두 팔을 벌려 목을 끌어안고 입을 맞추고 함께 울었습니다.

일치와 연합이 되었습니다. 발뒤꿈치와 손의 만남으로 시작하였으나 이제는 얼굴과 얼굴의 만남이요 입을 맞추는 만남이요 눈물의 상봉이 되었습니다. 겉사람과 속사람의 만남입니다. 하늘과 땅의 만남입니다. 하나는 크게 외쳤습니다. "형님께서 너그럽게 대해주시니 형님의 얼굴을 뵙는 것이 하나님의 얼굴을 뵈옵는 것 같습니다."(창33:10)

생명의 불을 피우기 위해 선과 진리는 연합합니다. 얼싸안고 감격의 상봉을 합니다. 탕자와 아버지가 만나듯이 다윗과 요나단이 만나듯이 이삭과 리브가가 만나듯이 나와 네가 만나듯이 주님과 아버지가 하나이듯이 영혼은 주님과 연합을 즐거워합니다. 선과 진리의 잔치는 내 영혼이 사는 길입니다.

PART 두울
변화의 단계

03 자아

"하갈아 네가 어디로 와서
어디로 가는 길이냐"(창 16:8)

수치심에서 순진무구 상태로 가기 위해서는 자아의 변화가 필요하다. 인간은 마음이 다양하게 변화하는 존재이다. 변화는 사랑의 수준과 대상에 따라 다르다. 순진무구 상태로 나아가려면 선을 목표로 진리를 깨닫고자 노력해야 한다. 아이가 어른이 되는 과정에 따라 개별적으로 성숙의 정도는 다르다. 돌이켜 보면 과거에 익숙하게 행해왔던 것이 현재에 비교하면 유치하지만 과서의 어리석음은 오늘의 나를 있도록 만든 몽학 선생이다. 우리는 살면서 매일매일 수많은 사건 속에서 다양한 상태 변화를 겪는다. 나는 나이가 점점 들어갈수록 시력이 약해져가는 것을 느낀다. 전에 선명하게 보이던 것이 희미해지고 눈을 크게 해야만 글자가 제대로 보이게 되었다. 내 눈의 상태이다. 그래서 안경을 자주 바꿔서 맞추게 되었다. 인간의 상태는 좋은 쪽이든 나쁜 쪽이든 변화하게 되어있다. 자아는 상태의 변화과정이다.

내게는 아들 셋이 있다. 이들의 자아의 상태변화 과정을 어떻게 하든 좋은 방향으로 이끌어주고자 하는 것이 나의 소원이다. 이들이 나를 만나서 좀 더 행복한 삶의 비결과 부부간에 화목하게 하는 삶의 습관 또는 선한 인생을 살아가는 행복의 비결을 도와주고자 하는 것이다. 나는 이들의 소유주가 아니고 이 세상에 사는 동안에 내게 맡겨준 신의 위탁이라고 여긴다. 나는 세 아들의 변화를 살펴보고 선의 방향으로 인도하고자 하는 것이 목적이다. 사실 어렵지만 아내에게도 그렇게 하고자 한다.

인생을 산다는 것은 상태의 변화를 위해 노력한다는 것과 같다.

세상을 살다보면 수많은 선택을 해야 하는 순간을 맞이한다. 마치 바람이 불어오는 것처럼 내안에 어느 순간에 갖게 되는 감정의 소용돌이에 빠질 때가 있다. 봄철의 미풍을 맞이하기도 하지만 추운 겨울의 차가운 폭풍을 맞이하기도 한다. 그것은 내안에서 벌어지는 수많은 상태이다.

인간은 자유의지를 가지고 이성으로 수많은 시련과 연단을 통해 욕심을 포기하고 현실에 만족하는 비결을 배운다. 자아는 그렇게 다양한 사건 속에서 상태 변화를 통해서 매순간 진리로 거듭나고 새로워진다. 그렇지 않으면 그 반대가 된다.

성경에 저녁이 되며 아침이 된다는 표현은 상태의 변화를 의미한다. 인간은 변화에 따라 천국과 지옥, 밤과 낮, 아침과 저녁을 이룬다. 인간은 변화되어간다는 것을 의미한다. 인간은 가까운 현실에 울고 웃지만 진리를 깨닫게 됨으로 변화와 성숙의 상태가 연속적으로 일어난다.

인간은 변화를 겪을 때마다 심사숙고하고 사려깊은 이해를 갖기 위해서 노력하는 과정이 필요하다. 그래서 상담자를 찾거나 스승의 조언을 듣고 가장 좋은 길을 찾고자 하는 것이다. 그리고 모든 고난과 어려움을 극복하고 선한 길을 걸어가야 한다.

자아

사람에게는 자아가 있다. 자아는 '나' 라고 여기는 그것이다. 자아는 사람을 유지하는 나의 상태를 말한다. 자아는 인간이 환경에 적응하고 사고하고 판단하며 선택하도록 할 뿐 아니라 살아 있음을 느끼도록 만들고 나의 특성을 드러낸다. 자아는 인간으로 하여금 환경 속에서 적응하며 살아가도록 돕는 주체이다. 인간은 자아와 함께 세상의 모험을 향해 나아간다.

자아는 '나' 라고 하는 주체이며 책임자이다. 자아는 주위 환경에 민감하게 반응하고 적응하는 능력이 뛰어나다. 자아에는 타인을 지배하고 자기를 높이는 경향이 있기 때문에 자칫 유혹에 쉽게 넘어가기도 하고 왜곡된 길에 빠지기도 한다. 이것이 자아의 특성이다.

주님은 '본질적 자아' 로서 만유의 근원이 되시기에 처음과 나중, 알파와 오메가라고 한다. 그에 비해 인간은 본질적 자아의 그릇이다. 그래서 하나님의 형상과 모양이라고 하였다. 인간은 자아의 상태로 주님의 나라에 살 수 있도록 영적 존재로 창조되었다. 인간은 사후에 천국에서 영적 존재들과 함께 살아야 하는 존재이다. 그런 이유로 인간에게는 천국의 속성인 선이 필요하다. 인간은 태어날 때 부모로부터 물려받은 자아를 가지고 있다. 인간은 자아의 의도대로 움직인다. 자아는 인간이 생각하며 살아가도록 한다. 그리고 자아에는 사랑이 기본적으로 들어 있다. 유전적 자아 속에는 지배와 소유욕이 들어 있어서 자기를 존경하지 않는 사람을 좋아하지 않는다.

그러므로 자아에게 중요한 사실은 사랑의 대상이다. 만일 인간이 자아애를 제거하고 이웃을 사랑한다면 순수하게 되어 주님의 인도하심을 받아 순진무구에 이른다. 그러므로 진정 사람 되는 길은 자아애를 버리고 본질적 자아로부터 이성과 양심과 지혜의 가르침을 부여받아야 한다. 그것이 순진무구에 이르는 길이다. 그러므로 자아는 자아의 만족에서 벗어나서 순수한 가치를 추구해야만 한다.

자아는 감각을 가장 먼저 만난다. 감각은 인간 이해 중에 가장 외적 부분이다. 자아는 감각을 통해 사고를 하고 세상을 본다. 감각은 자아를 만족시키면서 감각적 쾌락으로 젖어들게 한다. 인간은 감각에 탐닉하여 감각의 종이 되고 만다. 이렇게 인간은 감각에 아주 근접해 있다. 그래서 먹는 것과 보는 것, 타인 앞에서 자랑하는 유혹에 쉽게 젖어들게 된다.

결국 인간은 자아의 요구에 이끌려 높은 가치를 추구하기보다는 감각에 충실한 인간이 된다. 인간이 감각에 의존하면서 숭고한 가치를 잃어버리게 되면 짐승이하로 전락된다. 이것이 수치심의 전형적인 특성이다.

성경에 "내가 너로 여자와 원수가 되게 하고 네 후손도 여자의 후손과 원수가 되게 하리니 여자의 후손은 네 머리를 상하게 할 것이요 너는 그의 발꿈치를 상하게 할 것이니라."(창3:15) 여자의 후손은 주님이요, 뱀의 머리는 감각으로 인한 자아애이다. 자아는 자아애의 머리를 들어 올리고자 하지만 주님은 겸손하게 내리신다. 주님은 인간이 자아애를 버리기를 원하신다. 그러나 자아가 감각에 몰입되어 자아애가 증폭되는 순간 인간은 최고의 자리에 등극한다. 자아가 최고의 정점의 자리에 올라서는 순간 자아는 자만하게 되고 자기만의 세계에 머물게 되고 어두움으로 전락한다. 자아가 양심이나 이성보다 감각을 우선으로 여기는 순간 흑암이 그에게 미친다. 어떤 인간이 감각적으로 살아가면 어두움의 나락으로 떨어진다는 양심의 경고음이 울린다. 많은 사람들이 감각적 쾌락에 도취되어 있는 모습을 본다. 한순간에 범죄의 길로 들어선 사람, 마약의 유혹을 이기지 못해 순간의 만족에 인생 전체를 무너뜨린 사람, 뭇 남성의 칭찬과 허황된 말에 가정을 던져 버린 여인, 쇼핑에 정신 팔려 있는 사람, 먹는 것에 대한 욕심 으로 비대해진 사람은 감각에 도취된 자들이다. T.V 프로그램, 영화, 스포츠, 술, 도박, 게임은 사람의 감각을 만족시켜주기 바쁘다.

인간의 자아는 감각을 즐겁게 하는 일에 몸과 영혼을 내던지고 즐거움과 쾌락을 얻고자한다. 이것이 인간의 살아가는 목적이 되어 버렸다. 보고 만지는 것 외에는 아무 것도 믿지 않는다. 감각으로 살아있음을 느끼고 싶어 하는데 마약을 먹고 환상적인 상태에 머무는 것, 먹는 순간의 느낌에 머무는 것, 성관계가 주는 긴장과 짜릿함으로 살아있음을 느끼고 술 취한 기분에 도취되어 있는 것에서 살아있음을 확인받는다. 이것은 환상일 뿐이다. 그는 헛것을 보고 있다. 진리가 아니기 때문이다.

인간의 자아는 '환상의 거짓' 을 확인받고 있는 셈이다. 그러나 우리는 '확실성의 진리' 로 진전해야 한다. 고로 자신에게 주어진 현실에서 이성과 양심을 따라야 한다. 그렇지 않으면 결국 인간은 어두움에 떨어지게 되고 극단의 수치심이 발생한다.

묵상

내 안에 바로잡아야 할 의지가 있습니다. 의지는 생명이고 의도이고 목적이고 뜻입니다. 의지가 주님과 이웃을 사랑하면 선이라 부릅니다. 의지가 세상과 자아만을 사랑하면 악이라 부릅니다. 의지가 선하면 머리를 하늘로 향하여 하늘나라 문을 엽니다. 의지가 악하면 머리를 땅으로 향한 채 지옥으로 떨어지고 말 것입니다.

내 안에 바로잡아야 할 것이 있습니다. 의지가 선해지려면 진리를 배워야 합니다. 물과 성령으로 거듭나야 합니다. 이집트에서 포도나무를 가지고 와서 심어야 합니다. 방을 소제하여 드라크마를 찾아야 합니다. 신령한 불을 지펴야 합니다. 리브가의 낙타가 물을 먹은 것처럼 진리를 헐떡이며 사모해야 합니다. 태양빛이 비춰 푸른 풀이 돋아나서 푸른 초장이 되어야 합니다.

의지는 영적 지식을 필요로 합니다. 의지에 진리가 있다면 사랑할 수 있습니다. 선과 악 사이에서 선을 택한다면 바로잡힌 것입니다. 혹시 악이 나를 점령했다면 발뿐만이 아니라 온 몸을 씻어야 합니다. 눈이 밝으면 온몸이 밝습니다. 의지는 진리를 아는 이해의 도움을 필요로 합니다.

의지는 심장과 같습니다. 심장의 박동이 멈추면 모든 감각이 중지되고 근육이 굳어버리고 맙니다. 심장이 멈추면 죽음입니다. 또한 심장에서 품어낸 피는 응고되어 썩고 맙니다. 의지는 사랑의 그릇입니다. 그러므로 내게 천국의 사랑이 들어와야만 합니다.

04 감각

"그 나무를 본 즉 먹음직도 하고 보암직도 하고
지혜롭게 할만큼 탐스럽기도 한
나무인지라"(창 3:6)

　수치심은 감각에 몰입한 인간에게 찾아온 자기만의 어두움의 세계이다. 감각은 외부현실을 파악하는 기능이다. 인간은 오감이라는 예민한 감각을 통해서 외부정보를 받아들인다. 보통 오감이라고 하면 시각, 청각, 촉각, 미각, 후각을 말한다. 오감은 우리 내부에 정보를 전달해주는 안테나와 같은 역할을 한다. 우리는 오감을 통해 외부정보를 전달받고 그 정보를 통해 밖의 세계를 인식하고 판단한다. 오감은 정보를 전달받고 알게 해주는 기능을 한다.

　시각은 정리정돈을 하거나 그림이나 모습, 외모를 봄으로써 사물을 기억한다. 시각은 이해의 기능이다. 그래서 전화로 상대방을 설득하기 힘들어도 직접 만나서 눈으로 보면서 대화하면 의외로 쉽게 상대방을 설득할 수 있다.

청각은 소리나 음악에 민감하고 잘 기억하고 인간은 문서보다는 말을 좋아하는데 청각을 통해서 순종하게 된다. 귀로 듣는 것은 그만큼 말의 영향력이 크다는 것을 의미한다. 들음으로써 타인과 조화롭게 살아간다. 후각은 향기로 기분을 좋게 한다. 악취가 나면 상대방을 피하게 된다. 미각은 에너지와 힘을 고취시킨다. 입맛을 잃어버린 사람을 보면 활기가 없고 무기력한 상태에 머문다. 미각은 인간으로 하여금 더욱 분발하게 한다.

인간이 사랑의 감정을 갖게 되면 오감이 더욱 활성화된다. 덧붙여 말한다면 부부가 되었을 때 아내에게는 안테나가 있는데 그것은 남편의 상태와 형편을 살펴보는 경이로운 감각이다. 그러나 이런 감각도 외부사실을 정확하게 담지 못한다. 인간의 뇌의 기억을 연구하는 학자들은 인간에게 들어오는 외부 용량은 1초당 백만 비트라고 한다. 그러나 실제 뇌에 오감으로 받아들이는 분량은 단지 134비트이다. 그러므로 인간은 외부의 정보를 오만분의 일 정도로 자신에게 맞게 저장한다. 그래서 인간은 외부현실을 정확하게 그대로 받아들이지 않고 언제나 왜곡, 축소, 확장해서 판단한다.

삶은 감각의 경험이다. 감각 없이는 제대로 된 인간이라고 할 수 없다. 감각은 마음의 가장 외적인 기능이다. 마음은 감각을 통해서 정보를 받아들인다. 감각은 마음을 섬기기 위해서 존재한다. 그러나 수치심의 사람은 감각 자체의 매력에 푹 빠져 버리고 감각으로 모든 세상을 판단한다.

감각에는 겉과 속이 있다. 감각의 겉은 관능과 교류하고 속은 합리성과 교류한다. 관능적 감각이 되면 환상, 망상으로 빠진다.

인간이 관능적이 되면 그의 행동방식은 쾌락적이고 육체적이다. 그는 짐승 수준으로 전락한다. 쾌락은 관능적인 감각에 의해 열린다. 인간이 감각에 치중하면 경험하지 않은 세계는 의심의 눈으로 보고 타인의 경험과 가치를 인정하지 않는다. 그래서 혼자만의 생각을 고집하고 현실을 감각의 기준으로 추론하여 판단한다. 이런 인간을 두고 성경에는 '독을 내뿜는 뱀'이라고 한다.

감각에 의한 쾌락은 희열과 만족감을 준다. 그래서 쾌락에 빠지면 헤쳐 나오기가 힘들고 죄의 설레임으로 인한 만족으로 점점 더 깊은 위험의 늪으로 빠져들게 된다. 그러므로 감각적 쾌락에서 벗어나기 위해서는 자기 인식과 깨달음을 가지고 쾌락을 끊고 선을 향해 나가야 한다. 만일 인간이 시각, 청각, 촉각을 가지고 합리성과 교류한다면 인간은 이성적인 방향으로 나아간다. 합리성은 인간이 내적으로 생각하도록 만들고 선의 방향으로 나가도록 하며 속사람과 겉사람이 일치하도록 돕는다. 인간이 합리적이 된다는 말은 선하게 살고자 한다는 말과 같다.

그러므로 인간은 관능적이 되든 합리성이 되든지 둘 중 하나를 선택해야 한다. 인간은 관능과 합리성 사이에서 갈등한다. 그러나 한쪽으로 반복하다보면 나중에는 하나에 익숙하게 된다. 그래서 관능을 선택한 인간은 더욱 관능적이 되고 합리성을 선택한 인간은 더욱 이성적인 길로 가게 된다. 관능과 합리성이 함께 발전하는 것이 아니기 때문이다.

인간은 음식을 보고 냄새를 맡고 맛을 보고 이로 씹어서 목으로 삼키면 음식은 위로 보내진다. 그러면 음식물은 위액과 섞여 소화가 되어 피가 되고 살이 된다. 그러나 인간은 피가 되고 살이 되는 것을 전혀 느끼지 못한다. 이와 마찬가지로 인간이 처음에는 관능을 선택하는 노력을 하지만 후에는 자신도 모르게 익숙하게 관능적인 인간이 되어 버린다.

무엇이든 초기에 두려움과 떨림으로 악을 행하기가 힘이 들지만 시간이 지나면 익숙하게 관능에 몰입하게 된다. 그러므로 인간은 감각에서 순간적으로 벗어나기란 어려운 일이다. 관능 몰입에서 벗어나려면 그만큼 투쟁하고 반복해서 훈련하는 노력이 필요하다. 그러면 그 후에는 익숙하게 관능 몰입에서 벗어난 자신을 발견할 수 있다. 언제나 감각은 마음을 섬긴다. 그리고 마음은 관능과 합리성 사이에서 갈등한다.

인간이 짐승과 다른 점은 정보를 감각에만 의존하지 않고 이성과 양심을 가지고 있다는 것이다. 인간은 신적 가치를 추구할수록 더욱 성숙해진다. 그러나 인간이 욕심이 생기고 관능에 집착하면서 중요한 가치를 잃어버렸다. 인간이 이성과 양심, 지각을 무시하고 감각에만 의존하면 신이 부여한 존귀한 가치가 모두 무너지게 된다. 결국 관능에 의해 짐승처럼 인생을 살게 된다.

인간은 시각, 청각, 촉각, 미각, 후각을 가지고 다른 사람에게 유익을 준다. 이를 두고 감각의 선용이라고 한다. 그러나 오감을 가지고 자기만족을 추구한다면 관능적이 되고 다른 사람에게 피해를 줄 뿐이다. 이를 두고 감각의 악용이라고 한다.

이웃을 위한 감각의 선용은 무엇이 있는가? 시각은 단정하고 아름다운 모습을 보여줌으로, 청각은 부드럽고 감미로운 격려와 위로를 줌으로, 미각은 입에 맞는 음식을 대접함으로, 후각은 향기를 줌으로 이웃에게 즐거움을 준다. 그러므로 감각을 가지고 선용과 악용에 활용하는 정도에 따라서 인간의 질적 수준을 가늠한다. 인간의 삶의 질은 감각을 어떻게 활용하느냐에 따라 드러난다.

마음은 외부 감각으로 받아들인 정보를 해석하는데 촉각을 통해 선의 수준을, 후각을 통해 지각의 수준, 청각을 통해 순종의 수준, 시각을 통해 이해의 수준을 본다. 오감은 마음과 연결된다. 인간은 사후에 이생에서와 마찬가지로 감각의 상태로 생명의 연속을 이룬다. 감각은 생명을 수용하기 위한 유기적인 그릇이기 때문이다.

시각 (sight)

시각은 이해력이다. 시각은 빛이 없으면 기능을 하지 못한다. 어두운 곳에서는 아무 것도 볼 수가 없다. 눈으로 아무 것도 볼 수 없다면 사물을 분별을 하지 못하고 이리저리 부딪히고 넘어진다. 또한 인간이 어둠 속에 계속 머물러 있다면 공포와 두려움이 엄습한다.

눈은 카메라의 렌즈처럼 빛에 의해서 외부 물체를 반영하는 것에 불과하다. 그러나 시각은 빛 안에서 기능을 한다. 빛이 밝을수록 더 세밀하게 본다. 동물의 세계를 보면 밝은 빛에서 살아가는 짐승이 있는가 하면 어두운 동굴에서 살아가는 짐승도 있다. 시각의 차이에 따라서 살아가는 방식이 다르다. 본다는 말은 인식과 경험을 뜻한다. 영어로 'I don't see'는 '못본다'는 뜻이 아니라 모르겠다는 말이다. 우리말로 먹어보자. 맛보자, 굶어 보자. 죽어 보자, 예배 본다. 일 본다는 말은 본다는 말은 경험의 이해를 표현하는 말이다. 육체적인 눈은 사물이 눈동자에 투영되지만 마음은 눈에 비춰진 사물을 이해한다. 자연만물을 보면서 산, 나무, 구름, 바다 등으로 구분하여 이해를 한다. 눈이 사물을 보는 것이 아니라 이해력이 보는 것이다. 이해력이 정교하고 예민할수록 그만큼 이해력은 풍부하다.

인간은 이해의 수준에 따라서 다양하게 살아가는 방식이 다르다. 빛의 양에 따라 밝기가 다르듯이 이해력의 수준은 각 사람마다 다양하다. 인간은 자신이 어두움의 상태에 있다고 이해를 하면 허무하게 느끼고 텅 빈 공간에 놓인 것처럼 괴로워하고 이런 상태에 있다는 사실만으로도 분노한다. 이해는 앎, 인식, 체험, 경험, 생각의 고찰이다. 이해는 관념이 형성되어 판단한다. 인간에게 이해력은 보이지 않는 눈이다. 그러므로 사물을 보면서도 깨닫지 못하면 보는 것이 아니다.

이해는 사색과 깨달음을 가지고 종합적으로 분석하고 해석하여 앎에 이른다. 이것은 마음의 관념을 모아 들인다. 반면에 육안은 보고 기억하는 인간의 기능이다. 육안은 이해를 위한 도구에 지나지 않는다. 육안은 물질세계의 시야를 넓히도록 부여된 도구이다. 육안으로 자연만물을 보고 이해로써 아름다움의 뜻을 생각한다. 이해는 겨울에 내리는 눈을 보면서 흰 눈처럼 마음이 깨끗해지기를 원하고 시냇물을 보면서 진리가 내 마음속에 흐르기를 원하고 바위를 보면서 흔들리지 않는 믿음을 갖기를 원한다. 육안은 안경과 같아서 그 자체로는 볼 수 없지만 이해를 섬김으로 인간의 본질적인 가치를 깨닫도록 한다.

묵상

　오른 눈이 너로 하여금 죄를 짓게 한다는 말이 무슨 말인지 아는가? 그 눈을 빼서 내버려라. 죄를 범하는 눈으로 지옥에 가는 것보다 눈을 빼버리는 것이 낫다고 했다. 주님의 나라와 세상은 다른 개념으로 움직인다. 그 나라에서 오른 눈은 선한 이해력이다. 눈을 빼버리라는 의미는 선이 없는 이해는 장애가 될 뿐이라는 말이다. 주님은 선이 없는 눈으로는 지옥에 들어간다고 하셨다. 그렇다면 어쩌겠는가? 눈은 있으나 보지 못한다면 짙은 어두움 속에 머물러 있다. 어두움 속에 있는 자가 어두운 자를 인도하면 어떻게 되는가? 둘다 지옥에 떨어진다. 눈은 천국을 보는 선한 이해력이다.

　눈은 나의 진리의 믿음 상태를 반영한다. 눈에 안질이 생기는 것은 거짓 믿음, 눈에 녹내장이 낀 것은 거짓된 믿음, 시신경에 문제가 있다면 맹목적 믿음, 시각상실은 왜곡된 믿음, 사시가 있는 것은 변덕스런 믿음, 사시는 우둔한 믿음, 안구위축은 위선적 믿음, 야맹증은 환각 믿음이다. 눈이 건강한가? 주님은 오른쪽 눈이 범죄하거든 빼버리라고 하셨다. 믿음의 본질은 진리이다. 진리가 없는 믿음은 쭉정이요 진리의 믿음은 알곡과 같다. 진리를 눈으로 볼수 있는가?

　오른쪽 눈을 새롭게 하라. 하늘나라를 배움으로 선한 이해력을 가지라. 영적인 눈을 가지라. 그 나라는 다양한 조화가 머무는 곳이다. 그렇게 된다면 너의 눈으로 천국을 보게 될 것이다.

청각(hearing)

청각은 언어를 듣는 기능이다. 인간은 귀를 통해 듣지만 소리를 분별하는 기능은 마음이다. 귀는 언어를 듣고 마음은 그 음성의 내용을 알아차린다. 자녀가 아버지의 말을 듣는다는 것은 듣는 것 이상의 의미를 지니고 있다. 아버지의 교훈에 순종한다는 뜻이다. 성경에 "네가 나의 명령에 주의하였더라면 네 평강이 강과 같았겠고 네 공의가 바다 물결 같았을 것이며"(사48:18)는 주님의 계명을 순종하면 마음에 평강과 진리가 있다는 의미이다.

성경에 귀머거리는 진리를 지각하지 못하고 실천하지 못하는 자를 의미한다. 주님이 귀머거리를 고치신 것은 불순종하는 영을 순종하도록 하신 것이다. 바울은 믿음은 복음을 들음에서 생긴다고 증언했다.

예민한 귀는 물건이 깨지는 소리를 단번에 알아차린다. 청각은 상대방과 소통하도록 도와준다. 나는 최근에 농아인 부부와 상담하면서 이들이 얼마나 힘들게 인생을 살고 있는가를 알게 되었다. 농아 부부는 자녀와 대화가 제대로 이루어지지 못해서 무척 답답해하였다. 이들은 사랑하는 자녀와도 온전한 소통을 하지 못한다. 청각은 상대방의 사상을 인식하는 능력이다. 선한 자는 악한 자를 인식하고 진리를 실천하는 자는 거짓된 자를 인식한다. 마치 더운 여름철과 추운 겨울철을 인식하는 것과 같다.

묵상

나는 배운 대로 살아왔습니다. 사회는 내게 세상적 신념을 주었으며 감옥에 갇히게 하였습니다. 내가 배운 것은 사회에서 습득된 지식이었습니다. 그 것은 나에게 영웅심과 자만을 갖도록 하였습니다. 아 나는 하나님이 내게만 특별하게 대해주는 줄로 알았습니다. 얼마나 어리석은 믿음을 가졌는지 모릅니다. 나는 아직 눈뜨지 못한 짐승에 불과하였습니다.

좀 더 성장한 후에 철학, 인문학, 신학, 심리학의 지식에서 약간의 만족을 누렸습니다. 철학과 사상은 처음에는 만족감을 주었으나 하늘의 기쁨을 주지는 못했습니다. 이 지식은 자기사랑에 그친 것이어서 휘몰아쳐오는 광풍은 막지를 못했습니다. 나는 여기서 또한번 좌절해야만 했습니다.

내가 나아진 후에 나는 진리를 알기 시작했습니다. 진리는 나를 돌아보게 했고 주님을 찾도록 도와주었습니다. 진리는 내게 선의 선물을 주었습니다. 진리 나에게 선용(use)을 위해서 살도록 하였습니다.

내가 어디엔가 쓰임을 받는다는 것과 선용을 위해 조금이라도 보탬이 된다면 최고의 기쁨이 되는 것이라고 가르쳐주었습니다. 나는 진리가 하늘과 연결된다는 사실을 알게 되었으며 인생의 축복임을 깨닫게 된 것입니다.

진리는 선의 나라로 가는 길을 제시해 주었고 좁은 문과 좁은 길과 바늘귀가 내 눈에 희미하게나마 조금은 보이기 시작하였습니다. 내 눈이 밝으면 온몸이 밝다는 의미를 깨달으면서 이제서야 나는 존재하고 있음을 느낍니다.

촉각(sense of touch)

아이는 안아주고 만져주는 누군가를 필요로 한다. 엄마는 갓 태어난 아이를 따뜻한 물에 씻기고 온몸을 어루만져 주었다. 아이는 온몸으로 엄마의 손끝에서 오는 기운을 느끼면서 마음에 안정감과 힘을 얻게 된다. 아이의 촉각은 엄마의 손길로 인해 세상을 살아갈 용기와 에너지를 얻게 된다. 아이는 엄마의 가슴에 포근하게 안김으로 가슴과 가슴에서 전해 오는 생동감 있는 기운을 느끼게 된다.

촉각은 내적 예민함이다. 촉각은 음식물을 먹거나 터치하여 느끼는 기능이다. 마음이 건강하기 위해서는 충분한 양식이 필요하다. 육체의 건강을 위해서는 충분한 영양분이 있는 음식을 골고루 섭취해야 하는 것처럼 마음에도 양식이 필요하다. 그래서 아이들은 마음의 양식을 위해서 끊임없이 질문을 한다. 아이들의 궁금증을 해소시켜줄 지식이 필요하기 때문이다. 지식을 얻는 과정은 음식물을 먹는 것과 같다.

음식물은 입에 넣어서 이로 갈아서 침으로 축이고 혀로 맛보면서 목구멍으로 밀어 넣는다. 그리고 음식물은 위와 장으로 보내져서 피가 되고 살이 된다. 그리고 혈액순환에 의해 각 조직으로 퍼지고 영양분을 공급한다. 마음의 양식도 이와 같은 과정을 거치게 된다. 귀로 들은 교훈은 마음에 받아들여져서 사상이 된다. 젖먹이들은 젖과 같은 연한 음식물을 씹지 않고 삼킨다. 아이들이 성장함에 따라 음식물을 이로 씹어서 맛을 보면서 음식물을 먹는다.

어렸을 때는 의심 없이 지식을 받아들인다. 그러나 어른이 되면서 정보를 검토하지 않고는 수용하지 않는다.

성경에 "의에 주리고 목마른 자는 복이 있나니 그들이 배부를 것임이요."(마5:6) 주린다는 것은 선을 알고자 노력하는 것을 말한다. 인간이 선의 목적을 향해 노력하면 복이 있다. 요한계시록에 천사가 요한에게 두루마리를 받아먹으라고 했다. "내가 천사에게 나아가 작은 두루마리를 달라 한즉 천사가 이르되 갖다 먹어 버리라 네 배에는 쓰나 네 입에는 꿀같이 달리라."(계10:9)

두루마리는 주님의 교훈을 의미한다. 주님의 교훈을 받아들이면 은혜롭고 즐겁지만 이미 배속에 들어 있는 잘못된 가치관으로 인해 진리를 순종하지 못하는 고통이 뒤따른다.

주님은 "입으로 들어가는 것이 사람을 더럽게 하는 것이 아니라 입에서 나오는 그것이 사람을 더럽게 하는 것이니라."(마15:11)고 하셨고 "입에서 나오는 것들은 마음에서 나오나니 이것이야말로 사람을 더럽게 하느니라. 마음에서 나오는 것은 악한 생각과 살인과 간음과 음란과 도둑질과 거짓 증언과 비방이니"(마15:18-19)라고 하셨다.

주님의 교훈을 받아들이는데 방해가 되는 것은 거듭나지 못한 마음의 촉각 때문이다.

몸은 촉각에 의해 반응한다. 마찬가지로 영혼은 지혜와 사랑에 의해 반응한다. 촉각은 사람으로 하여금 반응하도록 돕는 역할을 한다. 영혼의 촉각은 사랑, 경멸, 비난, 증오, 자비심, 기쁨을 지각한다. 영혼의 촉각을 통해 자신의 상태를 지각한다.

묵상

혼돈을 알기 전까지는 혼돈 그 자체였습니다. 혼돈은 무슨 짓이든 행동을 취하도록 하는 것, 혼돈은 극단적 종교적 열광주의와 완벽주의로 치닫도록 하는 것, 혼돈은 인간이상으로 과대포장하게 하고, 인간이하로 떨어져 무지랭이가 되도록 만드는 것, 혼돈은 신성모독의 교리가 뭉쳐 버린 것, 혼돈은 나 홀로 상상에 빠지는 것, 합리화와 최면에 빠지게 하고 탈출구를 찾기 위해 몸부림치도록 만드는 것, "야곱이 죽을 끓이고 있었다." 그 이름 혼돈입니다. 돌이켜 보면 나는 혼돈 속에서 빠져 나오고자 몸부림을 치었습니다. 나는 혼돈에서 나오고자 책과 기도와 연구를 하였고 신앙의 영웅들을 닮고자 했습니다. 그러나 그럴수록 나는 더욱 한계에 부딪혔습니다. 나는 세상을 보고 사랑을 찾았으나 진리를 얻지 못했습니다. 그러나 나를 보기 시작하면서 혼돈이 서서히 걷히는 것을 알게 되었습니다.

주님은 내게 은혜를 주셨습니다. 내 안에 하늘나라가 열리고 남아있는 그루터기가 빛을 발하였습니다. 순진무구는 나에게 새로운 길을 제시해 주었습니다. 내게 신령한 진리의 씨앗을 보여 주었습니다. 새로운 지각을 가진 후 새로운 질서를 형성하게 되었습니다. 나는 배우지 않은 하늘의 지식이 진정으로 필요했습니다. 내면적 지식이 선이 혼돈에 들어와 새로운 질서를 이루는 것이 내게 보였습니다.

그리하여 혼돈 속에서 진리를 얻게 되었습니다. 내게 혼돈의 영이 사라지고 진리의 영이 자리를 잡게 되었습니다.

감각과 기억(memory)

감각의 안테나를 통해서 들어온 지식은 기억에 저장된다. 기억은 하나의 지식이다. 인간이 어떤 개념을 형성하기 위해서는 기억을 가지고 있어야 한다.

인간은 생각, 의도, 소원, 언어, 행위를 기억한다. 자동차 운전 혹은 마트에 가서 물건 고르는 것, 전화번호, 얼굴을 기억하는 것을 기억한다. 이를 외적 기억이라고 한다. 일상적 지식과 습관은 외적기억에 남아서 삶에서 필요할 때마다 적용하여 사용한다. 그러나 내적 기억은 합리성의 사상을 가지고 보고, 듣고, 생각하고, 말하고, 행한 것을 기억한다. 내적 기억은 합리성이 들어 있어서 생명과 관계된다. 보고 들은 기억을 선으로 정립하여 지혜 안에서 성장하게 된다. 예컨대, 어떤 이가 가난한 자에게 기부를 했다면 그 행위는 외적기억에 남는다. 그리고 그 기억은 선악의 판단력과 결합하여 내적기억으로 진전한다. 기억의 저장은 의도와 함께 상태의 변화가 온다.

기억은 행위록이다. 행위록은 행위의 결과의 기록이다. 만일 인간이 기억에 의해서 말과 행동을 하는 것은 외적기억으로 말하는 것이다. 그러나 합리성과 결합하면 지혜로운 말과 행동을 하게 된다.

또한 감각적인 기억에 의존하며 살아가는 인간의 상태는 이성, 양심, 지각을 잃어버린다. 감각적 기억에 도취되어 깨달음이 없기 때문이다. 이들은 수치심으로 자신을 혐오하고 먼지를 뒤집어쓴 사람처럼 된다. 이들의 마음은 어두운 동굴이요 캄캄한 감옥이라고 부를 수밖에 없다.

인간은 감각과 기억으로 관능적이 될수록 자아애는 더욱 기승을 부린다. 자아애가 확장된 이들은 악을 행하고도 그럴싸하게 변명과 핑계를 들이댄다. 이렇게 자아애가 증폭이 되는 이유는 그가 감각과 기억에만 사로잡혀 있기 때문이다.

수치심은 자아애의 증폭에 비례하여 더욱 확장된다. 그러나 지각과 양심과 같은 높은 가치를 따를수록 자아애는 줄어들고 그만큼 수치심에서 벗어난다. 그런 상태는 인간을 순진무구하도록 이끈다. 그러므로 수치심에서 순진무구로 나아가는 길은 진리를 아는 방식의 문제이다.

감각으로 살아가는 이들은 자신의 눈에 보이지 않으면 믿을 수 없다고 말을 한다. 모든 세계를 감각으로 판단하기 때문이다. 이는 에덴동산의 선악의 지식의 열매를 먹은 아담과 하와의 관점이다. 그러나 진리는 감각으로만 얻을 수 있는 것이 아니다.

오늘날은 감각적 산업의 발달로 영화, 스포츠, 스마트폰, 모바일, 섹스, 카지노 산업이 융숭하게 발전되었다. 이는 감각으로 치달아 가는 인류의 속도와 함께 더욱 발전하고 있다. 그리하여 가정은 이혼이 증대되고 중독자는 양산되고 폭력이 확대되어가고 있다. 감각의 발달로 인간의 삶의 기반이 흔들리고 있다. 감각적인 사람은 계속해서 쾌락을 추구하여 윤리와 도덕은 해묵은 인간의 고전이라고 치부한다.

그러나 감각으로는 높은 가치를 절대로 알 수 없다. 이는 낙타가 바늘귀를 통과하는 것만큼 어려운 일이다.

묵상

그대가 육신을 벗고 영이 되었다는 소식에 너무 이른 마음이 들어서 마음
이 아팠습니다. 지금도 그대들을 생각하노라 하면 가슴이 저려오고 울컥 눈
물이 쏟아져 옵니다. 시시각각으로 파도처럼 밀려오는 울컥 떨림을 견딜 수
가 없네요. 지금쯤 그대들은 지혜로운 영이 되어서 영의 나라에 익숙할 테니
그곳은 우리의 본향입니다.

그대가 푹 자고 일어날 때, 누군가 옆에 있는 듯 느껴지고 친절하고 사랑
과 따뜻함과 정겨움이 넘치는 그런 느낌을 갖게 됩니다. 그대 옆에 어디서
많이 본 듯한 분의 따뜻함과 위로가 마음에 느껴지고 그대의 느낌이 확장되
고 눈도 밝아집니다. 아름다운 노래 소리는 더욱 맑게 들려오고 큰 행복감이
밀려옵니다. 그것은 평소에 그대가 그리워하던 느낌입니다. 그분은 당신을
다정하게 웃는 모습으로 보시고 이렇게 말합니다. "환영해요 당신을 기다렸
어요" 그분은 천사입니다. 이제야 말로만 듣던 천국에 도착한 것입니다. 웅
장한 광경과 희귀한 색깔과 꽃들, 아름다운 새들, 웅장한 풍경에 도취될 것
입니다. 처음 보는 색깔의 조화와 꽃과 정원이 당신을 존재하며 기다립니다.
주님이 그대를 위해 예비된 것입니다. 이제 당신을 위해 아름다운 세계가 펼
치는 것을 보게 될 것입니다. 내가 이전에 사랑하던 마음을 잃어버리지 않고
간직했던 것이 얼마나 소중한 것인지를 이제야 알게 될 것입니다.

당신의 언어는 많은 물소리와 같고 바람소리와 같으며 폭포소리와 같겠
군요. 감미로운 당신의 목소리는 아름다움의 절정이겠네요. 당신의 눈동자
는 대낮보다 밝은 광채에 버금가는 눈동자가 되겠지요. 당신의 귀는 선한 소

리를 분별하는 뛰어난 청각을 소유하겠군요.

찬란한 광휘가 날리고 햇빛보다 더 밝고 선한 영들이 오고가는 위대한 나라에서 머물게 되겠네요.

천사들은 당신을 환영하며 친구가 되어 당신들을 부지런하게 가르치겠군요. 그들은 당신을 도와주는 재미에 푹 빠지겠구요. 당신은 세상에서 어린아이로 청소년으로 아름다운 마음을 갖고 오셨으니 엄청 대접을 받을 거예요. 그리고 적재적소에 당신을 배치하여 그곳에서 선한 쓰임을 받도록 배려하실 겁니다.

이제 당신은 순간순간 위대한 학교에 다니며 공부를 하게 되겠네요. 지금보다 더욱 완전한 몸을 갖게 될 거구요. 아마 어두움 속의 우리는 당신을 못 알아볼 거예요. 당신은 지혜와 총명이 뛰어나고 지각이 풍부해질 겁니다. 당신은 천사가 될 절차를 받게 될지 몰라요.

아! 주님은 험한 일을 아름답게 하시는 분이시니 분명 당신을 도와주셔서 선하고 아름답게 만들어 주실 것입니다. 배 위에서 울고 떨며 핸드폰을 만지작하던 어린아이는 천국에서 아름답고 지혜로운 영으로 살게 될 겁니다. 이후 제가 가는 그 날 저를 알아보시겠지요. 당신들의 희생으로 가슴 아파하며 한참을 고생했던 한 인간의 슬픔을 기억하시겠지요. 당신은 그만큼 뛰어난 지각을 가졌으니 말이에요. 그런 지각에 뛰어난 주님의 평강이 당신을 사로잡습니다. 나는 믿어요. 단정한 교복이 당신들의 아름다움을 반영했다는 것을요, 이제 흰 옷, 빛나는 옷이 당신을 기다릴 거예요. 순진무구한 당신은 그대로 축복된 영입니다.

　-세월호의 침몰로 희생된 아이를 생각하며-

05 기억

"그 사람을 이끌어 에덴동산에 두어
그것을 경작하며 지키게 하시고"(창2:15)

기억은 감각으로 경험된 모든 것을 저장하는 커다란 그릇이다.

인간은 어린 시절 가족에서 상호작용에 관한 수치스러운 장면을 기억하며 살아간다. 또한 대인관계에서 가졌던 경험도 기억한다. 그리고 원래의 경험된 기억과 비슷한 경험을 하게 될 때마다 기억에 의해 각인된 장면이 떠오른다. 예를 들어 어떤 사람의 목소리가 기억된 누군가의 목소리와 비슷한 경우가 있다. 그 사람의 소리를 들을 때 과거의 기억으로 돌아가게 된다.

수치심은 과거의 감각적인 기억과 현재의 사건과 부딪힐 때 증폭되어 더욱 가중된다. 주로 시각과 청각에 의해 더욱 많이 느껴진다.

예전에 내가 상담한 40대 여성이 있었다. 그녀는 세 살적 어린 시절의 이야기를 꺼내 놓았다. 엄마가 포대기로 자기를 엎고 밭일을 나갔다. 엄마는 일을 하기 위해 자기를 논둑에 놓고서 밭일을 하였다. 아이는 뱀이 지나가는 것을 보았다. 그리고 초등학생 시절에는 꿈에 뱀이 자주 나타나는 장면을 자주 보게 되었다. 그로인해 두려움을 갖게 되었고 성인이 되어서도 자신이 무언가 잘못되었다는 인식에 사로잡히게 되었다. 세 살 때의 기억, 뱀에 대한 두려움은 초등학교 시절부터 두려움의 근원이 되었다. 현재 이 여성은 수치심으로 자기만의 세계에 머물러 고통을 안고 있었으며 대인관계에서 자신감을 얻지 못하고 있었다. 이 여성은 기독교인으로 전문적인 일을 하는 여성이지만 자신에게 무언가 잘못되어 있다는 인식은 감각적으로 좋은 말을 해주는 이들을 찾아다니거나 예언에 매달리게 되었다.

이 여성은 기억은 시각으로 온 것이라고 볼 수 있다. 시각으로 보여진 뱀에 대한 기억은 다만 기억수준에 머문 것이다. 감각은 기억으로 연결된다. 그리고 기억된 장면을 감각으로 해결하고자 한다면 더욱 수치심은 증폭되고 미궁으로 빠져들게 된다.

보통 심리적 치유 방법은 과거 기억을 끄집어내어 좋은 기억과 만나게 하는 방법을 사용한다. 그러나 이런 기법으로는 순진무구에 이르게 하지는 못한다. 근본적인 수치심 치유는 순진무구의 상태에 이를 때 수치심에서 해결된다. 그러기 위해서는 이성과 양심과 지각을 사용하여 높은 가치를 추구해야 한다.

기억에는 외적 기억과 내적 기억이 있다. 내적기억은 의지에서 비롯된다. 내적 기억은 지혜에 의한 합리적 기억이며 외적 기억은 일상생활에서 일어난 경험이다. 내적 기억은 속사람의 이해를 형성하고 외적 기억은 겉사람의 이해를 형성한다.

인간의 경험에 의한 기쁨과 즐거움은 기억에게 자극을 준다. 과거 사랑받았던 사건이나 행복했던 시절을 기억에 떠올리면 기쁨이 느껴진다. 그리고 의지적으로 목적을 갖게 되면 기억은 명령을 받는다.

과거 있었던 일이나 누군가를 생각하면 그 사람과 있었던 이미지를 기억한다. 물론 외적기억은 잊어버려서 기억에 떠오르지 않기도 한다. 사실 그것은 기억에서 아주 없어지는 것이 아니라 어떤 사물에 대한 기억이 멀리 옮겨져서 가물가물할 뿐이다. 이렇듯 기억은 합리성과 함께 내적기억으로 남는다. 선과 악 혹은 진리와 거짓에 맞게 개념화되어서 기억에 저장한다. 인간은 태어나서 죽음에 이르기까지 인간은 일생동안 일과 신념에 대한 개념이 내적기억에 새겨진다. 이는 인간의 '원장'이다. 원장에는 다른 사람에게 선을 베푼 것과 피해를 준 것을 의지에 맞는 진리와 거짓이 기록된다.

그러므로 인간은 기억한 모든 것을 자신의 수준에 맞게 선과 악으로 판단한다. 그래서 기억을 말할 때는 좋다, 나쁘다와 같은 말을 한다. '사람이 그러면 되느냐, 그 사람은 나쁜 사람이다, 그 사람은 보기도 싫다, 그 분은 좋은 분이다' 와 같은 용어의 사용은 자신이 갖고 있는 선악과 진리와 거짓의 기준에 의한다. 인간은 이런 식으로 기억을 한다. 더 나아가서 주님과 이웃을 사랑하는 사람은 내적기억에 지혜로 저장된다.

악한 인간은 어떤 사건에 대해 자기 성품에 맞게 악한 형태로 저장되고 선한 인간은 자기 성품에 맞게 선하게 저장된다. 이는 자신이 이해한 개별적인 개념이어서 각자의 수준에 맞게 저장된다. 이를 내적기억이라고 한다. 내적 기억은 합리적 기억이라고 말할 수 있다. 그러나 외적 기억은 단순한 기억이다. 단지 기억의 수준으로 이해를 하고 있을 뿐이다. 이는 마치 먹는 음식이 위에 있는 것과 같다. 위에 있는 음식이 소화되지 않는다면 음식은 몸 안에 있지만 밖에 있는 것과 진배없다. 먹은 것을 위에서 끄집어내어 되씹어서 소화가 된다면 몸의 영양분이 된다.

사람은 기억으로부터 지식을 이끌어내어 되새김하면서 영혼이 성장한다. 외적 기억의 지식은 내적 기억의 목적에 따른 수단이다. 내적 기억에 맞게 활용하는 도구일 뿐이다.

합리성이 없으면 단지 기억으로만 말을 할 뿐이다. 마치 머리 없는 얼굴처럼 지각없이 기억에 의존되어 살아간다. 어려서부터 외적 기억으로 성경을 암송하며 살아온 인간이 진리를 따르고자 하는 마음이 없으면 초기에는 진리를 받아들이지만 나중에는 배신한다. 이는 그가 내적 기억의 합리성에 진리를 두지 않았기 때문이다.

외적기억은 감각적이고 현실적이지만 내적 기억은 합리적이다. 정욕이 의지 안에 있는 사람은 그것에 일치하게 내적기억으로 남는다. 진리 가운데 있는 자는 선한 것을 간직한다.

인간은 어려서부터 장년초기까지 외적 기억을 이루고, 시간이 지나면서 자신이 원하는 사랑에서 나오는 이해로 내적 기억을 이룬다. 내적 기억 안에 자아애에 맞는 쾌락석인 일을 기억한다. 그리고 내석기억에 맞는 것만 찾으러 다닌다. 결국 이들의 내적기억은 진리를 파괴하는 역할을 한다. 반면에 주님과 이웃을 사랑하는 사람은 내적 기억 안에 자신의 선한 성품에 맞는 것을 저장한다.

인간은 기억에 따라 행복해지기도 하고 불행해지기도 하다. 상처는 불행스럽다고 여기는 사건의 기록이다. 그런 기억이 종합해서 행복과 불행으로 나뉜다. 그러나 행복한 인간일수록 과거의 기억을 하지 않으며 미래의 근심과 걱정에 마음을 두지 않으며 현재에 만족한 것이 특징이다. 이들은 현재의 일에 만족하고 현재 시간 안에서 충실 한다. 그러기에 이들은 매순간이 중요하고 자유롭다. 이들도 과거에 대해 기억을 할 수 있고 미래에 대해 직감으로 느낄 수는 있으나 날마다 일용할 양식을 먹는 것처럼 그날그날 만족한다.

그러므로 과거 상처의 기억은 선의 실천이 증가되고 진리가 확대될수록 내적 기억에서 합리성으로 진전된다. 이것은 인간이 선을 추구해야만 수치심에서 벗어날 수 있음을 말한다. 이런 최상의 선의 상태가 순진무구이다.

인간은 기억을 통해 지혜와 명철함이 확대된다. 기억은 지혜가 꽃을 피우도록 하는 모판이며 터전이다. 인간은 기억 속에 저장된 과거 상처난 기억과 고통스런 기억을 끄집어내어 이해를 통해 지혜를 꽃을 피우며 의지를 통해 열매를 낸다. 지혜를 통해서 과거 기억에 있는 상처를 새로운 의미를 갖고 고통을 숙명으로 받아들이는 용기를 얻는 것이다. 마치 주님이 십자가를 받아들인 것처럼 말이다. 의지와 이해 속에는 삶의 고통을 희망으로 혹은 절망으로 만드는 힘이 들어있다. 그러므로 이해와 의지의 기능에는 어떤 기억이라도 행복으로 이끌 수 있는 능력이 있다. 그러나 이해와 의지 속에 진리와 선이 들어 있을 경우이다. 만일 이해와 의지에 거짓과 악이 들어 있다면 어떤 기억이라도 불행으로 이끌 수 있음을 알아야 한다.

묵상

진정 사람답게 살고 싶거든 선의 열매를 먹으라. 선한 마음으로 진리를 판단하라. 선만이 진리를 알 수 있다.

혹시 다른 사람의 눈치가 두려워서 살아가는가? 다른 사람의 이목과 체면으로 살고 있는가? 무엇이 당신을 행동하지 못하도록 막고 있는가? 만일 당신이 법에 대한 제재로 바르게 산다면 선한 자는 아니다. 악한 자도 법을 무서워한다. 당신은 감각적인 존재일 뿐이다. 지옥에 있는 이들도 그것 때문에 존재한다.

혹시 당신이 체면과 신분 때문에 선한 일을 하고 자신의 기억에 남겨진 신념에 의해 선을 행한다면 허황된 짓거리이다. 다른 사람을 자기선행의 동아줄로 엮어 매기를 즐기는 불량한 자가 된다. 이들은 기록을 남겨서 자아애를 가지고 회식자리의 뒤풀이정도로 여기고 있다. 이들은 자랑 거리를 찾아다니는 불나방이다. 이들은 아름다운 말로 미화하기를 좋아한다. 이들이 말하는 감동이란 자기만족에 불과하다.

만일 당신이 진리의 가르침에 의해서 선을 행한다면 스스로 검토하고 조심하라. 당신은 스스로 의롭다하는 자만과 공로주의의 함정에 빠질 위험이 있다.

당신이 만일 진리를 받아들여 자기를 높이지 않으며 오히려 자신의 무능과 악을 한탄한다면 당신은 지각이 뛰어난 사람이다.

추론

추론은 기억의 산물이다. 추론은 이미 알고 있는 지식으로부터 결론을 끄집어내는 것을 말한다. 추론을 통해서 과학적 결과에 도달하기도 한다. 추론은 자기가 결정한 고정된 신념에 의해 모든 문제를 본다. 예컨대, 자신은 생일날 선물을 받아야만 한다고 추론을 한다. 그런데 가까운 사람이 선물을 사다주지 않을 경우에 그 추론에 의해 판단을 해서 화를 낸다. 추론은 '반드시 해야 한다' 는 신념을 가진다. 그래서 선물을 주지 않은 사람에게 자기를 무시한 처사라고 말을 하면서 따지거나 분노를 토하게 된다. 그 추론이 자아애와 감각에 의한 것이므로 분노는 더욱 분출된다.

인간은 원리에 의해 지배받는다. 감각에 의한 원리는 언제나 자기만족으로 이어진다. 그러나 높은 가치의 원리는 이웃을 위해 존재한다. 그러나 자아애와 감각에 몰입된 이들은 자기만족을 목표로 움직이기 때문에 이웃을 위한 사랑과 배려는 안중에 없다. 그러므로 지각과 양심과 이성이 인간의 삶을 더욱 풍부하게 하고 유용하게 한다는 것을 깨달아야 한다. 마음의 질서의 원리를 찾은 후에 인간관계를 이루거나 과학을 탐구한다면 그는 지혜로운 자가 된다. 주님은 인간에게 자유를 주셨다. 그 자유가 진리를 따르지 않으면 결국 인간은 원리와는 정반대의 논리로 짐승보다 못한 존재가 된다. 짐승들은 오히려 자연에 원리에 본능적으로 순응하기 때문이다.

감각을 기반으로 추론한 결과는 언제나 자기중심적이다. 감각의 바탕에서 추론하는 자는 선악을 알게 하는 지식의 나무의 뱀과 같다. 이들은 감각에서 만족을 느끼고 쾌락을 추구한다. 감각을 기초로 해서 만들어낸 추론적 신념은 지각과 양심, 이성의 지혜는 아니다. 그러나 인간이 마음으로 진리를 목적하고 추론하면 그는 선한 자가 되고 자기 만족을 목적하면 거짓에 빠진다. 하나는 순진무구에 이르고 하나는 짐승수준에 머문다. 추론에는 두 종류가 있다. 하나는 고집에 의한 신념이고 다른 하나는 무지이다.

첫째 고집된 신념은 자신이 악에 있기 때문에 선의 지식은 있지만 진리를 수용하지 않는다. 이들은 진리의 지식보다 자아애에 의한 신념 안에 있는 것이 편하다. 이들은 다른 사람으로부터 배우기를 거절하고 자기 편의대로 고집된 신념을 확신한다. 이들은 진리에 대해 이해는 하지만 실천할 의도는 없다.

신념에는 주로 "나는 사랑받아야만 한다, 인정받아야만 한다, 성공해야만 한다. 편안해야만 한다."는 당위성이 있다. 물론 맞는 말 같지만 대단히 자기중심적 사고이다. 이 속에는 자아애적 요소가 들어 있다. 이는 진리의 지식이 아니다. 진리는 자기보다 이웃을 생각하고 배려하는 데서부터 시작된다.

둘째 진리에 대해 무지한 자는 선과 악의 개념을 모르기 때문에 고집스럽게 상상에 의한 추론에 의지한다. 진리에 대해 무지한 자는 세상적 상태의 인간이다. 세상적 상태에는 소유욕과 지배욕이 머물러 있다. 위선자들은 추론을 가지고 자신의 악을 교묘하게 감추고 선으로 포장한다.

세상 문화에 걸 맞는 이론을 내세우며 '내 말이 맞지 않아 누구도 이렇게 했지 않아' 하면서 타인을 설득시킨다. 마치 몸을 씻지 않은 인간이 제일 좋은 옷을 골라 입고는 '이것 봐 제일 멋있지' 라고 자랑하는 것과 같다.

진리에 대해 무지한 자는 자기 말이 진리이므로 자기 말을 절대적으로 고집하고 남들이 그 말을 이해해주지 않는 것을 이상하게 여긴다. 자기가 어리석다는 생각은 아예 못한다. 더구나 이들은 자기가 불리할 때는 '여자이므로 당연하게 감싸줘야 하는 것이 아니냐'며 항변하기도 한다. 또는 '남자는 그럴 수도 있지 않느냐'고 한다. 나는 부모가 가르쳐주지 않았기 때문에 이럴 수밖에 없다고 정당성을 주장하기도 한다. 상처받았다는 것으로, 못 배웠다는 이유의 변명적 추론을 가지고 죄의 결과를 정당화하고자 한다. 이는 아담이 하와에게, 하와는 뱀에게 탓을 돌리는 것과 같다. 죄의 결과를 시인하기 어렵다. 자신이 피해를 준 이들에게 말하기를 자신도 똑같은 피해자라고 주장한다.

심리 전문가들은 이들은 역기능 가정에서 자란 영향으로 인한 심리적 결과로써 부적당한 행위를 하였다고 원인과 결과를 말한다. 그들은 심리 이론의 근거로 말한다. 어린 시절 가정폭력 피해자가 가해자가 되고 성폭력 피해자가 가해자가 되는 경우를 이론으로 제시한다. 당연하게 심리학자는 원인과 결과의 논리로 그렇게 말한다. 그러나 이것은 학문적 이론이며 진리는 아니다. 진리는 시간이 지나도 변함이 없어야 하기 때문이다. 가해자가 그런 이론에 근거하여 자신의 행위에 당위성을 부여한다면 방어적 변명에 불과하다. 이런 자들은 더욱 뻔뻔해질 수밖에 없다.

이들의 주장은 자아애와 감각의 추론이다. 우리가 알아야할 사실은 정욕에 사로잡힌 사람은 바르게 살고자 하는 소원이 없다. 결국 악의 지배를 받아 거짓을 진리로, 진리를 거짓으로 믿는 것뿐이다. 이는 박쥐가 밝은 세상에서는 아무것도 보지 못하고 어두운 동굴에 있는 것만 보면서 말하기를 '나는 독수리의 눈을 갖고 있으며 모든 세계가 훤하게 보인다'고 말하는 것과 같다.

추론은 쾌락, 명예, 재물을 목적하기 때문에 객관성이 없고 보편타당하지 못하므로 객관적 지혜에 들어갈 수 없다. 오히려 거짓을 가지고 진리라고 주장한다. 이들의 사상은 메뚜기가 사방으로 뛰는 것처럼 정신없이 날뛰어 다닐 뿐이다.

수치심의 인간은 환상과 변덕에 갇혀서 끊임없이 추론한다. 이들은 인정받기 위해 몸부림을 치거나 칭찬에 굶주려 헐떡거리거나 아름답게 외모를 치장하거나 성형수술을 하여 얼굴모양을 바꾼다. 그리고는 자기 행위를 정당화한다. 추론에 맞지 않은 환경이 벌어질 때는 분노를 터트리거나 자기의 충동적 행동을 정당하다고 여긴다. 우리나라 속담에 이런 말이 있다. '홧김에 서방질 한다' 네가 그랬으니 나도 당연히 할 수 있다는 추론을 갖는다. 그것에 대한 당위성을 가지고 그에 반하는 일이 벌어졌을 때 화가 나서 다른 남자와 간통을 저지른다. 그리고는 네가 원인제공을 했으니 화가 나서 한 것이라고 정당방위를 주장한다. 과연 정당방위가 될 수 있는가? 더구나 수년간을 반복해서 그 일을 하였다면 이는 극악한 범죄가 되고 나중에는 뻔뻔해져서 제 스스로 지옥으로 달려가는 불쌍하고 이기적인 인간이 되고 만다.

이들의 당위적 주장을 그 누가 제지할 수 있겠는가? 이들에게 바른 말로써 논리적으로 설득을 해도 듣지 않을 것이다. 그 이유는 첫째, 이들은 항상 자기 만족의 목표를 갖고 살아가기 때문이며 둘째, 거짓을 위해서 언제든 필요할 말을 준비하고 있으며 셋째, 거짓된 신념으로 상대방을 향해 논박하기 때문이다. 이들은 이런 갑옷을 입고 든든하게 살아간다.

이들에게 질서란 지푸라기와 같고 오로지 감각적 쾌락이 목표이다. 그래서 진리와 거짓의 싸움에서 이들은 언제나 이기고야 만다. 이는 자아애와 감각적 쾌락을 놓칠 수 없기 때문이다. 결국 진리가 아닌 추론은 자아애를 지키기 위해 싸울 준비가 되어있다.

이들은 "왜 거짓말을 안해야 하는데? 왜 남녀가 결혼을 해야 하지? 왜 부부끼리만 성관계를 해야 하는데? 왜 간음을 안해야 하는데? 왜 남의 물건을 뺏으면 안돼?" 등의 말을 하면서 자신의 입장을 고수하기 위하여 질서를 무너뜨리는 논리를 펼친다. 이렇게 추론하는 이유는 오직 자기 만족을 위해서이다. 성경에는 자기만족을 목적하는 이들을 돼지와 비유한다. 돼지는 온갖 탐욕스러운 상태를 의미한다. 탐욕스럽고 불결한 것이 돼지의 특성이다. 돼지들은 어떤 음식이라도 투정하지 않는다. 이들은 먹다가 싫증이 나면 죽탕을 만들고 뒹굴기를 좋아한다. 일반적으로 "저 돼지 같은 놈"은 더럽고 탐하는 사람을 두고 하는 욕이다.

추론은 단지 그것을 뒷받침하기 위한 신념을 생산한 것뿐이다. 추론은 자아애의 시종역할을 한 것뿐이다. 감각적인 자들은 말을 지어내는데 천재들이다. 감각에 의해 만들어진 추론은 언제나 거짓을 양산하고 더욱 수치심만 불어나게 할 뿐이다.

묵상

무식한 자도 자기논리가 있고 배부른 자도 지식이 있는 자도 더욱 그러합니다. 하나라도 맞는다고 여기면 목숨 걸고 손을 흔들어대면서 외칩니다. 복잡하지만 별거 아닌 논리와 경험을 들고 나와 설득합니다.

차가운 지옥의 불꽃을 들고 나와 그 불을 사르고 있습니다. 뱀이 하와를 설득하듯이 환상과 강박과 아집, 지옥을 가지고 외쳐댑니다. 뱀은 지옥의 불꽃을 그 입에서 쏟아냅니다.

정욕과 쾌락과 지기만족과 간사함이 있다면 선과 진리는 없습니다.

자신들은 진리와 선이 소멸되고 있음을 모릅니다. 돈, 명예, 쾌락에 감동되는 만큼 천사는 그들에게서 슬그머니 사라질 테니까요. 사람이 악과 거짓이 있다면 그 정도만큼 선과 진리는 사라지게 될 것입니다. 지옥에서 온 영이 마음을 점령하는 만큼 폐허가 되어 검은 연기와 함께 차가운 불꽃이 타오르면 선과 진리는 확실하게 멀리 있는 것입니다. 이것이 사망입니다.

하늘에서 온 천사는 지옥의 악령과 같이 할 수 없습니다. 나는 무엇을 보고 아름답다고 여기는지 무엇을 기쁘게 여기는지 자신을 검토하고자 합니다. 내 귀에 순수한 진리를 들을 때 마음이 일렁인다면 나는 진리의 소원이 있는 것입니다. 어린아이의 웃음 소리에서 순수 진리를 느끼고 그 자리에 서서 눈물 흘릴 것입니다.

06 상태

"네가 어디에 있느냐"(창3:9)

수치심은 깊은 어두움의 상태라고 말할 수 있다. 그러므로 어두움의 상태에서 벗어나는 것이 수치심의 치유이다. 상태는 사물의 현상이다. 마음의 상태는 사랑과 사상이다. 그러므로 마음을 알고자 한다면 그가 사랑하는 것을 찾아야 하고 그에 따른 사상을 들어보면 된다. 외모를 중시하는 자는 끊임없이 거울을 들여다보고 외모에 관한 많은 지식을 알고 있다. 건강을 중시하는 자는 그에 맞게 건강에 관한 정보를 많이 알고 있다. 그의 사랑과 사상은 그의 상태를 보여준다.

현대 문명인들은 주름살을 제거하고 화장을 하고 젊은이처럼 머리에 물들이고 젊음을 구가한다. 겉보기에 그것이 좋아 보이는 것 같지만 육체적 나이의 상태에 맞지 않게 살아간다고 볼 수 있다.

인간은 상태에 의한 눈으로 주변의 환경과 타인을 보고 느낀다. 자신의 마음의 거울에 비친 상태로 외부세계를 보고 인식한다. 마음의 상태에 맞게 외부세계가 마음의 거울에 비춰지고 기억에 저장된다.

인간에게 시간과 공간이 존재하는 이유는 사물의 대소와 분량과 질을 구분하기 위해서이다. 즉 시간과 공간 안에서 감각이 사고를 자극하여 선택을 용이하게 하기 위함이다. 시간과 공간이 초월한 세계는 상태만 남는다. 인간의 본질은 상태이다.

만일 인간에게 시간과 공간을 제거한다면 마음의 상태만 남는다. 인간에게 시간과 공간은 유한하기 때문이다. 상태는 무한한 영적인 세계이다. 주님은 시간과 공간을 초월하여 계신 무한한 분이고 천국은 시공간의 개념으로는 설명할 수 없다. 그 나라는 사랑, 생명, 기쁨, 선과 진리의 상태가 존재한다.

주님은 공간 밖의 공간과 시간 밖의 시간에 존재하신다. 즉 영원하고 무한하다. 공간적 의미에서 무한이고 시간적 의미에서 영원이다. 은하계를 보면 그 크기를 짐작조차 할 수 없고, 천국과 지옥의 크기를 누가 짐작이라도 할 수 있겠는가 하나님의 무한은 이와 같다.

성 어거스틴은 "영원을 보면서 지나간 과거와 다가올 미래를 입에 담을 자 누구란 말인가?"라고 했다. 영원은 상태의 연속이다. 인간들은 상태를 생각하지 않기 때문에 영원 또한 무시한다. 영원은 기나긴 시간이 아니라 무시간의 상태이다.

우리는 그런 상태에 머물러 시간을 잃어버릴 때가 종종 있다. 대자연의 아름다움에 넋을 잃어버린 순간이나 짜릿한 황홀경에 빠진 경우이다. 이런 경우는 마치 시간이 정지해 있는 듯한 느낌을 받는다.

기독교성자 드 코사드는 말하기를 "오 목마른 자들이여! 생명수가 솟아나는 샘물을 찾을 필요가 없다! 그 샘물은 이순간이며 그곳이 하늘나라가 임하는 장소이다." 영원은 지금 이순간의 상태이다. 그러므로 상태만이 유일한 실재이다. 인간은 지나온 과거를 생각하며 후회하고 미래를 걱정하지만 지금 이순간의 상태가 최고의 행복의 순간이다.

순진무구 상태

이미 말했듯이 최고의 상태는 순진무구이다. 순진무구 속에는 선이 들어있다. 성경에는 주님을 '어린 양'이라고 하였는데 이는 선의 본질적 상태를 말한다.

플라톤은 존재의 원형을 '이데아'라고 하였는데, 이데아는 질서의 원천과 목적이며 최고인식의 내용이 된다고 말했다. 그는 모든 이데아 중의 최고의 이데아는 선의 이데아라고 말했다. 그러므로 순진무구 상태는 선의 이데아라고 말할 수 있다.

순진무구의 정의는 다음과 같다. "나에게는 악 밖에 아무 것도 없으며 주님이 선을 주셔야만 선해질 수 있습니다."는 고백이 순진무구 상태이다. 한마디로 순진무구는 자신은 하나님의 형상과 모양대로 지음 받은 그릇임을 겸손하게 시인한다. 순진무구 상태는 선의 상태이다. 이는 인간의 입장에서 보면 주님과 함께 하는 것이고 선의 토양이 준비됨을 말한다.

성경에 보면, 주님은 제자 베드로에게 네가 진정으로 나를 사랑하느냐고 물으셨다. 그리고 뒤이어 "내 어린양을 먹이라"라고 말씀하신다. 어린 양은 순진무구를 상징하므로 순진무구를 가지라는 것이 된다. 순진무구는 인간의 본질적인 상태이다. 유대인의 제사에 어린 양은 매일 드리는 제물로 사용 되었다. 이는 순진무구가 삶의 과정 중에 반드시 필요함을 말한다.

"그 때에는, 이리가 어린 양과 함께 살며, 표범이 새끼 염소와 함께 누우며, 송아지와 새끼 사자와 살진 짐승이 함께 풀을 뜯고, 어린 아이가 그것들을 이끌고 다닌다."(사11:6)

이리는 거짓을 뜻하고, 표범은 악의 욕망, 사자는 난폭함을 상징한다. 이는 순진무구와는 정반대를 뜻한다. 어린양은 순진무구 상태이며 새끼 염소는 총명한 상태이며 송아지는 순진무구를 원하는 마음을 상징한다. 이 구절의 의미를 말한다면 순진무구에는 선이 있으므로 어떤 세력이 있어도 안전하다는 것을 의미한다. 이리와 어린양, 표범과 새끼 염소, 송아지와 새끼 사자는 순진무구 상태와 그렇지 않은 상태를 말한다. 그리고 어린아이가 그것을 이끌고 간다고 하였다. 이는 순진무구는 두려움과 공포가 없는 최상의 상태임을 말한다.

그러므로 순진무구는 악이 접근하더라도 악이 침투할 수 없는 상태를 의미한다. 한마디로 순진무구는 사람 내면에 뿌리 깊게 남아있는 선의 상태이다.

주님은 세상에 계실 때 두 상태를 가지셨다. 겸손과 영화의 상태이다. 겸손의 상태는 "그는 죽는 데까지 자기의 영혼을 서슴없이 내맡기고, 남들이 죄인처럼 여기는 것도 마다하지 않았다. 그는 많은 사람의 죄를 대신 짊어졌고, 죄 지은 사람들을 살리려고 중재에 나선 것이다."(사53:12)

겸손의 상태로는 주님은 아버지에게 기도하셨고 아버지의 뜻을 행했다고 말씀하셨다. 그가 겸손의 상태에 계시지 않고서는 십자가에 못 박힐 수 없었다. 그리고 영화의 상태는 주님이 변화산에서 변모하시고 물위를 걸어오시고 풍랑을 잠잠케 하시고 오병이어의 기적을 베푸시고 부활하신 상태이다.

주님은 인간에게 사랑을 주시지만 인간은 지각의 상태에 따라서 그 사랑을 수용한다. 주님이 주시는 사랑과 지혜는 지각의 상태에 일치하는 옷을 입었기 때문이다. 결국 인간은 각자의 지각을 가지고 주님을 받아들인다. "아버지께서는 악한 사람에게나 선한 사람에게나 똑같이 해를 떠오르게 하시고 의로운 사람에게나 불의한 사람에게나 똑같이 비를 내려주신다."(마5:45)

하나님은 악한 자나 선한 자에게 똑같이 해를 주시고 의로운 자나 불의한 자에게 비를 주시지만 인간의 상태에 따라 다르게 수용된다.

악한 자들은 선을 악으로 받아들인다. 반면에 선한 자들은 선을 선으로 받아들인다. 불의한 자는 진리를 거짓으로 받아들이고 의로운 자는 진리를 진리로 받아들인다. 주님의 선물은 각자의 상태에 맞게 수용된다. 마치 가시와 엉겅퀴가 태양의 빛을 수용하지만 가시가 나오고 포도나무에서는 포도열매가 맺힌다. 또한 소에게서는 젖이 나오지만 뱀은 독이 나오는 것과 같다.

만일 내담자가 겸손하고 순수한 얼굴로 다가와서는 "저는요. 나에게 문제가 많은 거 같아요. 지난날을 돌아보니 어디서 문제가 얽혔는지 답답하기만 해요. 그동안 나만을 위해 살아온 것 같아요. 이제 나는 무엇을 찾아야 하고 내가 잃어버리고 산 것은 무엇인가요? 나에게 그것을 가르쳐 주세요. 내가 살 길을 찾으려면 어떻게 해야 할까요?" 라고 묻는다면 나는 이렇게 대답할 것이다. "당신의 인생에 순진무구가 빠져 있군요. 당시의 순진무구를 회복해야할 때입니다. 순진무구는 당신을 선하게 만들어 줄 것이며 진리가운데 이끌어줄 것이며 또한 당신에게 천국의 기쁨을 줄 것이며 죽음 저편에서 당신을 최고의 행복으로 안내할 것입니다." 이렇게 말이다. 나는 그들에게 "당신에게 정말로 필요한 것은 바로 이것입니다" 라고 확실한 대답을 해 줄 수가 있다.

상태의 종류

사람의 참된 생명은 사랑이다. 그러므로 사랑은 그 사람의 전부이다. 그 사람을 알려면 그가 가지고 있는 주도적인 사랑을 보면 알 수 있다. 사랑이 사람의 성품과 질을 결정하기 때문이다. 만일 사람에게서 사랑을 빼버린다고 하자. 자녀 사랑, 부부 사랑, 재물 사랑, 권력 사랑, 학문사랑 등 어느 것이든 자신이 사랑하는 모든 것을 제거해보자. 사랑하는 것에서 오는 즐거움이나 기쁨도 제거해보라. 무엇이 남겠는가? 생각해 보라. 아마도 하나도 남는 것이 없을 것이며 움직일 수도 없고 무기력에 처지게 될 것이다. 그러나 만일 뜨겁게 사랑이 끓어오른다고 생각해 보자. 자녀, 부부. 애인, 명예 무엇이든 간에 사랑으로 펄펄 끓어오른다면 엄청난 에너지와 함께 용기와 희망이 생길 것이다. 인간의 상태는 다음의 세 가지로 구분된다.

첫째 상태는 자연적 상태이다. 인간은 출생하면 제일 먼저 자연적 상태에 있다. 인간은 태어나면서부터 배운다. 갓난아이는 부모로부터 먹는 것, 입는 것 등의 습관을 전수받는다. 삶에 필요한 모든 것을 부모로부터 배우면서 자란다. 사람은 그 지식을 바탕으로 생존기술을 습득하고 성장하게 된다. 이를 자연적 상태라고 한다. 인간이 살아가는 데 필요한 지식에 머물러 있는 상태이다.

둘째상태는 이해 상태이다. 이 상태에는 대인관계를 하면서 얻게 되는 상태이다. 이해의 능력으로 이웃과 교류한다. 그래서 이웃에게 봉사하고 도와주고 자기의견을 말한다. 인간은 경험을 통해 깨달음을 얻게 되면서 이해의 폭이 넓어진다. 그리고 이해는 삶의 질서를 알게 되는데, 옳고 그름과 선과 악을 깨닫게 된다.

셋째상태는 선용 상태이다. 인간은 자연만물의 경이로움과 다양한 인간의 삶과 내면세계의 신비를 알면서 신을 알게 된다. 그리고 신으로부터 오는 선과 진리의 질서를 깨닫게 된다. 그리고 자신이 무엇을 위해 어떻게 살아야 하는지 근본 도리를 배운다. 그래서 진리에 맞게 살면서 이웃에게 사랑을 베푼다. 즉 선용하면서 살아간다.

이들의 삶은 신과 이웃을 위한 사랑을 실천하고자 한다. 그는 자신보다는 이웃을 향한 희생과 봉사로 삶의 기반을 이룬다. 그는 선을 가까이하고 악을 피하고 멀리한다.

인간의 최상의 상태는 선용 상태이다. 선용 상태 속에는 순진무구가 있다. 그러나 만일 인간이 악에 머물러 있으면 선용은 닫히게 된다. 인간이 선용에 있으면 이해상태와 자연 상태에 영향을 미친다. 자연 상태에 머문 자들은 선을 원하지 않으며 이해하려고 하거나 선용에 관심을 두지 않는다. 결국 진리의 무지 때문에 높은 상태에 들어가지 못하고 낮은 상태에 머물게 된다.

　사업의 실패로 절망 중에 노숙자로 전락한 어느 분이 있었다. 이분은 노숙자 생활을 하다가 노숙자를 위해서 밥을 나눠주고 봉사를 하게 되었다. 그는 이런 말을 했다. "나는 먹고 살기 위해서 시작했는데 이웃에게 봉사하게 되었으며 새 삶을 찾았습니다"라고 말했다. 이 분은 봉사의 선용에서 삶의 의미와 보람을 찾게 되었다.

선용의 상태

　순진무구의 사람은 자신이 사랑의 도구로 쓰임 받기를 원한다. 이를 선용이라고 한다. 이들은 주님을 사랑하므로 이웃을 사랑하고 삶의 유익을 도모한다. 그러나 악용은 그 반대이다. 그것은 자아애에서 비롯되었다. 자아애를 가지고 이웃 위에 군림하거나 재물을 탐하거나 정욕으로 살아간다.

　어느 선교사는 주님께 헌신하겠다는 일념으로 아마존 밀림에 들어가서 아마존 부족원들과 함께 먹고 입고 자면서 그들의 생활과 문화에 젖어들고, 오로지 그들을 사랑하기 위하여 국적을 바꾸었다. 이것이 선용이다. 그러나 자아를 만족하기 위해 욕심을 내고 군림하고 지배하는 것은 그 자체가 악이다. 자아애에 의해 정치적인 욕망을 가지고 있는 사람은 남을 지배하는 것을 성공, 출세, 명예, 자랑으로 여긴다. 이들은 남을 끌어내리고 자기가 스스로 높아지고자 한다.

자아애에 의한 종교적 욕망을 가진 사람들은 종교적인 신념을 도구로 믿음이 약한 사람들을 지배하고자 한다. 그리고 말하기를 하나님이 자기를 특별히 사랑하셔서 남들 위에 높이 들어주셨다고 말을 한다. 이들은 다른 사람 앞에서 선지자라도 된 것처럼 종교적 계명을 말하고 죄를 지적하지만 그 속에는 높아지고자 하는 교만한 마음만 있을 뿐이다.

자아애에서 비롯된 이런 모습은 들짐승과 같다. 성경에는 지옥의 영을 들짐승이라고 묘사한다.

이에 반하여 선용의 사람은 절대 자아애를 용납하지 않고 이웃에게 도움을 주고자 한다. 이들은 혹시 높은 위치에 있다면 단지 선용을 위해 머물러 있는 것 외에는 전혀 고려하지 않는다. 자신의 직책을 이용해서 이웃을 사랑하기를 바랄 뿐이다. 선용에 속한 자들은 이렇게 말한다.

"우리의 지위는 사실, 우리가 그간 오르고 싶어 했던 것이지만 선용을 목적으로 하고 그것을 확대하고자 하는 것입니다. 그 외에 다른 이유는 없습니다. 그것은 우리를 기쁘게 하였고 명예롭게 하였지만 우리의 몫이 아니고 다른 사람의 공로입니다. 우리의 명예나 지위는 선용을 위한 수단입니다. 단지 우리는 그것을 나누고 사랑하고 그 사랑으로 선을 이루고자 하는 것입니다. 만약 우리가 이렇게 하지 않는다면 우리는 소화불량에 걸린 것 같습니다." 라고 말한다. 우주만물의 시스템은 하나의 목표를 향해 있다. 세상의 모든 만물은 그 목표를 따른다. 우주만물은 처음부터 끝까지 조화 있는 통일체이다. 그 목적을 위해 우주만물을 질서 있게 선용을 달성하는 복합체로 여긴다. 선용은 진귀한 보석과 같다.

진리의 상태

어느 날 주님께서 바닷가에 있는 고깃배에 앉으시고, 운집해 있는 사람들에게 씨 뿌리는 비유의 말씀을 하셨다.

"예수께서 집에서 나오셔서, 바닷가에 앉으셨다. 많은 무리가 모여드니, 예수께서는 배에 올라가서 앉으셨다. 무리는 모두 물가에 서 있었다. 예수께서 그들에게 비유로 여러 가지 일을 말씀하셨다. 그는 이렇게 말씀하셨다. 보아라, 씨를 뿌리는 사람이 씨를 뿌리러 나갔다. 그가 씨를 뿌리는데, 더러는 길가에 떨어지니, 새들이 와서, 그것을 쪼아 먹었다. 또 더러는 흙이 많지 않은 돌짝밭에 떨어지니, 흙이 깊지 않아서 싹은 곧 났지만, 해가 뜨자 타버리고, 뿌리가 없어서 말라버렸다. 또 더러는 가시 덤불에 떨어지니, 가시덤불이 자라서 그 기운을 막았다. 그러나 더러는 좋은 땅에 떨어져서 열매를 맺었는데, 어떤 것은 백배가 되고, 어떤 것은 육십 배가 되고, 어떤 것은 삼십 배가 되었다."(마13:1-8)

이 구절에서 밭은 인간의 마음을 상징한다. 그것은 마음의 상태에 따라서 진리를 받아들이는 것이 다르기 때문이다.

씨는 진리를 의미한다. 인간이 진리로 인해 선한 상태를 이루려면 순진무구한 마음의 토양이 필요하다. 씨는 양질의 옥토를 필요로 한다. 씨가 밭에 심겨지면 물을 빨아들여서 줄기, 잎, 꽃이 자란다. 그리고 열매를 맺는다. 열매 속에는 씨앗이 100개나 들어선다. 식물의 성장은 생명의 활발한 움직임이며 자연의 경이로움이다.

이는 한 아이가 자라서 어른이 되고 어른으로써 자녀를 낳고 건강한 가정을 이루는 것과 같다. 진리는 언제나 열매를 맺는다. 진리는 하늘나라 씨이다. 길가와 같다는 뜻은 세속적이고 잡다한 일에 몰두한 상태를 의미한다. 돌짝밭은 진리를 배우지만 그것을 받으려고 하지 않는 상태이다. 가시덤불은 진리를 한동안 마음에 간직하지만 지키지 않는 상태를 의미한다. 좋은 땅은 진리에 대한 수용의 상태를 의미한다.

첫째부류는 깊이가 없고 이해하려고 하지 않는 인간이다. 경직된 고집은 길바닥과 같다. 이들은 자기 신념으로 굳어져서 더 이상 유연함이나 융통성이 없다. 이들의 굳어진 신념은 진리를 받아들일 수 있는 여건이 되지 못한다.

둘째부류는 신중하지 못하고 피상적인 인간이다. 이들은 진리를 들으면 갈등을 일으킨다. 자아애 때문이다.

셋째부류는 진리를 받아들이기는 하지만 쾌락 때문에 질식하는 인간이다. 이들은 가시덤불 속에 자라는 씨앗과 같다. 가시덤불은 땅에 뿌리를 내리고 있기 때문에 좋은 땅에 섭취할 수분과 양분을 모두 빼앗아 간다. 가시덤불의 무성한 줄기는 어린 싹이 받아서 자라야할 태양빛을 차단하기 때문에 열매를 맺을 시간적 여유 없이 질식되고 만다. 가시덤불은 거짓과 미움, 이기적인 마음의 상태이다.

넷째부류는 좋은 땅인데 진리를 실천하며 사는 인간이다. 주님은 다음과 같이 첨부하여 말씀하셨다.

"예수께서 그들에게 대답하셨다. 너희에게는 하늘나라의 비밀을 아는 것을 허락해 주셨지만, 다른 사람들에게는 그렇게 해주지 않으셨다. 가진 사람은 더 받아서 차고 남을 것이며, 가지지 못한 사람은 가진 것마저 빼앗길 것이다."(마13:11-12)

우리는 가진 사람은 더 받아 넉넉하게 되겠다는 말씀은 집, 가구, 돈, 보석, 가축 등이 아니라 인간의 마음에 진리가 가득한 상태를 의미한다. 인간이 진리를 사랑하는 상태에 있다면 진리는 풍성하게 된다. 이것이 가진 자는 더 많이 받아서 차고 넘친다는 의미이다. 진리를 사랑하지 않는 상태는 진리에 무지한 상태이다. 그래서 가지지 못한 사람은 가진 것마저 빼앗긴다는 뜻이다.

상태는 그 수준이 다양하다. 예컨대 초등학교 1학년, 중학생, 고등학생, 대학생의 상태가 다른 것처럼 이들의 상태는 다양하다. 다음은 성경에 기록된 인물의 상태를 보고자 한다.

아브라함의 상태

성경에 아브라함의 여정을 살펴보면 그의 상태가 존재한다. 아브라함의 삶의 여정은 곧 상태 변화의 여정이다. 그런 면에서 아브라함을 믿음의 조상으로 부른다.

빛의 상태

성경에 "아브람은 또 길을 떠나, 줄곧 남쪽으로 가서, 네겝에 이르렀다."(창12:9)

이는 아브람의 상태가 진리로 진전하고 있음을 의미한다. 성경에 남쪽은 방위를 뜻하는 것이 아니라 진리의 상태를 뜻한다. 주님의 나라에 대해서 말할 때 남쪽으로 표현한다. "하나님께서 보여 주신 환상 속에서 나를 이스라엘 땅으로 데려다가 아주 높은 산 위에 내려 놓으셨는데, 그 산의 남쪽에는 성읍 비슷한 건축물이 있었다."(겔40:2)

"사람아, 너는 얼굴을 남쪽으로 돌려라. 남쪽을 규탄하여 외치고, 남쪽 네겝의 숲을 규탄하여 예언하여라. 너는 네겝의 숲에게 말하여라. 너는 주의 말을 들어라. 나 주 하나님이 말한다. 내가 숲 속에 불을 지르겠다. 그 불은 숲 속에 있는 모든 푸른 나무와 모든 마른 나무를 태울 것이다. 활활 치솟는 그 불꽃이 꺼지지 않아서, 남쪽에서 북쪽까지 모든 사람의 얼굴이 그 불에 그을릴 것이다."(겔20:46,47)

그러므로 아브람이 남쪽으로 갔다는 것은 진리의 상태로 점점 나아갔다는 것을 의미한다. 빛은 진리를 의미한다.

하나님은 빛의 근본이시다. 인간의 선용을 위해 빛을 주신다. 인간은 그 빛에 의해 변화의 과정을 이루게 된다. 사람의 시력이 빛을 받도록 형성되어 있는 것처럼 마음은 진리를 받도록 되어 있다. 우리는 어떤 지식을 접하고 깨달음을 얻게 되었을 때 흔히 빛을 보았다는 말을 한다. 인간은 주님에 의해 천국의 빛을 받는 그릇이다.

태양으로부터 오는 빛은 자연만물에 비추게 된다. 빛은 모든 것을 환하게 하고 광명을 제공한다. 이해는 하나의 빛과 같다. 사람이 선하게 되는 것은 이해가 먼저 사려 깊게 판단하고 생각하였기 때문이다. 반면에 사람이 악하게 행동하는 것은 이해가 장님의 상태에 있기 때문이다. 장님의 상태에 있다는 말은 눈이 있으나 보지 못하는 상태이다.

하나님은 사람에게 빛을 주신다. 그 빛은 누구나 동일하게 비치지만 각자 상태에 맞게 수용된다. 빛은 각자 인간의 믿음과 삶에 따라 수용된다. 하나님이 빛을 주시되 인간의 상태가 길가 혹은 가시나무와 같다면 어두움이고, 옥토와 포도나무와 같다면 열매를 맺는다. 그러므로 지식 가운데 가장 귀중한 지식은 천국의 빛을 받아들이는 진리의 지식이다.

빛은 진리를 말한다. 인간이 마음을 열고 진리를 받아들이는 상태에 맞게 삶의 결과가 주어진다. 진리를 얻고자 노력하고 애쓰는 자에게는 그만큼 선한 삶의 결과가 주어진다. 그러나 진리를 무시하는 자는 그만큼 악에 빠지고 만다. 진리는 인간의 선택에 따라 오기 때문이다.

변화의 시작

"하나님이 아브람에게 말씀하셨다. 나는 주다. 너에게 이 땅을 주어서 너의 소유가 되게 하려고 너를 바빌로니아의 우르에서 이끌어 내었다." (창15:7)

우르는 부모로부터 비롯된 태어나면서 갖게 된 악의 유산이다. 우르는 외적 상태를 의미한다. 곧 겉사람의 처음 상태이다. 갈대아 우르에서 출발했다는 것은 내적으로 아브람이 겉사람의 상태에서 속사람으로 진전이 시작됨을 의미한다. 즉 아브람의 상태변화의 시작점이다. 겉사람은 감각의 지배를 받는 자아이고 속사람은 주님의 지배를 받는 자아이다.

사람은 영계와 자연계 동시에 살도록 창조되었다. 영계는 천사와 영들이 사는 곳이고, 자연계는 사람과 동식물이 사는 곳이다. 영계와 자연계는 긴밀하게 연결되어 있다. 사람은 영계에 살도록 되어 있기 때문에 사람에게는 영혼이 있다. 또한 영혼이 자연계에 살기 위해서 몸이 필요하다. 중요한 것은 몸을 움직이는 것은 속사람과 겉사람이다.

야곱을 통해서 속사람과 겉사람에 대한 상징성을 찾아볼 수 있다. 성경에는 야곱이 뜻하는 것과 이스라엘이 뜻하는 것이 서로 다르다. 어떤 때는 야곱이 언급되고 어떤 때는 이스라엘로 언급되며 동일한 장절에 언급되기도 한다.

"야곱이 가나안 땅 곧 그 아비의 우거하던 땅에 거하였으니 야곱의 약전이 이러하니라.. 이스라엘이 여러 아들보다 그를 깊이 사랑하여 위하여 채색옷을 지었더니"(창37:1-3) 야곱은 겉사람을 이스라엘은 속사람을 의미한다. 성경의 인물 중에 야곱이 밤이 맞도록 천사와 씨름을 하는 장면이 있다. 그는 천사로부터 다음과 같은 음성을 듣는다.

"그가 야곱에게 물었다. 너의 이름이 무엇이냐? 야곱이 대답하였다. 야곱입니다. 그 사람이 말하였다. 네가 하나님과도 겨루어 이겼고, 사람과도 겨루어 이겼으니, 이제 네 이름은 야곱이 아니라 이스라엘이다." (창32:27-28)

야곱은 그가 천사와 씨름한 뒤 처음으로 이스라엘이라고 명명되었다. 밤에 씨름한다는 말은 시험을 의미한다. 시험을 통하여 이스라엘 즉 속사람으로 진전이 이루어진다. 야곱은 겉사람이고 이스라엘은 속사람이다. 야곱은 자연적인 인간이고 이스라엘은 영적인 인간이다. 야곱은 외적인 상태이고 이스라엘은 내적인 상태이다. 시험을 통하여 겉사람에서 속사람의 진전이 왔다.

어두움 상태

"해가 질 무렵에, 아브람이 깊이 잠든 가운데, 깊은 어둠과 공포가 그를 짓눌렀다."(창15:12) 해가 지고 잠이 든 것은 아브람이 어두움의 상태에 있다는 것을 의미한다. 깊은 잠은 어두운 상태이다. 깊은 잠과 어둠의 상태는 아브람에게 남아있는 거짓과 악의 상태로써 공포와 두려움을 준 것을 의미한다. 인간이 어둠 속에 머물러 있게 되면 자신을 비난하고 정죄하며 비하한다.

어두움은 깨달음이 없는 상태를 뜻한다. 성경에 가룟 유다가 주님을 배반할 때의 장면을 성경은 이렇게 기록하고 있다. "유다가 그 조각을 받고 곧 나가니 밤이러라"(요13:30) 이는 상태를 의미한다. 주님이 잡히시던 날 주님은 다음과 같이 말씀하셨다. "이제는 너희 때요 어두움의 권세로다."(눅22:53)

베드로가 주님을 배반한 것도 어두운 밤이었다. "예수께서 가라사대 내가 진실로 네게 이르노니 오늘 밤 닭 울기 전에 네가 세 번 나를 부인하리라"(마26:34) 또한 제자들이 풍랑을 만난 것도 밤이었다. 주님이 십자가상에 운명하실 때의 광경은 이렇다. "낮 열두시부터 어둠이 온 땅을 덮어서, 오후 세시까지 계속되었다."(마27:45)

밤은 시간을 의미하는 것이 아니라 상태를 의미하는데 곧 시험의 때를 뜻한다. 창세기에 나오는 저녁이 되며 아침이 된다는 말은 상태를 의미한다. 이 말은 낮은 상태에서 높은 상태, 거짓의 상태에서 진리의 상태, 지옥의 상태에서 천국의 상태로 진전함을 의미한다. 어둠과 밝음, 저녁과 아침, 사망과 부활, 멸망과 구원은 상태를 의미한다.

사람은 진리를 이해함으로써 선의 상태로 변화된다. 마치 나무의 열매를 맺기 위해서 태양의 빛을 필요로 하듯이 진리가 사람의 마음에 들어오지 않으면 어둠의 상태에 있게 된다. 진리만이 어둠을 사라지게 하기 때문이다. 진리가 없는 자는 어둠에 쌓여서 자기만의 환상에 사로잡히게 된다.

성숙의 상태

"나는 내년 이맘때에, 사라가 너에게 낳아줄 아들 이삭과 언약을 세우겠다."(창17:21)

이삭이 태어날 때 아브라함의 나이가 백세이고 사라의 나이가 구십세이다. 숫자 백은 언약을 맺기에 충분하다는 것을 의미한다. 아브라함은 오랜 시간을 거쳐 이삭을 얻었다. 연단과 훈련을 통해 이삭을 받아 들일 만큼 충분하다는 것을 말한다. 아브라함이 백세에 이삭을 낳았다는 뜻은 속사람이 합리성에 들어갈 상태가 되었음을 의미한다. 백은 성숙한 상태를 뜻한다.

이사야서에는 '백 살을 채우지 못하면 저주받은 자'(사65:20)라고 하였다. 옥토는 한 알의 씨가 땅에 떨어져 백배의 열매를 맺는다. "더러는 좋은 땅에 떨어져서 자라나, 백배의 열매를 맺었다."(눅8:8) 아브라함의 상태는 선하고 진리의 지식이 가득하다는 것을 의미한다. 성경의 십일조나 백세는 남은 그루터기를 의미한다.

아침의 상태

"아브라함은 아침 일찍 일어나 나귀에 안장을 얹고 두 종과 아들 이삭을 데리고 제물을 사를 장작을 쪼개가지고 하나님께서 일러주신 곳으로 서둘러 떠났다."(창22:3)

아브라함이 다음 날 아침 일찍 일어났다는 말씀은 평온과 순진무구의 상태이고 '하나님이 말씀하신 그 곳으로 길을 떠났다'는 지각의 상태를 의미한다. 아침은 주님을 의미하고 사람의 마음에 있는 하늘나라를 말한다. 아침의 여명은 기쁘고 즐거운 모든 것이 전개됨을 의미한다.

인간은 진리를 받아들일 때부터 비로소 아침이 시작된다. 그리고 지혜가 자라는 만큼 아침에서 낮으로 진전한다. 인간은 자연적 상태로 태어나지만 점진적으로 영적인 상태로 진보된다.

인간이 성장할 수 있다는 사실 한 가지만 가지고도 얼마나 값지고 귀한 일인가? 태양이 솟아오름으로 아침이 시작되듯이 영혼의 상태는 진리의 빛에서 출발한다. 나무들이 태양을 향해 가지를 뻗듯이 진리의 주님을 갈망하면 주님께서 인간에게 순진무구를 주심으로 평온과 기쁨의 상태를 유지하게 된다. 그러므로 인간은 순진무구를 이루고 천국의 기쁨을 소유하게 된다.

야곱의 상태 고백

형님과 처음 만남은 발뒤꿈치를 잡고서였습니다. 나는 당신의 발 뒤편을 잡을만큼 애절했습니다. 나는 쾌락과 관능과 감각에 목매여 살았습니다. 스스로 길을 찾을 수 없었기에 당신의 발이라도 붙잡고 따라가고자 했습니다.

두 번째 만남은 팥죽을 끓이면서입니다. 나는 혼돈 그 자체였습니다. 모든 것이 정리되지 못한 상태였습니다. 엉성한 자아의 덩어리였습니다. 나는 결심했습니다. 그래서 나는 형님의 것을 얻어내고자 했습니다. 형님이 나의 삶 속에 오시면 협상코자 했습니다. 나는 형님의 것이 없이는 살아갈 방도가 없었기 때문입니다. 형님은 불투명한 나의 삶 속에 찾아와 팥죽을 드시고 내 인생에 선한 것을 주셨습니다. 나는 먼 나라로 떠났습니다. 그러나 자아애와 세상애에 가득하여 선이 내게 들어왔지만 나는 선용할만한 수준이 아니었습니다.

세번째 만남은 저는 자가 되고서야 였습니다. 그때는 수많은 시험을 거친 후 해가 뜰 무렵이었습니다. 이제 속마음이 달라졌습니다. 나는 새로 태어났습니다. 나는 이스라엘이 되었습니다. 신령한 것을 사모하게 되었고 형님의 용서를 빌고자 했습니다. 그리하여 마침내 형님의 얼굴을 뵈옵게 되었습니다. 그러나 아직은 부족하여 절고 있는 자일 뿐입니다.

묵상

배가 불러 자식이 잉태되었음을 알았습니다. 아이는 잉태되었고 해산할 날이 가까워 옵니다. 아이는 바깥세상으로 나와서 무럭무럭 자랍니다. 아이는 날이 갈수록 성숙해집니다. 내안에 진리가 심겨졌습니다. 나는 진리를 사랑하고 받아들임으로 내게 천국이 열리고 새 삶이 주어졌습니다. 저녁이 되며 아침이 되면서 상태의 변화가 시작되었습니다. 날이 갈수록 상태는 선으로 진전합니다.

내가 내 자신을 인식하면 별로 달라진 것은 없어 보입니다. 이전의 모습 그대로입니다. 그러나 나는 확실하게 달라졌습니다. 나를 아는 분은 내게 다가와 내가 달라졌음을 전해주었습니다. 나의 말과 얼굴과 성향을 보면서 달라짐을 느꼈던 것입니다.

나도 모르는 사이에 내안에 이미 수많은 전쟁이 벌어져 악이 소멸되고 선이 증가하였던 것입니다. 악의 영들과 전투에서 내안의 천사가 매번 승리하였던 것입니다. 주님의 은혜입니다.

출생하면서 진전이 시작되었습니다. 영원한 나라에 합당한 진리가 들어와서 상태의 변화가 시작되었습니다. 한 알의 작은 씨가 자라서 거대한 나무를 이루듯이, 캄캄한 밤이 지나 광명한 아침이 오듯이, 오병이어로 오천 명이 배불리 먹듯이 진리는 선과 결합하여 상태의 변화를 이룹니다. 나의 영혼은 영원한 나라에서 선과 진리의 행진은 계속됩니다.

롯의 상태

보호의 상태

"롯이 나가서 그 딸과 정혼한 사위들에게 고하여 이르되 여호와께서 이 성을 멸하실 터이니 너희는 일어나 이 곳에서 떠나라 하되 그 사위들이 농담으로 여겼더라. 동틀 때에 천사가 롯을 재촉하여 가로되 일어나 여기 있는 네 아내와 두 딸을 이끌라 이 성의 죄악 중에 함께 멸망할까 하노라 그러나 롯이 지체하매 그 사람들이 롯의 손과 그 아내의 손과 두 딸의 손을 잡아 인도하여 성 밖에 두니 여호와께서 그에게 인자를 더하심이었더라."(창19:14-16) "그 사람들이 손을 내밀어 롯을 집으로 끌어들이고 문을 닫고"(창19:10)

두 천사가 롯을 방문해서 무리가 소동할 때 천사는 롯을 집안으로 끌어들였다. 이는 롯을 선으로 인도한 것을 의미한다. 선은 영혼을 보존한다. 육신은 세상에 있으나 그의 영혼은 천국에 있다.

"그 사람들이 그들을 밖으로 이끌어 낸 후에 이르되 도망하여 생명을 보존하라 돌아보거나 들에 머무르거나 하지 말고 산으로 도망하여 멸망함을 면하라."(창19:17)

주님은 인간으로 하여금 선과 악을 자기 것처럼 느끼도록 섭리하였다. 인간이 그것을 자기 것이라고 느끼기 때문에 선택의 자유를 가진다.

주님은 악이 손대지 못하도록 막으시고 보호하신다. 악은 선을 없애려고 애를 쓰지만 주님은 악을 막으시고 선을 지키신다. 사람은 천국 혹은 지옥과 연결되어 있다. 선한 자는 천국과 연결되고 악한 자는 지옥과 연결된다. 선한 자는 천사와 연결되고 악한 자는 악마와 연결된다. 주님은 인간을 마귀들의 손에서 풀어주신다. 이를 '속량'이라고 한다.

그러므로 악은 도적과 같고, 속량은 빼앗긴 약탈물을 도로 찾아오는 것과 같다. 속량은 야수를 쫓아내고 더 이상 밭이 황폐하지 않도록 보호하는 것이다. 속량은 해충을 박멸하고 과실이 맺도록 돌본다. 주님은 선한 자와 악한 자를 분리하시고 선한 자가 손상되지 않도록 하신다.

깨달음의 상태

"롯이 그들에게 이르되 내 주여 그리 마옵소서. 종이 주께 은혜를 얻었고 주께서 큰 인자를 내게 베푸사 내 생명을 구원하시오나 내가 도망하여 산까지 갈 수 없나이다. 두렵건대 재앙을 만나 죽을까 하나이다. 보소서 저 성은 도망하기 가깝고 작기도 하오니 나로 그곳에 도망하게 하소서 이는 작은 성이 아니니이까 내 생명이 보존되리이다"(창19:18-20)

주님은 인간을 진리와 선으로 인도하신다. 그러나 인간은 시험당할 때 주님의 구원에 대해 의심한다. 인간 스스로 절망에 빠져 있기 때문이다. 그러므로 인간은 주님에 의해서 구원받는다는 것과 자신은 아무것도 아니라는 것을 고백하고 믿어야 한다. 주님은 인간이 깨닫기를 원하시고 깨달음을 통해서 인도하신다. 인간은 진리의 깨달음을 통해서 합리성이 생긴다. 인간이 진리를 알고 실천하기 위해서는 이해와 더불어 의지가 작동해야 한다. 의지는 인간의 핵심영역이기 때문이다.

나는 상담을 통해 인간들은 하나의 반복되는 패턴에서 벗어나지 못하고 있다는 것을 발견했다. 그것은 어린 시절을 통해 형성되며 익숙하게 심겨진 신념에 의해서이다. 수치심 치유의 저자 존브래드쇼는 이를 두고 창조적인 사랑이라는 책에서 신화(Mystification)라고 명명했다. 나는 이런 패턴을 깨고 새로운 삶의 변화의 길을 찾고자 했다. 그리고 많은 시간이 지나 진리를 알게 되면서 나에게 이런 깨달음이 왔다. 인간에게 "어린 아이 같은 순진무구한 상태"가 없이는 변화가 불가능하고 그 상태는 죽은 후에도 계속적이고 점진적으로 변화의 과정을 겪는다는 것을 깨닫게 되었다.

나에게는 대단한 깨달음이었다. 순진무구는 신의 세계를 받아들이는 영혼의 상태임을 알게 되었다. 순진무구는 겸손하게 자신은 아무 것도 아니라고 시인하는 상태이며 그것은 선에 일치된다는 것을 알게 되면서 가슴이 울렁거렸다. 이 땅위에서 삶이 영원까지 지속된다는 것은 사람이 선하게 살아야 할 이유가 분명하다는 것을 말한다.

나는 어린아이 상태에 대해 좀 더 깊이 알고 싶어졌다. 그리고 진정 순진무구가 무엇인지를 제대로 보려면 영아들의 얼굴과 눈 속에서 발견하게 된다는 것도 알게 되었다. 영아들의 모습을 보고 있노라면 시간이 가는 줄도 모를 정도이다. 너무나 순수하고 아름답고 소중하다는 느낌이 든다. 내가 어린아이의 눈동자를 살펴볼수록 어린아이같이 선한 상태가 되어야 한다는 간절함이 더욱 끓어오르게 된다.

혼란의 상태

"큰 딸이 작은 딸에게 이르되 우리 아버지는 늙으셨고 이 땅에는 세상의 도리를 좇아 우리의 배필 될 사람이 없으니 우리가 우리 아버지에게 술을 마시우고 동침하여 우리 아버지로 말미암아 인종을 전하자 하고 그 밤에 그들이 아비에게 술을 마시우고 큰 딸이 들어가서 그 아비와 동침하니라 그러자 그 아비는 그 딸의 눕고 일어나는 것을 깨닫지 못하였더라."(창19:31-33)

위의 내용은 혼란에 빠진 인간의 모습을 그리고 있다. 인간이 감각적으로만 산다면 그가 아무리 능력이 있다고 하더라도 상태는 어둡게 되고 만다. 인간의 육체적 죽음은 세상에서의 모든 감각이 소멸하고 주님의 나라에서 새로운 감각으로 되살아나는 기회이다.

롯은 지각이 어두운 상태가 되었다. 롯의 아내는 소금기둥이 되었으며 롯은 두 딸과 함께 동굴 속에 머물게 되었다. 이는 롯의 어두운 상태를 의미한다. 그는 혼란을 겪는다.

작년 한해를 보내면서, 나는 이대로 한 해를 마무리하기에는 뭔지 모르게 허전함이 느껴졌다. 그래서 나는 '레미제라블' 영화표를 예매하고는 평소 가깝게 지내던 친구 세 명과 함께 영화를 관람하기 위해 극장 관람석에 앉았다. 나는 영화를 보는 내내 가슴이 뭉클해져 옴을 느꼈다. 그리고 영화가 진행되는 장면을 보는 중간마다 눈물을 흘리기까지 하였다. 영화를 보는 관객들 중에 몇 명은 훌쩍거리고 있었고 그 소리가 내 귀에 크게 들렸다. 영화의 스토리는 무척 감동적이었고 보는 내내 긴장과 감동의 연속이었다.

　나는 영화의 한 순간도 놓치고 싶지 않았다. 이야기의 배경은 조카가 굶어 죽어가는 모습을 보다 못해 빵 하나를 훔쳐서 감옥에서 18년을 살아야 하는 '장발장'이라는 이름을 한 죄수와 그 뒤를 그림자처럼 좇아다니는 '자베르'라는 형사의 이야기였다. 그 형사에게는 강한 신념이 있었다. 그것은 한 번의 죄인은 영원한 죄인이라는 신념이다. 그리고 그 죄인은 언젠가 다시 죄를 지을 것이라는 확신이다. 죄인 장발장은 선한 삶을 살고 있었지만 신분을 숨기고 형사의 눈을 피해서 계속 숨어 다녀야만 했다.

　그가 신분을 숨겨 존경받는 시장의 위치에까지 올랐지만 그러나 그곳도 안전할 수는 없었다. 라베르 형사의 추적은 계속되었기 때문이다. 그러던 중에 운명이 바뀌어 라베르 형사를 죽일 기회가 왔다. 그는 이제 형사를 죽이고 자유를 찾아 멀리 도망할 수도 있었다. 그렇지만 장발장은 오히려 형사를 구출해내는 무조건적인 사랑을 보여준다.

　이것을 알게 된 형사는 그동안 자신이 믿어왔던 신념의 혼란을 겪게 된다. 자신이 믿어온 신념이 장발장의 사랑의 행위로 한순간에 무너지는 순간 그는 혼란을 견딜 수 없었다. 그는 "내가 알던 세상은 산산이 부숴졌다"는 말을 남기고 혼란을 견디다 못해 강물 위에 몸을 던진다.

　혼란을 겪은 사람에 대한 이야기가 성경에 등장한다. 위대한 화가 렘브란트의 그림속에 어두운 밤에 희미한 달빛을 사이에 두고 진정한 삶의 문제에 대한 해답을 듣고자 했던 한 지식인이 등장한다. 그는 주님께 진정한 삶에 대해서 자신의 고뇌와 갈등에 대한 해답을 듣고 싶었다. 어쩌면 이런 고민은 오늘날 인생을 제대로 살아보고자 하는 인간들의 공통적인 고민이다.

그는 율법의 전문가요 산헤드린의 공회의원이며 명문대가 집안의 자손이었지만 자신 속에서 일어나는 갈등과 혼란을 스스로 해결할 수는 없었다. 그래서 밤에 주님을 찾아왔는데 '밤'이라는 상징적 의미는 니고데모의 상태를 대변한다. 그는 인생의 밤을 맞이하고 있는 중이다. 밤은 어둡고 깨달음이 없는 시기이고 혼란스러운 상태이다.

주님은 니고데모의 혼란을 아시고 이에 대한 처방을 내리셨다. 주님은 거듭남이라는 새로운 삶을 제시하신다. 그리고 이는 물과 성령으로 가능하고 위로부터 나야 한다고 하시면서 그에게 새로운 삶을 살 것을 제시하셨다. 이 지식인에게는 위기 탈출의 기회이며 인생 역전의 기회이다. 그리고 새로운 순간에 대한 각성이 열린다. 새 집을 지으려면 반드시 예전의 집을 무너뜨려야만 한다. 그리고 무너지기 전에 먼저 혼란이 찾아온다. 그래서 과거에 대한 불안정과 혼란은 새로운 삶에 대한 예고편이 되기도 한다.

요셉의 상태

사람은 죄 중에 태어난다. 죄는 후손에게 전수되어 확대된다. 만일 인간이 거듭나기를 원하면 먼저 진리를 배우고 선을 실천해야 한다. 진리는 반드시 선을 목적한다. 이를 두고 믿음이라고 한다. 믿음은 진리를 가지고 삶속에 실천하는 것이다. 그러나 입으로는 믿는다고 말하면서 재물과 명예를 목적한다면 욕심에 사로잡혀 있는 상태이다. 욕심은 죄를 낳고 죄는 사망을 가져온다. 욕심이 제거되기 전에는 진리가 있을 수 없고 결코 거듭날 수 없다. 그러므로 이것이 제거되기 위해서는 시험의 상태를 거쳐야 한다.

시험 중에도 선용을 목적한다면 그는 천사의 도움을 받는다. 그는 마음에 진리가 들어오면서 삶의 변화가 오고 질서를 회복하게 된다. 인간이 시험 당할 때 제일 먼저 해야 할 일은 순진무구의 상태에 들어가서 합리성을 준비하는 일이다.

구덩이 상태

요셉이 구덩이에 있었다는 것은 시험의 상태이다. 시험은 구덩이와 같다. 구덩이가 시험이라고 말하는 것은 인간이 시험 당할 때 더러운 기운이 그의 주위를 에워싸고 거짓과 악과의 싸움이 있기 때문이다. 인간이 시험에 빠지면 스스로 절망한다. 시험은 불결하고 더러운 상태이다. 그러나 인간이 거짓과 악을 제거되면 시험이 끝나고 맑고 깨끗한 상태가 된다. 요셉을 구덩이에서 끌어낸 것과 수염을 깎고 옷을 갈아입은 것은 맑고 깨끗한 상태를 의미한다.

시험의 상태는 여리고로 내려가다가 강도만난 사람과 같다. 그의 머리는 헝클어졌고 그의 얼굴은 난장판이 되었고 옷은 갈기갈기 찢겨졌다. 시험에 패배하여 굴복한 것은 바로 이런 모습이다. 악마는 강도들과 같이 인간을 죽이고 멸망시키고 파멸시켜 구덩이에 집어 넣는다.

순진무구를 잃어버린 인간은 감각을 하나님으로 믿고 따르며 감각적 판단으로 모든 일에 자기만족으로 행동한다. 이렇게 됨으로써 하늘이 닫히고 지옥의 소리를 듣게 되었다. 지식인라고 자부하는 인간도 자신의 감각을 더 신뢰한다. 여기에는 순진무구는 존재하지 않고 이웃 사랑도 없다. 이렇게 되는 원인은 순진무구가 상실되었기 때문이다.

"요셉이 말한 대로 일곱 해 동안의 흉년이 시작되었다. 온 세상에 기근이 들지 않은 나라가 없었으나"(창41:54)

흉년은 진리와 선의 결핍을 말한다. 기근은 결핍을 의미한다. 요셉을 구덩이에서 끌어냈다는 말은 악마를 쫓아내고 새로운 변화를 이룬 것을 말한다. 시험에 승리하면 머리를 단정하게 빗고 새 옷을 갈아입는다. 이 때 마음은 조용하고 평온한 상태에 들어간다. 그러므로 시험당한 자는 이렇게 고백해야 한다.

"나는 무익한 종입니다. 나는 감각과 거듭나지 않은 생각에 의지하여 거짓을 진리라고 믿었습니다. 내가 감각에 충실할 때는 그에 맞는 악인들이 나에게 유혹의 손길을 펴고 나를 자신들의 정욕을 위해 이용했습니다. 나 또한 그들을 나의 자만과 정욕의 도구로 이용했습니다. 나의 삶은 악마의 더러운 정욕의 제물이 되었습니다. 쓰레기더미에 쥐들이 둥지를 틉니다. 정욕의 제물이 될 때 인생 쓰레기들이 내 주변에 가득했습니다. 그들은 나름대로 자신이 진리를 알고 있으며 최고의 삶을 사는 줄로 착각했습니다. 그들은 나를 자기 주변 인물에게 자랑스럽게 소개했습니다. 나는 마치 조폭처럼 악마의 세계에 점점 더 발을 담그기 시작했습니다. 그들에게 아침과 저녁에 인사를 했습니다. 그들은 내게 진리는 삶과 일치하는 것이라고 말하는 이웃을 조롱했습니다. 나는 그들과 함께 거룩과 더러움을 섞는 신성모독을 범했습니다. 그들의 말에 과격하게 동조했습니다. 아! 나는 선한 이웃을 속이는 것이 내 일과가 되었습니다. 순진했던 나의 눈은 늑대의 매섭고 무서운 독기가 가득한 눈초리로 변했고 나의 얼굴은 교만한 뱀과 탐욕의 돼지로 변했습니다. 나는 갈수록 점점 더 난폭하게 되었고 간악한 정욕의 여우로 변해갔습니다. 나는 사람이라고 할 수 없는 처절하고 비참한 형국으로 빠졌습니다. 그러나 죄악의 상태임에도 불구하고 나는 희생자라고 주장했습니다. 주변의 인정을 받고자 하였으며 나를 대적하는 자에게는 인간 이하의 모습을 보여주며 가장 저급한 상태로 돌변하여 싸웠습니다. 그러면서 그들이 내 정욕을 용인하고 넘어간다면 나는 그들에게 순한 양처럼 온순하게 대했습니다. 나는 내 고집과 정욕이 나의 삶을 뒤덮었으며 바벨탑을 쌓았으며 이기적인 변명으로 일관했습니다. 내 죄에 관해서 묻지 않은 자들에게 양이 되었지만 속에는 난폭한 여우가 도사리고 있었습니다. 나는 언제든 싸울 준비가 되어 있습니다. 이에서 더 나의 상태를 무엇으로 설명할 수 있겠습니까? 나는 무익한 종입니다. 고멜과 같고 하만과 같으며 데마와 같습니다. 주님! 내게 선한 마음을 주시기를 바랍니다. 내 속에는 선이 없습니다. 진리에 순종하겠습니다. 주님이 주시는 이성과 양심에 순종하겠습니다."

만일 진실된 마음으로 이런 고백을 한다면 어둠의 상태에 있을지라도 밝은 빛을 볼 수 있다. 그러나 만일 자아애를 높이고 감각적으로 살아간다면 거짓이 진리의 자리를 차지하게 된다. 그리하여 나중상태가 처음상태보다 더욱 비참하게 된다.

"그래서 그는 가서, 자기보다 더 악한 다른 귀신 일곱을 데리고 와서, 그 집에 들어가 거기에 자리를 잡고 살았다. 그래서 그 사람의 나중 형편이 처음보다 더 비참하게 되었다. 이 악한 세대도 그렇게 될 것이다."(마 12:45)

진리의 확대 상태

순진무구 상태는 선의 상태이고 선은 진리에서 온다. 그리고 시험의 과정을 거치면서 악이 벗겨지고 진리를 추구하게 된다. 마치 철광석을 용광로 속에 넣어서 제련하는 과정을 거쳐 순금이 나오는 것과 같다. 진리 확장을 위해서는 먼저 진리에 대한 소원을 가져야 하는 것은 당연한 일이다. 인간은 진리에서 멀어지는 만큼 죄의 길에서 방황하고 쾌락을 추구하고 감각적인 말에 귀를 기울이게 된다. 진리는 상태와 연관이 있다. 진리가 없으면 상태는 악하게 되고 진리가 많으면 상태는 선하게 된다. 그것은 인간은 진리를 받을 수 있도록 하나님이 지으셨기 때문이다.

이집트 땅에서의 풍년 일곱 해와 흉년 일곱 해는 상태를 의미한다. 풍년은 진리확대 상태이고 흉년은 진리결핍 상태이다. 주님은 그 나라에 들어가기 위해서는 진리가 있어야 한다고 말씀하신다. 진리가 삶 속에 이루어진 상태를 거듭남이라고 한다.

"예수께서 그에게 말씀하셨다. "내가 진정으로 진정으로 너에게 말한다. 누구든지 다시 나지 않으면, 하나님 나라를 볼 수 없다." 니고데모가 예수께 말하였다. "사람이 늙었는데, 그가 어떻게 태어날 수 있겠습니까? 어머니 뱃속에 다시 들어갔다가 태어날 수야 없지 않습니까?" 예수께서 대답하셨다. "내가 진정으로 진정으로 너에게 말한다. 누구든지 물과 성령으로 나지 아니하면, 하나님 나라에 들어갈 수 없다. 육에서 난 것은 육이요, 영에서 난 것은 영이다."(요3:3-6)

물은 겉사람의 진리이고 성령은 속사람의 진리이다. 그러므로 물과 성령으로 다시 태어나는 것은 진리와 일치하는 삶을 살 때 하나님의 나라에 들어갈 수 있다고 하신 말씀이다.

요셉의 꿈에 등장하는 흉측한 암소, 애굽의 흉년, 둘째아들이 타국에서 흉년이 들었다는 것은 진리의 결핍 상태를 의미한다. 흉년은 거짓이 진리를 추방한 상태를 의미한다. "그 야위고 흉측한 암소들이 살이 찐 암소들을 잡아먹었다", "그 야윈 이삭이, 토실토실하게 잘 여문 이삭 일곱 개를 삼킨다"는 말씀은 인간이 진리를 버렸다는 것을 의미한다. 황폐는 진리가 소멸된 상태이다.

"요셉은, 이집트 땅에서 일곱 해 동안 이어간 풍년으로 생산된 모든 먹거리를 거두어들여, 여러 성읍에 저장해 두었다. 각 성읍 근처 밭에서 나는 곡식은 각각 그 성읍에 쌓아 두었다."(창41:48) 곡식은 먹을거리 즉 영의 양식이며 진리를 의미한다.

"성읍 근처 밭에서 나는 곡식"은 진리이다. 인간에게 거듭남이 이루어지는 것은 진리를 배우면서부터이다. 진리를 배우면서도 진리를 실천하지 않는다면 그는 음식물이 위에만 저장된 채 소화되지 않는 것과 같다. 창세기에 저녁에서 아침이 된다는 말씀은 진리가 확대되어가는 상태를 의미하고 있다.

부자 청년의 상태

"예수께서 길에 나가실새 한 사람이 달려와서 꿇어 앉아 묻자오되 선한 선생님이여 내가 무엇을 하여야 영생을 얻으리이까"(막10:17)

주님께 질문한 청년의 고백은 우선되는 가치가 무엇인지를 갈등하는 현대인의 고민이기도 하다. 주님은 영원한 삶을 위해 고민하던 청년에게 진정으로 행할 것을 가르쳐 주셨다. 주님은 영생을 위해서 지켜야할 것과 선용할 것을 말씀하셨다. 주님의 첫 번째 처방전은 "계명을 지키라"이다. 주님은 "네가 생명에 들어가고자 하거든 계명들을 지켜라." 그러자 청년은 "어느 계명입니까?"라고 물었다. 주님은 시내 산에서 말씀하신 돌 판에 새긴 계명을 말씀하신다. 그 계명은 열 가지인데 특별히 둘째 돌판을 언급하셨다. "살인하지 마라. 간음하지 마라. 도둑질하지 마라. 거짓 증언 하지 마라."

여기에 나오는 계명들은 이웃에 대한 계명이다. 이 계명을 먼저 지켜야할 것을 말씀하셨다. 모든 종교의 가르침은 십계명과 같다. 살인하지 말 것, 간음, 도둑질, 거짓 증거, 탐내지 말라 이다. 이런 계명은 도덕적 진리이다. 이런 계명도 주님의 진리에 속해 있는 것이다. 세상의 진리는 주님의 지혜에서 나왔기 때문이다. 사실 지구상의 모든 종교에는 이런 계명이 들어있다. 종교는 인간의 도덕과 윤리를 선과 악으로 설명한다. 성경에 나오는 십계명은 두 가지로 구분하는데, 두 돌판이다. 하나는 신에 대한 부분과 다른 하나는 인간에 대한 부분이다. 부자청년에게 인간에 대한 둘째 돌판 부분을 말씀하신 것은 둘째 돌판의 계명이 먼저 지켜져야 신을 알 수 있기 때문이다.

인간이 이런 계명에 일치할 때만이 그는 신과 결합할 수 있게 된다. 십계명에 일치하는 삶을 통한 주님과의 결합니다. 그래서 십계명을 언약이라고 불린다. 주님은 선지자와 율법의 대강령이라고 강조하셨다. 청년은 말하기를 그것은 어려서 다 지켰다고 대답했다. 주님은 다시 말씀하신다. 한 가지가 더 있어야 한다고 말씀하셨다. 그것은 선용이다.

"예수님께서 그 사람을 보시고 사랑스럽게 여기셨습니다. 그리고 말씀하셨습니다. 네게 부족한 것 하나가 있다. 가서 네가 가진 것을 모두 팔아 가난한 사람들에게 주어라. 그러면 하늘에서 보화가 있을 것이다. 그리고 와서 나를 따라라."(막10:21)

주님의 두 번째 말씀은 청년의 마음을 흔들어 놓았다. 청년은 고민하기 시작했다. 왜냐하면 그에게는 재물이 많았고 재물에 대한 소유욕이 있었기 때문이다. 주님은 영생 얻는 길은 첫째로 이웃 사랑의 계명을 지키는 일이고 둘째로 자기의 욕심을 비워 선용하는 것이라고 말씀하신다.

가난한 자들에게 선용을 베풀지 않는 것은 재물에 대한 집착과 소유욕이 빚어낸 어리석은 상태이다. 만일 인간이 재물을 소유하기 위한 목적이 아니고 선을 베풀기 위해서 재물을 사용한다면 그는 영생을 얻게 된다. 일시적인 것을 가지고 영원한 것을 창출하게 된다. 그러나 일시적인 재물을 가지고 부의 축적에 집착하기 시작하면 일시적인 것으로 끝나고 만다. 부자의 재물은 세상적인 상태를 의미한다. 그것은 누구나 가진 일상적인 것이다. 지식, 건강, 기술, 재능, 돈. 음식이 곧 재물이 될 수 있다. 인간은 그것을 가지고 필요로 하는 자에게 선용한다면 선이 되고 자기가 쥐고 있으면 자만하게 된다. 재물을 가지고 나눠준다면 영원한 세계와 연결되어 영생을 얻게 된다. 청년은 외적으로 계명을 지켰지만 내적으로는 소유욕 때문에 재물을 가난한 자에게 나눠줄 수 없었다. 겉사람은 윤리적인 계명을 지켰으나 속사람은 소유욕이 가득했다. 재물을 모으는 사람은 재물을 사용하기 위해서가 아니라 단지 모으는 것에만 집착한다. 재물 모으는 즐거움으로 세상을 살아간다. 그들이 돈을 쓸 경우에는 단지 자기만족을 위해서만 사용한다. 그들은 점점 부자가 되는 것에 비례해서 자만에 빠진다. 이들은 영생에 들어가지 못할 것이라는 주님의 경고에는 관심을 가지지 않는다.

주님은 다시 말씀하신다. "부자가 하나님의 나라에 들어가는 것보다 낙타가 바늘귀로 들어가는 것이 더 쉽다."(눅18:25)

이 말씀의 의미는 자만심을 갖고서는 천국에 들어갈 수 없다는 경고이다. 낙타는 거듭나지 못한 세상적 상태를 의미한다. 재물이 필요한 이유는 선용을 위해서이다. 자신의 재물을 가지고 선용하면 세상적인 것이 영적인 것이 된다. 그러나 재물을 그대로 쥐고 있으면 하늘나라와는 상관없다. 세상적이고 일시적인 재물을 하늘나라에 저축하고자 하거든 선용을 하면 된다. 선용은 영혼의 상태를 선하게 만드는 힘이 있다.

청년은 좋은 것을 가지고도 실천하지 않음으로 영생을 얻지 못하는 결과를 얻게 되었다. 진리에 대한 이해는 하였지만 실천하고자 하는 의지는 없었다. 곧 이해와 의지의 분리 상태이다.

묵상

하늘의 철학자들이여! 당신들은 지상의 이야기에 얼마나 궁금하시겠습니까? 아마도 당신들은 지상에서 갓 올라온 사람들을 만나고 싶겠지요. 그리고 그들로부터 땅의 소식을 듣고 싶겠군요.

당신들은 이 땅에서 팔각형의 전각에서 이성을 강조하고 내면세계와 사상을 알고자 하여 사람이 짐승처럼 살지 않기를 바라는 마음으로 추론하여 이데아의 세계를 꿈꾸며 연구하였습니다.

그러나 땅에서 갓 올라온 신참자들은 당신에게 희망과 기쁨의 소식보다는 어두움의 이야기를 전해주고 있음을 압니다.

세상은 짐승처럼 되어 가고 있으며 사람이 짐승의 모양으로 변해가며 사람은 자연세계처럼 꺼져 없어져 사라져 버릴 그런 존재로 여기며 사후 생명을 가진 자로 살아가지 않으며 종교를 허구로 말하고 억압과 구속으로 보고 있다는 소식을 듣게 되겠지요.

당신들은 이렇게 물어보겠지요? "그렇다면 과연 사람의 총명과 지혜는 무엇인가? 사람의 지혜가 어떻게 그렇게 변했는가? 사람은 하나님으로부터 생명을 받는 그런 존재이며 모든 지혜는 하나님으로부터 비롯된다는 것과 이런 것은 하나님의 것이라는 것과 하나님과 하나됨으로 영원한 지복이 있음을 모르는가?" 당신의 안타까움은 제게도 있습니다. 오늘의 종교현실이 더욱 그러합니다.

저의 한숨은 오늘의 종교의 모습이 더욱 그러함을 알고 한탄합니다.

오늘의 종교인의 행태는 머릿속에 믿음 한가지만 있으면 천국에는 문제 없이 들어갈 것으로 말하고 삶과 행위를 내팽개치도록 가르치면서 말하기를 걱정마라! 아무렇게 살아도 그곳에는 간다!고 하여 무지한 자로 하여금 주님을 두려워하지 않도록 만들었습니다. 그리고 말하기를 자신들은 태어날 때부터 선택된 자요, 뼛속까지 거룩하며, 까마귀가 가져다주는 양식을 먹으며 살고 있다고 하며 모래알같이 많은 이들 중에 특별하게 뽑아낸 종자이므로 자기를 대접하는 것은 주님께서 대신 갚아줄 것이니 내게 잘하는 것은 너희들의 복이라고 합니다.

이들은 허풍을 떨며 추론을 말하는데, 이들의 입에서 나오는 말은 사나운 폭풍과 같아서 무지막지한 자의 삶의 행실을 떨어지게 하며 무저갱에서 올라오는 시꺼먼 연기를 뒤집어쓰게 만듭니다. 그리하여 결국 순진무구한 진리는 하나도 없고 삶의 균형을 깨뜨리고 죄악으로 인해 역겨운 냄새를 풍기도록 만들어 버렸습니다. 이를 통탄하여 야고보는 잘하는도다! 귀신들도 믿고 떤다고 애통해 하였는데, 21세기 지도자는 선지자의 막대기를 가지고 미련한 자들로 하여금 자아에 도취되고 세상과 야합하도록 양몰이하고 있습니다. 하늘의 철학자들이여! 오늘의 종교의 현실이 이러하므로 진정 생명 얻기가 더욱 힘들어졌습니다.

07 깨달음

"빛이 있으라 하시니
빛이 있었고"(창1:3)

순진무구는 진리를 깨달음으로부터 시작한다. 공자는 진리를 도(道)로 여겼다. 공자에게 도는 인간으로서 마땅히 걸어가야 할 길이다. 사람에게는 사람의 길이 있다. 마땅히 인간이 행해야 할 길이 도이다. 도는 곧 진리를 의미한다. 그래서 공자는 이렇게 말했다. '아침에 도를 들으면 저녁에 죽어도 좋다.'

사람이 아침에 진리를 깨달으면 저녁에 죽어도 한이 없다는 것이다. 이 말은 공자의 구도자로서 열정과 기백을 나타낸 말이다. 인생의 근본은 길이요 진리이다. 인간은 지각의 능력에 따라 진리의 깨달음이 주어진다.

주님은 인간에게 어두운 상태에 있을 때 밤에 비추는 불기둥처럼 깨달음을 주신다. 불기둥은 선의 깨달음이다. 낮의 구름기둥은 진리의 깨달음을 의미한다. 불기둥과 구름기둥은 인간의 형편에 맞게 깨달음을 조절하신다는 의미이다. 즉 인간이 어둠 가운데 있을 때는 선의 깨달음이 필요하고 밝은 대낮에는 진리의 깨달음이 필요하다는 말이다.

주님께서 인간에게 깨달음을 주시는 이유는 인간들이 무엇을 이해해야 하는지 알도록 하기 위함이다. 주님께서 인간에게 빛을 주심은 인간들을 천국으로 들어올리기 위해서이다. 주님이 주시는 선의 깨달음의 빛은 속사람을 비추고, 진리의 깨달음의 빛은 겉사람을 비춘다. 그러므로 겉사람에서 속사람의 진전은 진리에서 선으로 진전하는 것과 같다. 이는 저녁에서 아침으로 밝아진다는 원리이다. 그러므로 깨달음이야말로 진정 사람답게 살아가는 길이 된다. 그러나 자신의 명예나 출세, 재물을 위해서 깨달음을 얻고자 하는 자들은 깨달음의 빛을 받을 수 없다.

깨달음은 인간이 깨달은 대로 행하고자 할 때 위로부터 주어진다. 깨달음에는 두 종류가 있는데, 선에 의한 깨달음과 진리에 의한 깨달음이다. 선에 의한 깨달음은 주님사랑과 이웃사랑을 목표로 하는 깨달음이다. 이를 두고 선용의 깨달음이라고 한다. 그러나 반대로 자기 만족을 위한 깨달음이 있다. 이런 자들은 욕심대로 살며 이기적인 생각을 진리라고 우겨댄다. 이들은 자기들이 완벽하다고 여기고 겸손한 사람을 무시하고 간음을 좋아하고 남의 말을 경멸하며 자기들은 우수한 두뇌를 가지고 있다고 여긴다. 이들은 어둡고 허망한 자들이며 머리가 하늘로 향해 있지 않고 땅으로 쳐 박아서 스스로를 지옥으로 던져 넣는 자들이다. 이들의 생각과 신념은 진리의 눈으로 보면 저급한 거짓에 불과하다.

진리에 의한 깨달음은 진리를 배움으로 얻어진다. 인간이 하나님의 형상과 모양대로 만들어졌다는 것은 본래적으로 인간은 진리의 깨달음이 주어질 때 진정 행복하다는 것을 의미한다. 진리의 깨달음은 인간에게 상태의 변화를 가져온다.

깨달음은 진리를 통해서 주어진다. 거짓된 신념은 욕심만을 부풀릴 뿐이다. 어떤 자는 자신들이 깨달음을 얻었노라고 주장하지만 그들이 진리 자체를 목적하는지 아니면 자기의 이익을 목적하는지를 보면 진정한 깨달음을 분별할 수 있다.

그러므로 중요한 것은 깨달음의 목적이다. 깨달음은 그 목적에 따라 주어진다. 선의 목적으로 깨달음을 얻고자 한다면 지각의 눈이 뜨여지고 질서대로 살아간다. 인간이 선용을 목적하고 진리를 열망하여 찾고자 한다면 깨달음의 상태에 있게 된다. 그러므로 진정으로 깨달음을 얻고자 한다면 먼저 악이 무엇이며 악의 가르침이 무엇인지를 알아야 한다. 이는 악에 물들지 않기 위해서이다. 그리고 그다음에는 선이 무엇이며 선의 가르침이 무엇인지를 알아야 한다. 이는 선에 들어가기 위해서이다.

영성가들의 책을 읽거나 성경을 읽는다는 것은 이런 선악의 가르침을 알기 위해서이다. 성경을 읽을 때 깨달음이 있는 것은 성경을 읽는 자들이 선과 진리를 목적하는 소원을 가졌기 때문이다. 시험은 그 목적을 분명하게 만드는 시금석이다. 그리고 시험이 끝나면 하늘의 문이 열리고 새로운 깨달음이 주어진다.

나에게 고난이 있었다. 내게는 너무도 고통스런 시간이었다. 나는 칠흙 같은 어두운 터널을 통과해야 하는 기간을 보내야만 했다. 이 기간 동안에 나는 가까운 친구들과 연락을 끊고 혼자만의 시간을 가졌다. 나는 홀로 보내는 그 기간에 머릿속에 끊임없이 떠오르는 생각이 꼬리를 물고 이어졌으며 그로인해 무척 괴로웠다. 나는 그 생각과 대화를 시도했다.

처음에는 그것이 불가능할 줄 알았지만 가능했다. 그만큼 내가 절박하고 고통스러웠기 때문에 그것이 가능했던 것 같다. 시간이 지나면서 나중에는 익숙하게 되었다. 지금은 그렇게 하지 않지만 이러다가 미치겠다는 생각까지 들었다. 혼자 누군가와 대화를 하면서 중얼거리는 사람의 형편을 알 듯했다. 내가 알게 된 것은 인간은 과연 영적인 존재이며, 하나하나 떠오르는 생각조차 영들의 소리라는 것을 알게 되었다.

이 기간 동안 나는 절망과 분노와 치욕이 한꺼 번에 밀려왔다. 나는 음식을 끊고 영혼의 어두운 밤을 보내야만 했다. 모든 자존심이 무너져 나에게 희망이라고는 없는 듯 보였다.

그 절박한 기간을 지나면서 내게 깨달음이 왔다. 그것은 '인간은 영의 상태 변화에 불과하다. 육은 무익하다. 중요한 것은 영이며 영은 사후에 그 상태에 맞게 들어간다. 나는 개별적 존재로 어제의 내가 아니다. 인간은 육체는 땅에 살지만 하늘에 살고 있다.' 라는 누구나 다 알 수 있는 평범한 진리였다. 언뜻 생각하면 별 것 아닌 듯 보이지만 내게는 영혼이 흔들리는 충격이며 큰 깨달음이었다. 이는 시험을 통해서 얻어진 소중한 경험이었다. 깨달음을 통해서 주님은 내게 땅에 머물고 있는 육체적인 삶보다 영의 삶이 더욱 소중하다는 것을 일깨워 주었다.

나는 육은 영의 그릇이라는 것과 인간의 육체 속에 무엇을 담느냐에 따라 그의 삶의 상태가 결정된다는 것을 깨닫게 되었다. 사도바울이 말한대로 질그릇 속에 보화를 담아야 한다는 의미를 알 것 같았다. 인간의 영혼의 상태는 곧 생명으로 이어지든지 아니면 사망으로 이어지든지 중요한 도구가 되고 주님나라에서는 각자의 생명상태에 맞게 심판이 이뤄진다는 것을 알게 되었다. 성경에는 이를 두고 '어린양의 손에 들려있는 두루마리'라고 말했는데, 누구든지 그 앞에 서게 된다는 것을 의미한다. 나는 육체로 인한 시험은 영혼의 상태에 비하면 아무 것도 아님을 깨닫게 되면서 마음이 가벼워지는 것을 느낄 수 있었다.

내가 깨달은 것은 내게 주어진 시련 속에서도 선으로 이끄시는 주님의 섭리가 있는 것이다. 그가 누구든지 신앙인이라면 막연하게 주님의 섭리를 믿는다. 나도 주님의 섭리를 믿어왔다. 그러나 내가 처한 현실 속에서 절박한 상태에서 내동댕이쳐진 버려진 느낌과 황량한 벌판에 서있는 고독감과 허전함의 상태에서 지푸라기라도 잡아야 하는 내게 주님의 섭리는 너무나 희망적이었다. 나는 섭리에 매달리게 되었다. 여기까지 이르고 보니 내가 섭리에 마음을 열지 못할 이유가 없었다. 그리고 한 가지 더 깨달은 것은 내 자신이 부족하고 무익하다는 것을 알게 되었다. 주님은 나를 더 낮추시고자 하신다는 생각이 들었다. 그 나라는 낮아지면 높아지고 섬기면 큰 자가 되는 나라이다.

이런 깨달음만으로도 내게는 하늘문이 열린 듯 느껴졌다. 얼마 동안 시간이 지난 후 나는 사람들을 불러 모으고 계속해서 '주님의 섭리론'을 가지고 공개강좌를 했다. 사람들은 내가 상담학 강의하는 사람으로 알려져 있는데 주님의 섭리론을 강의한다고 하니 생소했는지 몇사람 오지 않았다. 비록 몇 명이 오지 않았지만 섭리에 맞는 존재가 되기 위해서 배우는 심정으로 계속해서 교육을 진행했다. 그리고 나는 사람들에게 말하기를 '이 강의를 진행하는 이유는 내가 변하기 위해서'라고 강조를 했다.

섭리론을 진행하면서 나는 이해와 의지가 소중함을 더욱 알게 되었으며 선과 진리의 나라에 더욱 관심을 가졌다. 섭리론을 통해 인간이 진리를 가지고 선하게 살아야 함을 더욱 깊이 깨닫게 되었다. 또한 선을 이루게 되면 모든 수치와 절망에서 극복될 수 있음을 알게 되었다.그리고 섭리론을 접할수록 나는 상처와 아픔에서 서서히 벗어나는 느낌을 받았다. 내 자신을 스스로 낮게 여기고 순진무구할수록 서서히 정리되어감을 느꼈다. 이글을 읽는 독자들 중에 감당키 어려운 시험 중에 있다면 나와 같은 방식으로 치유와 회복을 얻기를 바란다. 그러므로 깨닫게 된다는 것은 한 단계 업그레이드된 것이고 새로운 상태에 돌입했다는 것을 말한다. 인간은 자신의 상태를 제대로 알 길이 없다. 그러나 선용을 목적하고 진리를 열망한다면 깨달음의 상태에 접어든 것이다.

인간은 깨달음이 오기 전에는 불안하고 두렵다. 그러나 일단 선에 의한 깨달음을 가진 순간부터는 진리의 질서에 맞게 살아간다. 깨달음은 엄밀하게 말해서 영적 기운이다. 깨달음은 영적인 영역이기 때문이다. 그래서 깨닫고자 하는 이들은 깨달음이 있을 때 기뻐하지만 감각적인 자들에게 깨달음은 아무런 의미가 없다. 감각에 몰입된 이들은 깨달음이 뭔지를 모른다. 깨달음은 지각의 상태에 따라 주어진다. 이해의 창문이 열리면 진리의 깨달음을 얻게 되고 선한 삶을 살게 된다. 깨달음이 없으면 어두움에서 방황하게 된다. 성경에는 네 속에 있는 빛이 어두우면 그 어둠이 얼마나 심하겠느냐고 했다. 인간은 진리의 깨달음을 통해 삶의 교훈을 얻는다. 진리의 교훈을 받으면 선을 기뻐하는 성향이 생긴다. 선과 진리에 대한 기쁨이 있다면 부드럽고 온화하며 인애와 자비가 생긴다. 그러나 거짓에게 설득 당했다면 난폭하고 가혹하고 분노가 가득하고 잔인하게 된다.

묵상

당신은 에서의 겉옷을 입고 있습니다. 그리고는 축복의 선물을 기다리고 있습니다. 당신은 겉으로 보기에는 착한 척하고 부드러워 보이지만 당신의 속에는 난폭한 여우가 도사리고 있습니다. 모양과 격식은 갖추어 있습니다. 그러나 당신의 모양조차도 당신의 것이 아닙니다. 모두 탈취한 것들입니다. 에서의 사냥하던 옷에서 에서의 향취가 배여 있습니다. 그러나 당신은 에서가 아닙니다. 당신은 자신의 정욕을 위해 뒷거래를 하고 있는 중입니다. 그저 화려한 종교의 분위기가 좋아서 가운을 걸치고 입으로 주문을 외고 있습니다.

당신은 감각으로 즐기고 재미있는 삶을 추구하다가 당신을 감출 수 있는 길을 발견하고는 그 길로 뛰어 들어와 먼저 에서의 옷을 도둑질 하고는 그것으로 축복을 구하고 있습니다. 당신은 겉보기에 선의 모양을 갖추고는 이렇게 주문을 겁니다. '주님이 모든 것을 다 이루셨으니 그저 인간은 축복만을 기대하면 된다' 는 뜻 모를 주문을 되씹고 있습니다. 그러나 당신에게는 진리를 실천할 의지가 전혀 보이지 않습니다.

당신은 조용히 묵상하고 자신을 돌아보아야만 합니다. 당신은 에서의 옷을 입고 있으나 속은 난폭한 정욕이 가득한 여우입니다. 이제 당신에게 필요한 부분은 겸비입니다. 혹시 당신이 겸비할 수 있다면 지옥이 제거되고 이 세상 뿐 아니라 저세상에서도 살 수 있습니다.

당신은 자신 안에 거칠고 타락한 욕심이 남아 있음을 알아야 합니다. 암염소 새끼 가죽으로 자기를 감춤으로 에서가 되고자 했지만 그 속에는 노략질하는 이리가 들어있으며 잔인하고 난폭한 표범과 거짓되고 간교한 뱀이 들어앉아있는 변함없는 야곱일 뿐입니다. 당신은 찬송을 부르고 대표기도를 하지만 그 안에는 강도 만난 자의 상처를 기름과 포도주로 씻겨주고자 하는 마음이 전혀 없습니다. 당신은 사랑을 실천하는 것만이 진리임을 알고 있으나 의지는 없습니다. 당신은 자신이 뭔가 달라져야 하겠다고 여기지만 당신의 오기와 난폭함은 이미 굳어질 대로 굳어져서 기회가 되면 뛰쳐나올 기회를 엿보고 있습니다. 이는 바위틈에서 뱀이 나오는 것과 같습니다. 당신은 진리를 이해한 듯이 말하지만 진리를 실천하고자하는 의지는 없습니다. 당신은 지금 짐승들이 모여 있는 세계로 달려가고 있습니다. 그곳은 퀘퀘한 냄새가 나는 어두운 지옥의 동굴이며 쾌락에 찌든 자들이 이를 갈며 살고 있는 곳입니다. 거짓을 진리로 바꾸는 자들이 모여서 어떻게 하면 거짓을 전파할까를 연구합니다. 이제 당신은 탕자처럼 아버지 집에 돌아갈 때가 되었지 않았나요? 자기의 현실과 처지를 살펴보아야 하지 않을까요? 천국으로부터 바람이 불어와 당신을 새롭게 하야 하지 않나요? 당신 안의 난폭한 짐승을 쫓아내야 하지 않을까요? 당신이 그래도 고집을 부린다면 멀지 않은 심판날 바깥 어두운 데 던져지고 말 것입니다. 그럼에도 아직도 깨닫지 못하고 있으니 더욱 답답하고 안타까울 뿐입니다.

08 이성

> "우리의 형상을 따라 우리의 모양대로
> 우리가 사람을 만들자"(창1:26)

순진무구가 되기 위해서는 이성의 관문을 통과해야 한다. 인간은 이성적 동물이다. 이성은 참과 거짓, 선과 악을 식별하는 능력이다. 고대 철학자들은 이성을 인간과 짐승을 구별하는 기준으로 보았으며 인간을 이성적 동물이라고 하였다. 예로부터 이성은 어둠을 비추는 밝은 빛으로 상징되었다. 데카르트는 모든 사람은 태어날 때부터 평등하게 이성적 능력을 갖고 있으며 이는 자연의 빛이라고 하였다. 칸트는 이성은 욕망에 의한 행위와 반대이고 당위의식에 의한 행위라고 하였다. 그는 인간은 이성으로 도덕적 행위가 가능하다고 말했다.

영국의 문호 셰익스피어(William Shakespeare)는 그의 명작 "햄릿"에서 주인공 햄릿의 입을 통하여 다음과 같은 이성에 대해 예찬하였다.

"인간은 얼마나 위대한 작품인가. 이성은 얼마나 고귀하고, 능력은 얼마나 무한한가. 그 형상과 동작은 얼마나 명확하고 훌륭한가. 행동은 마치 천사와 같고, 이해력은 신과 같다. 세계의 미요 만물의 영장이다!"

인간은 신의 성품을 이어받은 고귀한 이성의 능력을 가졌고 더불어 지상의 모든 창조물보다 뛰어난 존재이다.

인간은 어려서부터 장년에 이르기까지 지적 호기심과 더불어 배움을 통해 이성적 능력이 성장한다. 인간은 이성을 가지고 현실을 분석할 뿐 아니라 결과를 가지고 원인을 규명하기도 한다. 이성은 삶에서 일어나는 대인관계, 윤리와 도덕, 상거래 등 모든 일들을 구분한다.

사실 이성 없이 삶을 유지한다는 것은 불가능하다. 과거 있었던 일로부터 실수를 반복하지 않기 위해서는 이성이 필요하다. 그러나 이성은 천국의 빛이 주어지지 않고서는 확대될 수 없다. 이성은 인간이 스스로 노력하고 애쓰는 만큼 본성에 맞게 주어진다. 그러므로 누구든지 배우고자 하지 않는다면 이성의 능력은 커지지 않는다.

어느 산골에 살고 있는 소년이 성장해서 자수성가를 하여 사업을 일구었거나 교수가 되어 학문적 성과를 이루었거나 세계적인 예술가로 성장한 예는 얼마든지 있다. 이들은 자신의 삶에서 이성적으로 노력과 수고가 뒤따랐기 때문이다. 이들이 이성을 활용하지 않고 위에서 감 떨어지기만을 기다렸다면 이런 결과는 절대로 주어지지 않는다.

이성의 능력은 지적 호기심을 동원하여 배움을 통해서 생겨난다. 이성은 누구든지 노력하면 충분하게 이성의 능력이 주어진다.

주님께서 인간에게 이성을 주신 것은 자유로운 상태에서 이성적 선택에 의한 삶을 살아가도록 하기 위함이다.

기독교철학자 C.S 루이스는 "이 우주에는 중립적인 것은 단 하나도 존재하지 않는다. 한 뼘의 땅, 1초의 시간도 다 하나님의 소유이며 사탄은 그것을 공격하고 있다."

진정한 자유는 하나님과 악마 사이의 정중앙에 서는 것이다. 우리는 어느 쪽이든 선택을 해야 한다. 만일 인간에게 이성의 능력이 주어지지 않았다면 선과 악을 분별하는 일과 선택하는 힘도 없을 것이다. 자신에게 이성적 능력의 성장을 위해서 애쓰지도 않을 것이다.

그러므로 이성은 그의 본능과 성품에 맞게 주어진다. 그가 건강한 마음을 갖고 있다면 이성의 성장이 오고 마음이 부패되었다면 그만큼 이성은 결핍 상태가 된다. 우리는 이런 현상을 주변에서 많이 보게 된다. 흔히 알코올 중독자로써 이성적이 되지 못하고 술과 더불어 인생을 허비하고 삶의 균형이 깨어지고 선을 행하고자 하는 의지가 없고 앞뒤가 맞지 않는 말을 내뱉고 자신의 삶에 대해 책임지지 않는 행동을 하는 경우를 본다. 이성적 능력이 약해진 것이다. 결국 이성은 마음 상태에 따라서 주어진다.

진리의 그릇

이성은 정도 차이에 따라서 진리를 담는다. 그것은 이성이 없는 자들을 보면 알 수 있다. 이성적 분별없이 행동하는 자는 작은 일에 감정을 폭발하고 제 멋대로 분별없이 행동하고 말을 함부로 하고 무작위로 성관계를 맺고 인생에 책임을 지지 않는다. 대체로 이성적이지 않은 인간은 인생을 바르게 살고자 하지 않는다. 이들은 심사숙고하거나 사려 깊지 못한 행동을 한다. 그저 쾌락적 감각에 의존하여 짐승처럼 살아간다. 이런 자는 바르게 살려는 마음이 없고 선하게 살고자 하는 의지도 없다. 장년이 되었음에도 불구하고 이성적으로 행동하지 않거나 이성적 능력이 미미한 인간은 거듭남이 없거나 선함을 기대할 수가 없다. 이성에 진리를 담지 않았기 때문이다.

그러나 이성의 그릇에 진리를 담은 자는 선악을 구분하며 자신의 말과 행동에 책임을 지고자 하며 선을 분별하며 상대방의 입장을 고려한다. 이것은 이성과 일치하게 진리가 담겨 있기 때문이다. 그러므로 이성은 진리를 담은 정도에 의해 선용을 이룬다. 나는 내가 만난 두 종류의 사람을 보았다.

하나는 이성적인 인간이다. 이 여성의 남편은 젊어서부터 시력을 잃어버렸다. 남편은 밥 먹는 것과 세수하는 것, 거동하는 모든 일상을 누군가의 도움을 필요로 했다. 이 여성은 남편의 곁에서 남편을 도와주며 챙겨 주었다. 오히려 이 일을 당연하게 받아들이고 자신에게 주어진 책임으로 알고 있으며 남편에게 짜증을 내지 않았다.

그녀는 수십년 동안 그렇게 남편을 위해 헌신적으로 희생했지만 감정적으로 대응하지 않았다. 오히려 남편의 마음에 상처를 걱정하여 매사에 조심스럽게 행동하였다. 나는 이 여성에게 물어보았다. "어떻게 그렇게 남편에게 헌신할 수 있습니까?" 이 여성은 내게 대답했다. "그럼 어떻게 해요. 당연히 해야 하니까요."라고 별 것 아닌 것처럼 단순하게 대답했다. 나는 속으로 생각했다. "아! 선한 자는 자신의 선한 행위를 대단한 것으로 여기지 않고 그저 할 일을 했을 뿐이라고 여기는구나." 이분을 보면서 나는 이분은 하나의 진주라고 생각했다. 주어진 자리에서 묵묵하게 희생하면서 살아가는 그녀의 삶이야말로 진주 같은 삶이라고 여겼다.

조개는 두꺼운 껍질 속에 들어앉아 있을 동안에는 평안하고 안전하다. 그러나 시험과 재난에서 구원의 성숙을 위해서 자신의 고통을 감내할 때 진주가 탄생한다. 그러므로 진주가 의미하는 바는 희생적 지혜의 산물이다.

주님은 천국에 대해서 말하기를 진주를 구하는 장사와 같다고 하셨다. "천국은 마치 좋은 진주를 구하는 장사와 같으니 극히 값진 진주 하나를 발견하매 가서 자기의 소유를 다 팔아 그 진주를 사느니라."(마 13:45-46) 이는 시험을 통해서 자신의 약함을 깨닫고 그것을 수용하고 받아들여 깨달음을 통해 얻어진 진리의 발견이다. 이것이 천국의 진주 문이다. 천국이 열두 진주 문으로 이루어졌다는 것은 자기 십자가를 지고서야 들어갈 수 있음을 의미한다. 주님은 진주와 반대되는 삶을 말할 때 다음과 같이 말씀하셨다. "너희 진주를 돼지 앞에 던지지 말라 그들이 그것을 발로 밟고 돌이켜 너희를 찢어 상하게 할까 염려하라."(마7:6)

진주처럼 희생적으로 구원을 이루어가다가 돼지와 같은 욕심에 사로잡히게 되면 마치 강도만난 사람처럼 인생이 찢겨진다는 것을 경고하신다. 인간은 둘 중의 하나를 선택해야 한다. 진주 아니면 돼지이다. 즉 희생적인 삶을 통한 구원의 성취이냐 아니면 감각과 쾌락에 빠져들 것인가 하는 것이다. 고통을 숙명으로 알고 받아들이는 것과 나태와 욕심을 따를 것인가이다.

그런가 하면 그 반대의 인간이다. 이성적이지 못한 여성에 대해 남편의 하소연을 들었다. 남편은 중국식당에서 일을 하는 주방장이다. 남편은 하루 12시간을 불 앞에서 불판을 들고 고되게 일을 한다. 그러나 부인은 그렇지 못했다. 남편 없는 시간에 무료함을 자신의 쾌락을 위해 사용했다. 그녀는 어린 자녀를 학대하고 돌보지 않았으며 술에 취해 집에 밤늦게 들어오거나 새벽에 들어오기 다반사였다. 오히려 아이들이 엄마가 다른 남자와 한 일을 아빠에게 일러주었다. 남편이 왜 다른 남자를 만나느냐고 묻자 오히려 말하기를 '그럼 너도 만나면 되잖아!' 하고 소리쳤다. 이 여성은 한마디로 인간의 도리와 질서를 잃어버리고 짐승처럼 살아가는 여성이다.

길게 말할 필요 없이 주변에 이런 여성은 수로 헤아릴 수 없이 많다. 반대로 남자가 이성적이지 못하게 폭력적으로 행동하는 경우도 얼마든지 많이 있다. 만일 남자와 여자 둘 다 이성적이 못하거나 둘 다 이성적인 경우도 많이 보았다. 한 편이 이성을 가지지 못하다면 다른 한편은 많은 고통이 따라온다. 이성은 진리를 담는 그릇이다. 그러므로 이성적이라는 것은 진리의 정도 차이에 따라 다르다.

만일 이성이 진리를 담고 있다면 선용을 할 수 있는 상태가 된다. 그러므로 인간은 이성을 활용하여 진리를 담고자 하는 노력을 해야 한다. 그러면 선용을 하는 기회가 열리게 된다. 성경의 많은 구절에서도 사람이 이성적이 될 것을 말하고 있다.

이성적으로 살아가는 살아가는 사람은 좀더 객관성을 유지하고자 애쓰고 자신의 내면을 성찰하고자 하는 통찰력을 얻고자 한다. 이는 이성이 주는 선물이다.

기억과 이성

이성은 기억을 기초로 선과 악을 파악하는 눈을 가지고 있다. 인간이 잘못된 기억을 가지고 있거나 거짓된 것을 믿고 있다면 이성은 잘못된 것을 판단할 수밖에 없다. 만일 이렇게 된다면 인간은 이성으로 인해 왜곡된 길로 접어들게 된다. 어느 50대 여성은 초등학교 5학년 때, 꿈에 할아버지가 상여 타고 나타난 장면을 기억하고는 나에게 이렇게 말했다. "나는 그 때 할아버지가 나를 잡아가려고 했어요. 그런데 아직도 이렇게 살아 있어요." 나는 이 여성의 왜곡된 기억을 재해석하도록 도와주었다. 그녀가 할아버지에 대한 좋은 기억을 떠올리고는 말하기를 "할아버지는 나에게 좋은 것을 선물을 주려고 찾아왔어요."라고 말했다. 왜곡된 기억은 주관적인 해석을 하고 거짓에 휩싸이게 만든다. 그러므로 기억은 이성을 섬기는 역할을 한다.

앞에서 이성은 어느 정도 진리를 담는다고 했는데 그것은 양심보다는 못하다. 양심과 이성은 진리를 담는 정도의 차이가 있다.

그러므로 잘못된 기억을 가지고 이성적으로 행동하는 것과 양심으로 행동하는 것과는 확연하게 다르다. 왜곡된 기억을 가지고 이성이 활동하면 잘못된 길로 빠질 수 있지만 양심이 작동하면 잘못된 길로 갈 때 양심의 가책이 주어진다. 그리고 양심을 무마하지 않는 한 양심은 계속해서 소리를 친다.

이성은 순수해야 한다. 이성이 순수한 만큼 진리의 그릇은 확대되고 선용하기 위해 노력하게 된다. 이성이 순수한 것은 그만큼 진리가 있다는 것이며 이성이 순수하지 못한 것은 감각에 깊이 빠져있거나 왜곡된 기억을 가지고 있다는 것이다. 인간은 자신의 모든 행위와 삶을 이성에게만 의지하지 않는다. 왜냐하면 이성이 진리와 연합이 될 때만이 그 이성을 믿을 수 있기 때문이다.

그러나 이성 자체를 불신하거나 따르지 않고 감각에 치우친다면 인간은 선로를 이탈한 기차와 같이 탈선하고 만다. 결국 파멸로 치닫게 된다. 가끔 권력을 소유한 자들의 경우, 이성을 버리고 감각에 도취되어 제멋대로 길을 걷는 경우를 본다. 그들은 자신이 이성적이지 않아도 그들의 명령에 복종하는 이들이 늘어나고, 주변에 아부하는 이들이 그를 이성의 눈을 어둡게 만들어 그를 이용해서 자기들의 이익을 추구한다. 그래서 권력을 남용하여 돌이킬 수 없는 파멸로 가게 되는데 눈이 어두운 지도자의 결국이다. 이는 크게는 국가에서부터 교회, 가정에 이르기까지 거짓을 담은 순수하지 못한 이성이 왕 노릇하거나 이성을 무시한 이들이 어떻게 서서히 그들의 세계를 어떻게 펼치고 파멸해 가는지를 보면 확실하게 알 수 있다.

진리와 이성

우리는 성경을 보면서 그 의미와 뜻을 알고자 한다. 성경을 보는 사람이 단지 문자에만 치중하여 읽는다면 성경의 의미와 뜻을 하나도 분별할 수 없다. 문자 자체에 진리가 있다고 여긴다면 그는 전혀 이성적이라고 말할 수 없다. 성경의 문자속의 뜻을 이해하고 해석하여 어떻게 삶에 실천할 것인지를 실행에 옮겨야 한다. 그래서 성경은 여러 문자로 번역되어 출판된다. 그러나 성경을 가지고 욕심과 자기만족을 위한 도구로 인용하거나 주장한다면 더 큰 위험에 빠질 수 있다. 오늘 어떤 이들은 특정한 구절을 가지고 자신에게 특별히 주님이 주신 계시적 말씀이라고 주장하면서 마치 자신이 특별한 존재인 것처럼 떠드는 이들이 있다. 그러나 신실하게 주님을 따르고자 하는 이들은 순수한 마음과 겸손을 유지한다.

광부는 보석을 찾기 위해 지하갱도에 들어가서 그곳에서 돌을 캐내야 하고 그리고 돌을 깨뜨려서 보석이 있는지를 찾는다. 그리고 보석을 갈고 닦아서 빛을 통과시킨다. 땅속의 묻혀있는 광석을 보석이라고 하는 것은 빛의 투영되어 나타나는 빛깔로 구분한다. 보석이 빛으로 투영되는 것처럼 이성은 진리의 빛 없이는 자체적으로는 발광할 수 없다. 그러므로 이성은 진리를 수용해야 한다. 인간이 선하게 살고자 하는 목적을 가지고 진리를 알고자 한다면 이성은 진리를 깨닫게 되고 선용하게 된다.

성경을 대할 때 이러한 목적과 깨달음이 없으면 성경의 의미를 이해하지 못하고 선을 행할 수 없다. 그러므로 선을 위한 목적 없이는 진리의 깨달음이란 주어지지 않는다.

이성은 내적인 것과 외적인 것으로 구분한다. 외적 이성은 기억에서 비롯된 이성이고 내적 이성은 영적 의미에서 비롯된 이성이다. 내적 이성을 가진 자는 자연과 성경 속에서 깊은 의미를 찾는다. 예를 들어 내적 이성이 작동하면 사람의 생명은 사후에 존재한다는 것과 생명은 사랑과 일치한다는 것 그리고 하늘나라는 주님사랑과 이웃사랑의 나라라는 것을 알게 된다. 또한 외적 이성은 이미 익숙한 기억에 의해 신념을 주장한다. 그러므로 자칫 외적이성으로만 사물을 본다면 억지주장을 할 수도 있다. 왜냐하면 그의 기억이 감각에 물들어 있어서 감각과 기억에 의존된 신념을 가지고 진리라고 말하기 때문이다. 이들은 마치 장님이 코끼리 다리를 만지고는 감각적 기억에 의해 코끼리는 큰 기둥 같다고 주장하는 것과 같다.

외적이성으로만 세상을 살아가는 이들 중에는 자기욕심에 맞는 거짓을 진리로 믿고 어리석은 자들을 감각적 이성으로 설득하고 자기 신념에 따르도록 강요한다. 그러나 내적이성은 깨달음에 의한 이성이다.

사람이 출생할 때에는 짐승보다 미련하지만 교육에 의해 이성을 갖게 되고 성숙하게 된다. 원숭이나 고릴라는 사람의 얼굴을 가지고 있지만 이성적으로 행동하지 못한다.

짐승은 소리로 감정을 표현하지만 사람은 언어로 자신의 생각과 감정을 표현한다. 사람은 이성에 의해 올바른 것이 무엇인지를 이해하고 선을 행하는 능력이 있다.

그러므로 만일 사람이 선을 행하고자 하는 마음이 없고 진리를 이해하고자 하지 않는다면 사람이라고 말할 수 없을 것이다. 사람은 이성을 가지고 행하는 덕목으로 평가받기 때문이다.

예컨대, 공무원은 공정하게 행정관리를 하며 교사는 학식과 인격으로 학생을 지도하며 종교지도자는 진리를 전하고 군대 지휘관은 전술로 상인들은 정직함으로 노동자는 충성심으로 보석은 희귀한 가치 때문에 사랑을 받는다.

09 양심

> "밤마다 내 양심이
> 나를 교훈하도다"(시 16:7)

인간이 순진무구하게 될수록 양심은 더욱 밝아진다. 양심은 인간으로써 당연히 지켜야 하는 선, 진리, 공정, 의를 위한 내적 명령이다. 양심은 인간으로 하여금 선을 행하도록 이끈다. 인간이 악을 행할 때 양심이 나서서 가로 막는다. 양심은 선을 목표하기 때문이다.

어떤 이가 아무도 보는 이가 없는 길에서 돈 가방을 주웠다. 그는 가방 속에 들어있는 많은 돈을 보고는 갖고 싶은 욕심이 생겼다. 그러나 마음 한구석에서는 이를 허락하지 않고 주인에게 돌려주라고 소리치고 있었다. 그는 마음의 소리에 귀를 기울이고 주인을 찾아 돈을 돌려주었다. 그리고 나서야 마음에 평안이 찾아왔다. 이것이 양심이다.

인간이 양심에 따라 행동하면 평안을 얻고, 양심에 저촉이 되면 불안이 생긴다. 이를 두고 양심의 가책이라 부른다. 양심의 가책은 신의 계명을 어기거나 이웃에게 해를 끼치거나 악을 행했을 때 생기는 존재적인 불안이다. 사람이 어떤 생각을 할 때 불안이 느껴진다면 양심이 발동했기 때문이다. 양심의 고통은 선과 진리의 박탈로 인한 고통이다.

양심은 의지적으로 선한 행동을 하도록 하고 악한 행동을 금지한다. 양심은 언제나 선으로 이끌고 바르게 행동하도록 한다. 양심의 특성을 분류해보면

첫째 양심은 믿음과 행위가 일치된다. 양심적으로 행동한다는 것은 믿음에 따라 행동하는 것이다. 믿음과 행위를 분리하는 것은 양심이 허용하지 않는다. 양심은 자신의 믿음과 함께 삶이 이루어지기를 원한다. 양심은 타인에 대한 행위를 마음에서 규정한다. 양심은 타인의 이익을 구한다. 양심이 없는 인간은 자신의 이익을 위해 마음의 규율을 무시한다. 즉 믿음과 행위의 불일치이다. 마음과 행동의 불일치는 양심을 무시한 증거이다. 양심 무시를 반복하면 양심이 소멸된다. 양심을 무디게 하는 행위를 반복하는 자를 성경에서는 '용' 이라고 한다.

둘째 양심은 종교적이다. 양심은 신과 인간 사이의 중간 매체이다. 종교의 목적은 인간으로 하여금 선을 행하도록 하는데 있다. 그래서 종교는 진리를 제시한다. 양심도 역시 선을 목표로 하기 때문에 종교에 속해 있고 진리에 의해 형성된다.

그러므로 양심이 생성되기 위해서는 진리를 순수하게 배우고 행해야 한다. 사람에게 진리가 있는지를 알고자 한다면 양심을 살펴보면 안다. 진리에 대해 눈을 뜬 사람은 그렇지 못한 사람들에 비해 더 큰 양심이 주어지기 때문이다. 인간은 마음에 진리를 수용하는 정도에 따라 양심은 형성된다. 고로 양심은 천국의 그릇이다. 인간에게 양심이 무디거나 문

제가 생겼다면 천국을 받아들일 수 없는 상태가 되었음을 말해준다.

세 번째 주님은 양심으로 사람을 다스리신다. 주님께서 인간을 다스리는 양심의 영역이 있다.

첫째는 신적인 양심 둘째는 법적인 양심 셋째는 세상적 양심이다. 양심은 거듭난 인간에게 주시는 의지의 산물이다. 사람이 거듭나면 먼저 양심이 살아난다. 그러나 진리를 지식으로만 갖고 있으면서 실천하지 않는 사람은 양심이 없다. 또한 남에게 보이기 위해 선을 행하는 사람도 양심이 없다. 양심은 주님께서 주시는 새 의지와 새 이해이다.

양심은 선을 목표로 하기 때문에 주님은 양심의 불을 밝힘으로 사람을 인도하신다. 양심이 결여된 자들은 마음에서 들려오는 양심의 소리에는 관심이 없고 오로지 눈에 보이는 감각적인 세계와 기억된 사실만 말한다. 양심이 없는 사람은 재물을 잃을 것에 대한 두려움만 있다.

네 번째 양심에는 선한 양심과 바른 양심이 있다. 선한 양심은 속사람의 양심이고 바른 양심은 겉사람의 양심이다. 선한 양심은 의지적이지만 바른 양심은 이해적이다. 선한 양심을 가진 사람은 반드시 바른 양심을 가진다. 바른 양심에는 선한 양심을 받는 기능이 있어서 진리를 제대로 배운다면 선한 양심을 받을 수 있다.

양심에는 내적인 것과 외적인 것이 있다. 내적인 양심은 선과 진리의 양심이고 외적인 양심은 공정한 양심이다. 사람이 진리를 사랑하면 양심이 살아난다. 그리고는 선한 일을 하게 된다.

다섯 번째 양심은 거듭난 인간의 새로운 의지이다. 거듭난 인간은 양심에 의해 옳은 일을 한다. 거듭나지 못한 인간은 어떻게 하든 양심을 누르고자 한다. 양심에는 영적 생명이 들어있다. 양심에 가책되어 행동하면 생명에 거슬린다. 양심에 따라 선하고 바른 것을 행하면 생명이 있다.

사후 악한 자들은 양심에 의하여 형벌을 받을 수 없다. 왜냐하면 그들은 양심이 없기 때문이다. 세상에서 양심이 없다면 저세상에서도 마찬가지이다. 그러므로 지옥에 있는 인간은 세상에서 범한 악에 대하여 아무런 양심의 가책을 느끼지 않는다.

여섯 째 양심이 없는 사람은 양심이 무엇인지 모른다. 또 양심을 비웃는 사람도 있다. 이들은 양심에 대해 말하기를 부모로부터 배운 것이라고 하기도 하고 종교 때문이라고 말한다. 또한 양심이 있는지 조차 모르고 살아가는 사람도 많다.

인간은 처음 죄를 짓게 되면 양심의 가책으로 불안이 찾아든다. 양심의 소리를 들을 때 인간은 둘 중 하나를 선택해야 한다. 하나는 양심의 소리를 따르든지 다른 하나는 양심을 내리 누르든지 한다. 만일 양심을 무시하고 죄를 짓게 되면 시간이 지나면서 양심은 소멸되고 가책을 느끼지 못한다. 그리고는 죄가 주는 달콤함과 매력과 긴장감과 즐거움에 도취되어 내적인 소리를 들으려고 하지 않는다. 그리고 양심의 가책을 무마하기 위해 외적인 일에 관심을 쏟는다. 남자는 일에 여자는 외모와 친구 만나서 한담하는 일에 모든 관심을 다 쏟는다. 그리고는 자신의 어려운 점을 동류들과 공유하면서 죄를 합리화한다.

자신이 이럴 수밖에 이유를 그럴듯하게 포장하고 변명을 만들어낸다. 이들은 외적으로는 타인에게 성실하게 보이려고 외모나 행위를 그럴싸하게 포장한다. 그러나 속에서는 양심의 가책이 어느새 올라온다. 그러나 그것도 시간이 지나면서 어느 정도 퇴색해 버린다. 시간이 갈수록 인간은 왠지 모를 두려움에 사로잡히고 조급함이 늘어난다. 결국 이들은 새로운 결정을 내린다. 자신의 거짓된 행위를 포장으로 그치는 것이 아니라 올바른 것으로 바꾸어 놓고자 한다. 그래서 결국 더 큰 죄를 모의하고 생각해내고 간악한 행위를 서슴없이 저지르게 된다. 처음에 양심의 가책에서 돌이키지 않은 것이 시간이 지날수록 구덩이는 죄악의 구덩이로 변하게 된다. 우리나라 속담에 바늘도둑이 소도둑이 된다는 말이 있다. 양심의 소리를 거부한 결과 자기 죄를 인정받고 합법화하려고 하고 이제는 양심이 굳어져버려 뻔뻔함에 이른다.

인간이 양심소멸이 되기까지 많은 시간이 흘러버렸다, 모두다 양심의 소리를 무시한 결과이다. 인간은 자신의 행위를 감추거나 합리화하여 그것이 올바른 선택이라고 타인에게 증명하고 싶어 한다. 예컨대 차량 사고가 나서 상대방에게 피해를 주었을 경우 인간은 보험이라는 제도를 만들어서 피해 보상을 해주면 모든 것이 다 해결된 것처럼 안위한다. 위안부 문제를 해결하는 것도 마찬가지이다. 피해보상금이면 모든 문제가 깨끗하게 해결된 것처럼 위로를 삼는다. 그러나 양심은 외적인 문제를 보상으로 해결되었다고 보지 않는다. 양심은 내적인 선을 목표로 하기 때문에 외적인 합리화나 포장으로 문제 해결을 보지 않는다. 양심은 믿음과 선의 행위가 일치하지 않으면 외적으로 보상이 되었다고 하더라도 양심의 소리는 끊임없이 소리친다.

죄를 짓는 이들은 이런 양심의 소리를 잠재우기 위해 자신의 처지에 용기를 줄만한 내용의 구절을 반복하거나 누군가 용기를 주는 말을 했을 때 솔깃하지만 결국 죄와 더욱 밀착된 경지에 이르고 자아애를 더욱 부풀리게 되어 양심의 소리를 없앤다. 이들은 외적인 증거가 없으면 아무런 문제가 없다고 여긴다.

양심은 주님이 부여한 마음의 법이며 천국과 지옥이 갈리게 된다. 천국은 양심이 있는 자들의 모임이며 지옥은 양심 없는 자들의 모임이다. 결국 선한 사람은 양심을 가지고 있지만 악한 사람에게는 양심이 없다.

일곱 번째 양심의 고통은 선과 악의 싸움에서 온다. 인간은 거대한 힘을 가진 두 세력의 싸움이 있다. 진리와 거짓, 선과 악의 싸움이다. 천사는 양심을 세우고자 하지만 악마는 양심을 파괴하려고 시도한다. 인간이 어떤 잘못된 행동을 할지라도 양심의 고통 없이 살아가도록 하는 것이 악마의 목표이다. 고로 양심이 공격 받는 것은 내적인 시험이다.

사람에게 자유가 주어졌으나 무엇이든 말하고 행동하는 자유는 없다. 세상에는 법이 있기 때문이다. 사람들은 법에 맞게 살아가려고 애를 쓰면서 법을 귀찮아한다. 만일 인간에게 행동을 제재하는 법이 없다면 악한 자들은 제멋대로 악을 자행할 것이다. 인간은 이성을 가지고 자유를 누리면서 살아간다.

만일 사람이 도덕적인 지식을 배우면 이해의 눈이 뜨여져서 악의 정체가 보인다. 그렇지 않으면 사람들은 악에 대하여 전혀 모르게 된다. 만일 어떤 사람이 바르게 살고자 하는 이해가 생기면 곧 얼마 가지 않아서 악과 부딪혀 싸움이 일어난다. 이때 양심은 악을 볼 수 있는 이해력을 주는 강력한 동기가 된다. 결국 이성과 양심으로 인하여 선이 이기면 악은 거짓과 함께 가장자리로 밀려나게 된다.

묵상

에덴! 그곳은 하늘과 가장 가까운 곳, 사람들은 사랑으로 주님을 이해했으며 이웃을 대할 때 사랑의 눈으로 쳐다보았다. 선한 마음으로 주님과 교제한 곳, 선한 마음으로 진리를 배우고 살았던 그곳은 에덴이다. 사람들은 하늘의 지혜가 넘쳤으며 뛰어난 지각으로 주님과 대화했다.

그러나 인간에게 선이 사라지고 지각은 어두워지고 순수가 파괴되어 사람은 악을 먹고 사는 땅의 존재가 되고 말았다.

이전의 사랑의 기쁨은 사라지고 하늘의 음성은 사랑이 아닌 글로써 받아들여야만 했다. 인간의 양심은 어두움 속에 덮여 버리고 흑암의 적막만이 가득하였다. 그리하여 인간은 들 나귀처럼 날뛰고 이리떼처럼 쾌락에 몰려다니고 메뚜기처럼 거짓 사상으로 가득하고 부엉이처럼 어둠 속에서 살며 사자처럼 누군가를 지배하며 왕 노릇하고자 하였다.

이들은 지옥 구덩이의 거짓의 연기를 마시고 살면서 누군가를 설득하고자 한다. 그 독을 마시는 자는 술에 취한 자처럼 비틀거리며 음란과 정욕과 소금기둥의 황폐함으로 살고 있다. 이들은 잎만 무성한 무화과들이며 악독이 극에 달한 자이다.

그럼에도 불구하고 주님은 은혜를 베풀어 이들에게 가죽옷을 입히고 선을 깨닫도록 하시니 너무나 큰 은혜이다.

생명이 무엇인가? 생명은 천국에서 영들과 더불어 살아갈 수 있도록 하는 영혼의 상태이다. 이후에 우리는 생명상태에 따라 무수한 별과 같이 많은 어느 한 사회에 들어간다. 생명의 제일 원인이 되시는 생명의 주인, 선하신 분이며 회전하는 그림자도 없고 가히 측량할 수 없고 헤아릴 수 없는 그분이 주신 생명을 받아 나는 존재할 뿐이다. 그러나 어리석게도 나는 생명이 내 것인 줄?여기고 늘 착각한다.

생명이 무엇인가? 생명은 사랑과 지혜로 이루어진 사람이다. 사랑은 곧 생명이고 지혜는 생명의 그릇이다. 하나님의 형상과 모양대로 창조된 인간은 지혜와 사랑으로 삶을 살아야 하는 달란트를 부여받았다. 어떻게 사는가에 따라 얼굴에서 사랑이 드러나고 몸짓에서 지혜가 묻어날 것이다. 사랑과 지혜를 사모하는 자는 그것을 본다.

주님은 사람에게 생명을 주시기 위해 그분의 거처를 사람 안에 두셔야 했다. 사랑과 지혜를 담기 위해서 사람 안에 의지와 이해를 주셨다.

천사들은 무엇을 사랑하는가? 악마는 무엇을 사랑하는가? 둘 다 사랑의 형체들이다. 천사는 주님을 사랑하고 악마는 자기를 사랑한다. 천사는 진리를 따르고 악마는 거짓을 숭배한다. 천사의 모습은 아름다우나 악마의 모습은 흉악스럽다.

아! 생명, 내가 어떻게 살아야할지, 무엇을 목적으로 살아가야할지, 뭐부터 해야할지 아는가?

10 지각

"취한 자같이 비틀거리니 그들의 모든
지각이 혼돈속에 빠지는도다"(시107:27)

지각이란

순진무구 상태에는 반드시 지각이 주어진다. 지각은 내적 감각으로
진리를 아는 기능이다. 지각이 있는 자는 사람의 행동이나 태도에서 질
적인 수준을 알아차린다. 지각은 선에서 비롯되었다. 지각은 선한 자의
사아이다. 그러나 지각이 자신의 것이라고 여기는 순간 지각을 가질 수
없다. 선이 자기의 것이라고 주장하는 순간 자아애가 작동하여 스스로
높아지기 때문이다. 성경에는 하나님은 인간에게 지각을 주셨다고 말씀
한다.

"하나님의 아들이 오셔서, 그 참되신 분을 알 수 있도록, 우리에게 지
각을 주신 것을 우리는 압니다. 우리는 그 참되신 분 곧 하나님의 아들
예수 그리스도 안에 있습니다. 이 분이 참 하나님이시요, 영원한 생명이

십니다."(요일서5:20)

인간에게는 정보를 받아들이는 안테나가 있다. 첫째는 몸을 둘러싼 피부를 통한 오감이다. 그리고 합리적인 판단과 이성이다. 그리고 좀 더 내적인 상태로 접어들면 양심이다. 가장 깊은 단계에는 지각이다.

지각은 가장 높은 이해의 기능이다. 이런 지각은 에덴동산의 아담에게 통용되었던 기능이다. 인간이 선한 삶을 사는 것은 생각 속에 지각이 들어오기 때문이다. 지각은 생각 속에 선을 일으킨다. 지각은 사람과 함께 하는 천사의 언어와 생각이다.

아담과 하와는 지각이 있음으로 주께서 말씀하시는 소리를 들었다. 그들은 선을 가지고 주님과 교제하였다. "주 하나님이 사람에게 명하셨다. 동산에 있는 모든 나무의 열매는 네가 먹고 싶은 대로 먹어라."(창 2:16) 동산에 있는 모든 나무는 지각을 상징한다. 그 시절 사람들은 지각으로 주님과 교제하였다. '벗었으나 부끄럽지 아니하다' 의 상태는 지각에 의해서 사랑하며 살았음을 의미한다. 그들은 천사처럼 세상만물을 이해하고 선과 진리가 무엇인지를 깨달았다. 지각은 주님사랑과 이웃사랑을 하도록 이끈다.

지각의 능력은 아주 사소하고 작은 일속에서 그 속에 숨어있는 깊은 의미를 파악한다. 지각은 선의 눈으로 진리를 아는 기능이다. 선한 자들은 지각으로 세상에서 진리와 정욕을 구별한다. 사람은 주님의 사랑을 받아들이는 정도에 일치하게 지각이 주어진다. 지각은 사랑과 함께 주어진다. 그러므로 지각이 있는 자는 선의 의도로써 진리를 인식한다. 지각에는 순수한 의도가 있으며 선을 실천하고 이웃을 사랑한다.

세상은 안개가 끼인 것처럼 흐릿하다. 살아가면서 이 일이 진리에 합당한 일인지 아닌지를 구분하기란 쉽지 않다. 그래서 '주님의 뜻이 어디에 있는지 언제나 알고 싶어 한다. 인간들은 앞에서는 이런 말을 하고 뒤에 가서는 다른 소리를 한다. 또 언제 변할지 알 수 없다. 그래서 현대인들은 미래의 불확실성 때문에 그에 대한 계약서를 분명하게 작성한다. 법적인 장치를 하지 않으면 불이익을 당할 수도 있기 때문이다.

시간이 지나면서 모든 것이 흐릿하고 변해가기 때문에 그로인해 분쟁이 생긴다. 현대인은 불안하기 때문에 혹시라도 있을 문제에 대비하기 위해 상대방에 대해 추론을 하게 된다. 지각이 있는 자는 진리를 정확하게 분별하기 때문에 선을 어떻게 행할 지를 분명하게 안다.

지각이 있는 자가 진리에 대해 의심이 날 경우에는 그것을 확대하거나 축소하지 않고 단순하게 '예' 하거나 '아니오' 라고 말한다. 진리가 이럴 것이라고 추론하지 않는다. 모든 면에 분명하다. 그만큼 지각은 사물을 보는 시각이 뛰어나고 모호하지 않다.

지각에 의한 삶

주님은 인간에게 말씀하신다. 주님께서 인간에게 말씀하실 때 인간은 무엇으로 그 의미를 알 수 있는가? 에덴의 시민들은 무엇으로 주님의 뜻을 알게 되었을까?

그것은 마음속에 있는 지각이다. 주님은 인간에게 지각의 능력을 주셨다. 지각은 선을 근거로 이루어졌으며 주님의 사랑으로 채워져 있다. 그 시대 사람들은 지각으로 주님의 음성을 알아듣고 대화를 하였다. 그들은 지각이 아주 뛰어났으며 지각이 삶을 살아가는 판단의 근거였다.

"주 하나님이 사람에게 명하셨다. 동산에 있는 모든 나무의 열매는 네가 먹고 싶은 대로 먹어라."

이 말씀의 의미는 인간은 지각을 가지고 살게 되었다는 것을 의미한다. 동산나무의 열매를 먹는다는 것은 지각에 의해서 살아가는 인간의 모습을 말한다. 이런 지각이 삶의 지배원칙이 되어서 거짓이라고 여길 때는 직감적으로 거부했다. 한마디로 천사와 같은 상태라고 볼 수 있다. 지각에 의해 죄악 되고 거짓된 것은 모양이라도 싫어하는 상태가 되었다. 지각도 그 종류에 따라 다양하고 차이가 있다. 고대 인간들은 자기 가족의 지각을 보전하기위해 종족과 가문끼리 혼인을 하였다. 집안마다 지각의 수준이 다르기 때문이다.

지각에는 주님사랑과 이웃사랑이 있다. 주님사랑과 이웃사랑이 없다면 지각은 소멸될 수밖에 없다. 주님사랑과 이웃사랑이 남아있으면 지각도 존재한다. 그러므로 태초의 인간은 지각에 의해서 신에 대한 사랑으로 이웃과의 관계를 유지하는 삶의 비결을 배웠다.

아담과 하와는 주님께서 주신 지각에 의해 선과 진리를 정확하게 이해하였다. 그들은 모든 매사를 지각에 의해서 판단하고 사랑을 실천하며 살았다. 이들은 선행하는 삶에서 행복과 기쁨을 느끼고 생명을 얻었다. 지각과 선행이 일치되었다. 주님의 형상과 모양대로 지음 받은 인간은 선행으로 열매를 맺는 삶을 이루게 되었다. 선행은 선행으로 이어지고 인간들은 더욱 생명이 풍성해졌다. 이는 주님께서 그들에게 부여하신 능력을 지각에 의해 충분하게 받아들인 결과이다. 그러던 인간이 점차로 사랑은 약해지고 지각은 소멸되어 갔다.

아담과 하와가 선악과를 먹고 에덴에서 쫓겨 났다는 것의 의미는 지각이 상실되었다는 의미와 상통한다. 홍수이후 지각이 상실된 인간에게 자리 잡을 수 있는 것은 양심뿐이었다. 이전에는 지각으로 주님과의 관계가 이루어졌는데 지각이 무너지게 되자 그 자리를 양심이 차지하게 되었다.

양심적인 삶은 지각보다는 못하지만 그 속에 진리를 담고 있다. 양심에 의한 삶은 양심의 소리에 귀를 기울이고 믿음으로 순종한다. 인간에게는 지각 대신에 양심, 사랑 대신에 믿음이 대신하게 된다. 양심은 내적인 명령이다. 명령에는 순종을 해야 한다. 사랑의 관계에서 순종의 관계로 넘어오게 되었다.

동기가 자발적인데서 비자발적으로 접어들었다. 예컨대, 아버지의 말씀을 듣고 사랑에 의해 행동하는 아이가 있는가 하면 양심의 가책에 의해 마지못해 듣는 아이가 있다. 아내가 남편을 사랑하는 마음으로 음식을 준비하고 남편을 대접할 수 있다. 그러나 부부라는 이름을 갖고 있기 때문에 마지못해 음식을 준비할 수도 있다. 사랑으로 움직인다는 것은 동기로 인해서 기쁜 마음으로 움직였다는 것을 의미한다.

양심에 의해서 움직인다는 것은 내적인 마음의 규율에 의해 움직이는 것이기 때문에 강제적이지는 않다. 그러나 자원하는 동기는 지각에 의한 사랑보다는 훨씬 미치지 못한다. 그러나 내적명령이 사라지고 소멸되면서 외적인 명령이 주어지게 되었다. 그것은 법이다.

양심이 미약해지면서 규율과 법에 의해 인간은 질서를 유지하면서 살아가게 된다. 외부적인 명령은 문자적 규율이다. 문자는 사랑을 모두 담기는 어렵다. 문자의 한계 때문이다. 문자 속에 동기와 의미와 내용을 담기는 어렵다. 그래서 문자를 읽다보면 상상력을 갖게 되고 그 상상력은 추론을 만들어낸다. 그래서 자기이익을 위해 문자를 악용하는 경우는 얼마든지 있다. 교묘하게 문자의 한계를 피해서 나름대로의 추론에 의해 자기이익을 추구한다.

유대인들이 그런 경우이다. 이를 두고 율법주의라고 한다. 그들은 문자 속에 들어있는 속뜻은 생각하지 않고 문자에만 치중하여 문자에서 벗어나면 안된다고 여겼다. 그래서 그들은 규율에 의한 행위만을 주장한다.

마치 형제들이 부모제사를 정성껏 준비하고 드린 후에 형제들 간에 싸우는 경우와 같다. 본래 제사의 의미는 조상님께 감사하고 형제간에 화목하게 지내는 것이다. 그러나 그 의미보다는 제사만 드리면 모든 것이 다 되었다고 여긴다. 인간이 여기에까지 이른 것이다. 문자속의 규율의 악용으로 인해 인간의 죄악은 극에 달했다. 악의 세력은 더욱 기승을 부렸다.

주님께서 땅에 오셨지만 그들은 주님을 알아보지 못했다. 오히려 십자가에 매달아 죽였다. 문자적 규율에 빠진 인간의 오만이 주님을 대적하기에 이르렀다. 주님은 인간에게 '하나님을 사랑하고 이웃을 사랑하라 그것은 선지자와 율법의 대강령' 이라고 본래적 의미를 말씀하신다. 그러나 그것도 효력을 미치지 못하게 되었다. 인간은 감각을 기준으로 현실을 판단하며 살게 되었다.

예컨대 서로를 사랑하는 남자와 여자가 있었다. 이들은 처음에 사랑을 가지고 선한 의도로써 서로를 위해 헌신하였다. 남자는 여자를 위해 아낌없이 내어주고 여자는 남자를 위해 정성을 다했다. 이들은 모든 매사에 사랑의 동기로 움직였으며 사랑을 실천하였다. 그러나 세월이 지나면서 사랑은 식어지고 양심도 사라지고 법으로 명시된 부부의 이름으로 명맥을 유지하게 되었다. 그러나 이것도 힘이 들어 지키지 못하고 결국 자기 쾌락을 위해 외도를 하고 이기적 욕심에 의해 싸움과 고성이 오가게 되었다.

누군가 내게 말했다. 요즈음에는 부부가 이혼하지는 않으면서 각자가 누구를 만나서 무슨 짓을 하든지 서로 간섭하지 말자고 하는 것이 대세라는 것이다. 집에 들어오면 내 남편이지만 밖으로 나가면 남이라는 것이 속담처럼 되었다. 감각에 빠진 인간의 처절한 비극적 삶의 모습으로 오늘의 현실을 반영한 이야기이다. 만일 이들 부부가 양심과 지각을 찾는다면 서로에 대해 선으로 대할 것이다. 이것이 희망이다.

만일 인간이 감각으로만 살아간다면 오히려 짐승으로 전락하고 만다. 지각은 마음에 있다. 또한 지각은 순진무구한 자들에게 주어진다. 그것은 인간의 재능이나 지식 혹은 수단으로 만들어지는 것이 아니다. 더구나 욕심으로는 불가능하다.

내가 만난 이들 중에는 이기적 욕심에 의해 성경구절을 자신에게 준 특별 무기나 운명적 예언처럼 여겨서 그 구절이 자기를 위해 존재하는 것처럼 여긴다. 이들은 진리 자체의 내용과 의미보다는 성경구절이 자기에게 얼마나 도움을 주고 자기를 높여주는가에 관심이 크다. 이들은 진리를 실천하고 자기를 검토하고 주님의 본래의 의미와 뜻을 찾기보다는 자기를 높이려는 데 목적을 둔다. 이들의 신앙의 목표는 축복과 남 앞에서 뛰어나고자 하는 지배적 욕심뿐이다. 이들은 탐스러운 열매처럼 입에 맞는 성경구절을 뽑아내고는 운명적으로 자신도 그런 예언처럼 될 것에만 온갖 관심을 쏟고 남에게도 그렇게 말하고 있다. 그리고는 남들은 언젠가 자기 발밑에 복종을 하게 될 것이라고 말한다.

예를 들어 주님께서 원수 앞에서 상을 베푼다는 구절로 자기에게 적용하여 자기는 그런 권위를 갖게 되어 자기를 비난했던 이들에게 본때 있게 복수하는 것을 주님이 도와주신다고 해석한다. 그리고 남을 복수하고는 주님이 하셨다고 자랑하고 다닌다. 마치 성경을 자기 이익을 위한 전유물로 바꾸고 말았다. 진리를 감각적으로 이용하는 자들은 그 자체가 신성모독임을 알아야 한다. 오늘날 이런 심리를 이용하여 예언을 한다고 하면서 많은 사람들을 모아놓고는 자기의 신비로운 능력을 과시하는 무리도 있다.

지각과 감각의 차이는 빛과 어둠의 차이만큼 차원이 다르다. 그러나 문자적 진리 속에서 영적인 속뜻을 찾고자 하는 자들은 희망이 있다. 어둠속에서 빛이 비취는 것과 같다. 그렇게 진리 자체의 진리를 사모하는 자들이 있다. 그러므로 진리를 알고자 한다면 순진무구한 마음으로 진리를 대접해야 한다. 그러면 문자적 진리에서 선과 진리가 무엇인지를 배우게 된다.

지각의 능력

　지각은 의도와 목적을 아는 능력이다. 성경에 "이같이 한즉 하늘에 계신 너희 아버지의 아들이 되리니 이는 하나님이 그 해를 악인과 선인에게 비추시며 비를 의로운 자와 불의한 자에게 내려주심이라"(마5:45)

　위 구절에서 해는 선이고 비는 진리를 상징한다. 주님께서 선과 진리를 주시지 않으면 지각을 가질 수 없다. 지각은 생명에 속한다. 자신의 분별력과 지각을 자기의 것이 아니라고 여기는 사람은 거짓에 빠지지 않는다. 이들은 직감적으로 살인, 간음, 도적질을 죄로 알고 지각한다. 이들은 간교한 것이 지혜가 아니라는 것을 안다. 그러나 악을 포장하는 자들은 분별력과 지각이 자기의 것이라고 여긴다. 이들에게는 생명이 없다. 지각 앞에서 빛이 어둠에 비치는 것처럼 의도가 훤하게 드러난다. 지각은 사소한 행동일지라도 내적인 것을 파악하기 때문이다.

　계시는 지각으로만 가능하며 선한 자만이 받을 수 있다. 천국의 진리를 악한 자들이 받을 수 없는 것은 당연하다. 오늘 주님의 음성을 듣고자 하는 이들은 자신에게 지각이 있는지를 먼저 분별해야 한다. 만일 그렇지 않다면 지각없이 누구로부터 계시를 받는다는 것인가? 그러므로 사람에게 지각이 있는지를 알고자 한다면 그가 선용을 하는지 악용하는지를 보면 알 수 있다. 왜냐하면 지각에는 선이 들어 있기 때문이다. 진리가 없다면 선도 없다. 인간은 선용에 일치할 때 지각이 있다.

지각과 문자

　인간은 유아기에는 자연과학의 지식을 배우고 청년기에 이르러서는 사상을 배우고 장년기에는 윤리와 도덕과 영적 진리를 지각한다. 인간이 성숙하다고 말할 수 있는 것은 사상에 있지 않고 진리의 지각에 있다. 성경에는 진리를 듣고 지각하는 사람을 독수리라고 표현했다. 반면에 어둠 속에서 진리를 깨닫지 못한 상태를 부엉이로 표현했다.

　인간이 글을 통해서 문자로 배운 지식은 오감에 의해 접촉되고 기억에 저장하며 기억된 사실을 끄집어낸다. 이런 지식은 책이나 선생을 통해서 접하게 된다. 이런 지식은 그 범위가 제한되고 문자를 가지고서 진리를 이해한다. 그러나 문자로써 지식을 습득하는 것은 잊어버릴 수 있고 미련한 자들은 잘못 이해할 수도 있다. 그러나 주님께서 지각을 주시면 순수한 자아상태가 되기 때문에 주님이 주시는 선을 받아들인다면 문자보다도 더욱 문자적 의미에 대해서 명확해진다. 성경에 솔로몬은 지혜의 근거가 선에서 비롯되었음을 말하고 있다.

　"솔로몬 왕이 마시는 그릇은 다 금이요 레바논 나무 궁의 그릇들도 다 정금이라 은 기물이 없으니 솔로몬의 시대에 은을 귀히 여기지 아니함은"(왕상10:21) 금은 선을 상징한다. 그래서 솔로몬이 마시는 그릇이 정금이라고 말씀한다. 솔로몬의 지혜의 근거는 주님을 사랑하는 동기에서 왔음을 보여준다. 선을 찾고 받아들이면 지혜가 넘치게 된다. 문자로 습득된 지식과 문자 속에 들어있는 의미를 아는 지각의 진리는 확연하게 다르다.

성경의 문자는 귀중한 내용을 담고 있는 보석함과 같다. 문자 속에 들어있는 의미를 알지 못하고서는 보석을 찾아내지 못한다. 머리에 뇌가 들어있고 열매껍질 속에 과실이 있고 달걀 속에 노른자가 있고 눈 안에 총명이 있고 얼굴표정 안에 애정이 담겨있듯이 문자 안에 의미가 들어 있다. 이는 영혼이 몸 안에 있듯이 문자 속에 의미가 담겨 있기 때문이다. 의미는 문자에 생명을 부여하는 영혼이다. 사람이 문자속의 의미를 찾지 않고 문자 자체에만 집착한다면 심오한 진리를 알아보지 못할 것이다.

문자속의 의미를 알고 진리를 찾는 것은 지각이 있어야 가능하다. 지각은 선을 구하는 자들이 진리를 분별하는 능력이다. 동방박사가 별을 보고 주님께 나아왔듯이 진리를 알고자 하는 열망이 있어야 지각이 주어진다. 그러나 사람이 정욕과 탐욕으로 눈이 어두우면 지각도 어두워져서 절대로 진리를 찾지 못한다. 이런 이들은 어두운 동굴 속에 갇혀서 앞을 못보는 자라고 말할 수 있다. 그러므로 지각을 얻기 위해서는 먼저 자만과 정욕을 버려야 한다. 조금이라도 그런 기운이 있으면 문자에 들어있는 순수함과 본질을 깨달을 수 없다. 사람은 진리의 지식에 순진무구함이 더해져서 지각을 소유하게 된다. 순진무구에서 비롯된 것만이 진정한 선이고, 선에서 비롯된 진리를 아는 능력이 지각이다. 결국 지각은 순진무구와 일맥상통한다. 지각은 천국과 교통하는 지식이다. 그러므로 지각의 지식을 가진 자는 반드시 선용한다.

묵상

어두운 밤 시험의 전투를 치른 후 새벽이 되어서야 다리를 절며 얍복을 넘어서 브니엘을 지납니다. 거친 인생길을 지나왔습니다.

숱한 어려움을 거치고 시험을 치르면서 나의 영혼의 상태가 만들어졌습니다. 내 영혼은 어떤 모습일까요? 지금의 내 영혼은 차라리 쥐엄 열매를 먹고 싶어 하는 탕자와 같고 타다 남은 재와 같습니다. 진리를 가졌다고 말할 만한 것이 하나도 없습니다. 시험을 거쳤으나 그 대가는 신통하지 않습니다.

멀뚱한 느낌으로 눈을 들어 먼 곳을 보니 태양이 솟아올랐습니다. 태양은 불꽃을 내며 빛을 비추었습니다. 주님의 은혜가 있어 희망은 보이는 듯 하고 하늘의 은총은 밝게 떠올랐지만 나는 절고 있습니다. 이제 주님의 증거가 있어 기쁘고 눈이 조금 뜨여진 것 같고 이제 새 빛이 비치는데 나는 환도뼈가 위골되어 절고 있습니다. 지금 나는 기우뚱대며 걸어갑니다. 이곳 이름은 브니엘입니다. 이곳은 주님이 현존하시는 곳입니다. 나는 이곳을 지나가기 어렵습니다. 더럽고 음란하고 무지한 내가 선이 파괴되어 순진무구한 이곳을 지나면서 하나님의 얼굴을 뵈옵자니 두려운 마음이 듭니다. 아집과 죄악의 유전이 남아 있으며 거짓이 남아 있고 넓적다리 우묵한 곳이 파괴되어 성한 데가 없는데 아직도 여전히 이렇게 살아 있는 것이 신기합니다. 다리는 절고 태양은 떠오르고 나는 살아 있고 어찌하면 좋은가요? 나는 미완성의 상태가 되어 하염없이 길을 걷습니다. 선함이 아직도 결여되어 있습니다.

"그가 브니엘을 지날 때에, 해가 솟아올라서 그를 비추었다. 그는, 엉덩이 뼈가 어긋났으므로, 절뚝거리며 걸었다."(창32:31)

이야기 세엣
채움의 단계

채움의 과정

수치심은 인간이 선을 잃어버리고 저급한 감각을 선택함으로 가치에 대한 질서가 깨져서 생긴 악의 증상이다. 엄밀하게 말해서 치유는 질서를 회복하는 과정이다. 질서회복이란 인간이 지각과 양심과 이성과 감각의 순서에 따라 삶의 질서를 새롭게 세우는 일이다. 진리는 인간이 이런 질서를 제대로 세우도록 할 뿐 아니라 선을 받아들이도록 이끈다.

주님은 자연의 질서를 따라서 수태와 임신, 출생의 과정을 거치셨다. 자연의 질서를 위해서 유아의 과정을 완벽하게 겪으셨다. 그리고 고난을 통해서 마귀를 몰아내시고 인간을 속량함으로 하늘과 땅의 질서를 회복하시고 교회를 세우셨다.

그러므로 순진무구를 위해서는 선을 목표해야 한다. 그러기 위해서 진리를 아는 것이 필요하다. 진리는 선의 그릇이기 때문이다. 수치심에서 벗어나고자 한다면 먼저 자신을 직시하고 현실을 파악하여 진리를 회복해야 한다. 선을 회복하기 위해서는 진리를 지켜야 한다. 사람이 그렇게 살 때 의를 이룬다. 의인은 질서에 따라 사는 사람을 말한다. "내가 너희에게 말한다. 너희의 의가 율법학자들과 바리새파 사람들의 의보다 낫지 않으면, 너희는 하늘나라에 들어가지 못할 것이다."(마5:20)

결국 치유와 회복은 인간이 질서대로 살도록 돕는 과정이다. 인간이 진리대로 살아간다면 선한 자가 된다. 심장과 폐, 의지와 이해, 영혼과 몸이 연합되듯이 진리는 선과 연합된다.

진리와 선의 연합에 대해서 성경은 다음과 같이 말한다. "내가 아버지 안에 있고 아버지께서 내 안에 계시다는 것을, 네가 믿지 않느냐? 내가 너희에게 하는 말은 내 마음대로 하는 것이 아니다. 아버지께서 내 안에 계시면서 자기의 일을 하신다."(요14:10)

"내 살을 먹고, 내 피를 마시는 사람은 내 안에 있고, 나도 그 사람 안에 있다."(요6:56)

"내 안에 머물러 있어라. 그리하면 나도 너희 안에 머물러 있겠다. 가지가 포도나무에 붙어 있지 아니하면 스스로 열매를 맺을 수 없는 것과 같이, 너희도 내 안에 머물러 있지 아니하면 열매를 맺을 수 없다. 나는 포도나무요, 너희는 가지이다. 사람이 내 안에 머물러 있고, 내가 그 안에 머물러 있으면, 그는 많은 열매를 맺는다. 너희는 나를 떠나서는 아무 것도 할 수 없다."(요15:4-5)

그러므로 치유는 선과 진리의 회복이다. 인간이 주어진 고통스러운 현실 속에서 진리를 찾고 실천하면 선과의 최종 연합을 이루게 되고 상태의 변화와 더불어 회복된다. 그 상태 변화가 치유이다.

선과 진리는 인간의 이해와 의지속에 들어와서 자리를 잡는다. 그리고 인간은 이해와 의지를 가지고 영혼의 상태를 드러낸다. 꽃이 피고 열매를 맺듯이 이해와 의지는 선과 진리의 연합으로 생명의 상태를 드러낸다. 이렇게 해서 사람은 성숙의 상태를 나타내고 영혼의 모습을 보여주는 것이다.

11 네 줄기 강물

"강물이 이르는 곳마다 번성하는 모든 생물이 살고
또 고기가 심히 많으리니"(겔 47:9)

창세기에는 에덴에서부터 네 줄기 강물이 흐르고 있다고 기록한다. 이는 비유적인 구절이다. 현재 지리적으로 볼 때 창세기에서 말하고 있는 한 줄기에서 네 줄기로 흐르는 그런 강물은 없다. 이 구절의 영적인 의미를 찾아보고 수치심 치유의 요소로써 제시하고자 한다.

물은 인간에게 씻는 것과 마시는 것을 제공한다. 물로써 씻는 것은 몸에 붙어있는 때를 녹이고 분리시키는 힘이 있기 때문이다. 또한 음료로써의 물은 몸에 들어가 음식물을 연하고 부드럽게 하며 혈액순환을 통해 각 조직에 영양분을 운반한다. 자연으로 돌아가서 물은 비와 눈으로 하늘에서 떨어져서 시냇가를 이루고 강으로 흘러들어 바다까지 긴 여행을 한다. 바다에서 다시 증발하여 구름이 된다. 그리고는 또다시 비나 눈이 되어 땅에 내려온다. 물이 흐르는 곳에 땅은 정화된다. 강물과 바닷물은 바위를 깎고 깨뜨리며 녹여서 비옥한 땅으로 만든다. 물은 흙속의 자양분을 뿌리와 가지, 잎과 열매에 전달한다.

어머니는 거리에서 흙과 먼지가 온몸에 뒤엉켜 있는 아이를 데려다가 물로써 목욕시켜 깨끗하게 한다. 이는 먼지가 덮힌 어린아이는 덤벙대다가 불량하고 악한 자를 만나 더러운 영향을 받고 옳고 그름을 분별하지 못하는 상태를 의미한다. 이렇게 악과 거짓으로 오염되었을 때 교훈으로 옳고 그름을 분별하며 거짓된 데서 빠져나오도록 도와주는 것을 의미한다. 먼지와 흙에서 발을 빼도록 도와주는 것이 진리의 교훈이다.

성경에 씻는다는 것은 악행을 버리고 선행을 배우는 것을 의미한다.

"너희는 스스로 씻으며 스스로 깨끗하게 하여 내 목전에서 너희 악한 행실을 버리며 행악을 그치고 선행을 배우며 정의를 구하며 학대 받는 자를 도와주며 고아를 위하여 신원하며 과부를 위하여 변호하라 하셨느니라."(사1:16–17)

그래서 세례예식을 할 때 물을 사용하는 것은 악으로부터 정화하는 것을 의미한다. 어떤 이가 무서운 불행을 만나 밤잠을 이루지 못하고 해결책을 찾지 못할 때 현명한 사람이 합리적이고 현실적인 방법을 제시해서 위험과 불행에서 벗어나게 하였다. 옳고 그름을 깨닫도록 깨달음의 교훈을 주어서 눈이 열리게 되었다면 이런 조언이 한 그릇 냉수이다.

"이 작은 자 중 하나에게 냉수 한 그릇이라도 주는 자는 내가 진실로 너희에게 이르노니 그 사람이 결단코 상을 잃지 아니하리라."(마10:42)

물이 하늘로부터 빗방울이 되어 떨어져서 시내를 이루고 바다에 이르는 것처럼 진리는 하늘로부터 임하여 기억 속에 흘러들어가서 삶에 큰 도움을 준다. 그래서 요한계시록에는 수정 같이 맑은 생명수의 강이 어린 양의 보좌로부터 나온다고 말하고 있다. 주님은 진리를 먹어야 할 것을 이렇게 말씀하셨다.

"예수께서 대답하여 이르시되 이 물을 마시는 자마다 다시 목마르려니와 내가 주는 물을 마시는 자는 영원히 목마르지 아니하리니 내가 주는 물은 그 속에서 영생하도록 솟아나는 샘물이 되리라."(요4:13-14)

그러나 물은 반대로 거짓된 사상을 의미하기도 한다. 악령에게 시달리는 아들의 아버지는 이런 말을 한다. "주여 내 아들을 불쌍히 여기소서. 그가 간질로 심히 고생하여 자주 불에도 넘어지며 물에도 넘어지는지라."(마17:15)

인간에게는 두 가지 위험이 있는데 자만과 세상적 유혹이다. 세상에서 인간들은 언제나 두 가지 시험이 닥친다.

"너희가 성내로 들어가면 물 한 동이를 가지고 가는 사람을 만나리니"(눅22:10)

주님은 유월절 잔치에서 떡과 포도주로 만찬을 하면서 주님의 살과 피를 먹어야할 것을 말씀하셨다. 그러므로 인간이 주님과 하나 되기 위해 무엇을 준비해야 하는지를 말해준다. 즉 물 한 동이와 같은 진리를 준비하는 일이다.

"강 하나가 에덴에서 흘러나와서 동산을 적시고, 에덴을 지나서는 네 줄기로 갈라져서 네 강을 이루었다. 첫째 강의 이름은 비손인데, 금이 나는 하윌라 온 땅을 돌아서 흘렀다. 그 땅에서 나는 금은 질이 좋았다. 브돌라라는 향료와 홍옥수와 같은 보석도 거기에서 나왔다. 둘째 강의 이름은 기혼인데, 구스 온 땅을 돌아서 흘렀다. 셋째 강의 이름은 티그리스인데, 앗시리아의 동쪽으로 흘렀다. 넷째 강은 유프라테스이다."(창2:10-14) 네 줄기 강물은 인간의 삶에 대한 본질적 질서이다.

⚖ 강물

성경에 보면 에덴에는 한 줄기의 강이 있었다. 그곳에서 강물은 네 줄기로 갈라지게 된다. 강물의 이름은 비손, 기혼, 티그리스, 유프라테스이다. 네 강물은 지형적으로 밝혀지지 않았다. 에덴이라는 곳도 마찬가지이다. 그러나 성경에서는 이를 밝히고 있다. 왜 이렇게 분명하지 않은 지형을 기록하고 있는 것일까?

성경은 인간의 상태를 기록된 책이다. 에덴에서 비롯된 강물은 영적인 상징성이 있다. 우리는 성경이 말하는 근본 의미를 찾지 못한다면 성경을 잘못 이해하게 된다. 네 줄기 강물이 말하고 있는 의미를 이해해야 한다.

성경이 신과 인간에 관한 계시인 것을 안다면 성경 속에서 사람에게 주시는 메시지를 들어야 한다. 성경은 사람이 하나님의 형상과 모양대로 이루어졌으며 진리로 살아야 하는 것을 밝히고 있다. 성경에서 강은 진리를 의미하고 있다. 한줄기 강물은 지혜를 말하며 네 줄기 강물은 사람 내면에 흐르는 진리를 이해하는 도구를 의미한다.

사람과 강물

창세기에는 "강 하나가 에덴에서 흘러나와서 동산을 적셨다."고 하였다. 에덴에서 흘러나온 강은 무엇을 의미하는가? 에덴에서 흘러나오는 강은 '지혜'를 상징한다.

사람을 이끌고 있는 주체는 지혜이다. 사람들은 현실 속에서 지혜를 가지고 생각하고 느끼고 판단하고 선택하면서 삶을 살아가고 있다. 인간에게 지혜가 있기 때문에 마음을 관리하며 대인관계를 원활하게 할 수 있으며 현대 문명을 이루어낼 수 있다. 오늘의 내가 있는 것은 나의 지혜이며 그 지혜는 나를 순진무구로 안내한다. 성경에 하나님은 지혜의 근본이라고 하였다. 에덴의 아담은 지혜를 가지고 살아가는 사람들을 말한다.

강물이 동산을 적셨다고 하였는데 이는 사람에게 지혜가 주어졌다는 것을 말하고 있다. 성경은 사람을 말하고자 할 때 '동산'으로 기록하며 지혜를 말할 때 강으로 비유하였다. 예언자들도 사람에 대해서 그렇게 말하고 있다.

이사야는 "너는 물 댄 동산 같겠고 물이 끊어지지 아니하는 샘 같을 것이라"(사58:11)고 하였다. 민수기에는 "강가의 동산 같으며 여호와께서 심으신 침향목들 같고 물가의 백향목들 같도다."(민24:6)라고 표현하고 있다. 예레미야는 "그는 물가에 심어진 나무가 그 뿌리를 강변에 뻗치고 더위가 올지라도 두려워하지 아니하며 그 잎이 청청하며 가무는 해에도 걱정이 없고 결실이 그치지 아니함 같으리라."(렘17:7,8)고 하였다. 에스겔은 사람에 대해 말하기를 "물들이 그것을 기르며 깊은 물이 그것을 자라게 하며 강들이 그 심어진 곳을 둘러 흐르며 둑의 물이 들의 모든 나무에까지 미치매"(겔31:4)라고 하였다.

이렇게 예언자들은 사람을 말할 때 동산이나 나무로 표현했다. 그러므로 강물이 동산을 적셨다는 의미는 사람에게 지혜가 공급되었음을 말한다. 물은 동산을 풍성하게 하는 원인이기 때문이다.

지혜의 근원지

에스겔은 사람의 지혜의 근원지에 대해서 다음과 같이 명확하게 말하고 있다. "그가 나를 데리고 성전 문에 이르시니 성전의 앞면이 동쪽을 향하였는데 그 문지방 밑에서 물이 나와 동쪽으로 흐르다가 성전 오른쪽 제단 남쪽으로 흘러내리더라,, 그가 내게 이르시되 이 물이 동쪽으로 향하여 흘러 아라바로 내려가서 바다에 이르리니 이 흘러내리는 물로 그 바다의 물이 되살아나리라.. 이 강물이 이르는 곳마다 번성하는 모든 생물이 살고 또 고기가 심히 많으리니 이 물이 흘러 들어가므로 바닷물이 되살아나겠고 이 강이 이르는 각처에 모든 것이 살 것이며.. 강좌우 가에는 각종 먹을 과실나무가 자라서 그 잎이 시들지 아니하며 열매가 끊이지 아니하고 달마다 새 열매를 맺으리니 그 물이 성소를 통하여 나옴이라 그 열매는 먹을 만하고 그 잎사귀는 약 재료가 되리라"(겔47:1,8,9,12)

에스겔은 물이 성전 문지방에서 동쪽으로 향하고 있다고 말한다. 여기서 동쪽과 성전문지방은 주님을 의미한다. 그러므로 사람에게 주어진 지혜는 주님으로부터 나온다고 말하고 있다. 요한계시록에는 강물은 하나님과 어린양의 보좌로부터 흐른다고 말하고 있다.

"또 그가 수정 같이 맑은 생명수의 강을 내게 보이니 하나님과 및 어린 양의 보좌로부터 나와서 길 가운데로 흐르더라. 강 좌우에 생명나무가 있어 열두 가지 열매를 맺되 달마다 그 열매를 맺고 그 나무 잎사귀들은 만국을 치료하기 위하여 있더라."(계22:1,2)

사람의 마음

사람의 마음은 지혜를 구성하는 그릇이다. 그 속에는 하늘과 땅의 우주적 지혜가 가득하다. 사람들은 자신 안에 이루어진 지혜로써 사물을 보고 이해한다. 영원한 세계로부터 흐르는 지혜가 멈추어진다면 인간은 곧 죽음을 맞이한다. 주님은 지혜로써 사람을 다스리고 섭리하신다. 지혜는 지상의 식물과 꽃들의 색깔과 모양만큼이나 다양하다.

지혜의 근본은 하나님이며 그 속에는 선이 들어 있다. 우리가 성경의 상징적인 의미를 찾기는 어려운 일이다. 그러나 문자적으로만 성경을 읽는다면 성경의 참된 의미와 진리를 찾기란 어렵다. 또한 깊은 의미의 뜻을 말해도 그 말이 받아들여지지 않는다. 그 이유는 각자가 받아들이는 지혜의 규모가 다르기 때문이고 변질되고 왜곡된 거짓을 가지고 지혜라고 굳게 믿는 이들이 많기 때문이다. 주님이 지혜를 공급하시지만 감각과 이기적 욕심으로 받아들인다면 결국 미련하고 거짓된 신념을 발산하게 된다. 그 속에는 순진무구함이 없고 이기적 욕심만 가득하다. 그러므로 성경을 볼 때 진정 순수함으로 가지고 속 깊은 진리의 음성을 듣고자 하는 마음을 가져야 한다.

첫째 강

첫째 강물은 무엇을 의미하는가? 첫 번째 강물은 근원지에서 흐르는 상류이다. 첫째 강물은 지각을 말한다. 지각은 진리를 이해하는 최상의 상태다. 사람됨의 차이는 지각의 기능을 통해 진리를 이해하는가와 지각이 없어 진리에 무지한가의 차이를 말한다. 지각은 진리의 이해 수준을 의미한다. 지각이 있는 것은 삶에서 겪는 모든 매사에 진리로써 분별이 된다.

"첫째 강의 이름은 비손인데, 금이 나는 하윌라 온 땅을 돌아서 흘렀다. 그 땅에서 나는 금은 질이 좋았다. 브돌라라는 향료와 홍옥수와 같은 보석도 거기에서 나왔다." 첫째 강 비손은 하윌라를 돌아서 흘렀다고 말하고 있다. 하윌라는 사람의 마음을 상징한다. 이 말은 지각이 사람의 마음 가운데 흐른다는 것을 의미한다.

그곳에서 금과 보석이 나왔다고 하였다. 현실적으로 말한다면 강물이 흐르고 있는데 금과 보석이 나올 수는 없다. 이 구절은 비유적 해석인데 성경에 금은 선을 의미하고 보석은 진리를 의미한다. 그러므로 지각에는 사람의 마음에 선과 지각의 기능이 있음을 말한다.

금

성경에서 '금'은 선의 의미가 들어 있다. 금은 따뜻하고 태양의 빛깔을 가지고 있으며 따뜻한 불길을 내포한다. 하월라에서 나는 금은 선에 관한 지식을 말한다. 성경에 "내가 너를 권하노니 내게서 불로 연단한 금을 사서 부요하게 하고"(계3:18) 라고 하였다. 이는 주님은 인간들에게 시험과 단련을 통하여 선을 얻고 배우도록 촉구하신다. 또한 새예루살렘의 성은 정금이고 맑은 유리 같다고 하였으며 성의 길은 맑은 유리 같은 정금이더라(계21:21)고 했다. 그 나라는 선한 자들이 갈 것이라고 하는 것을 의미한다. 정금은 선을 의미한다.

금은 법궤, 황금식탁, 촛대, 아론의 옷에 박혀 있다. 에스겔은 "네 지혜와 총명으로 재물을 얻었으며 금과 은을 곳간에 저축하였으며"(겔28:4)라고 하면서 지혜와 총명을 가지고 금과 은을 얻었다고 하였다. 이 말은 지혜와 총명을 가지고 선을 얻게 되었다는 의미이다. 이사야도 같은 의미로 말을 하고 있는데 "스바 사람들은 다 금과 유향을 가지고 와서 여호와의 찬송을 전파할 것이며"(사60:6)라고 말했다. 마태복음에는 동방박사가 "엎드려 아기께 경배하고 보배합을 열어 황금과 유향과 몰약을 예물로 드리니라."(마2:11)고 하였다. 시편에서도 말하기를 "스바의 금을 그에게 드리며 사람들이 그를 위하여 항상 기도하고 종일 찬송하리로다."(시72:15)고 말하고 있다.

보석

보석은 특징이 투명하다. 투명한 면에 빛을 굴절시켜 길고 짧은 파장을 전달함으로 빛깔을 드러낸다. 보석은 돌에서 변화된 산물이다. 돌은 변함없는 확고한 진리의 믿음의 대응이다. 확고한 진리에 주님의 사랑과 지혜를 통과시켜 신비로운 내용을 발산한다. 무지개가 아름다우나 구름에 가리면 보이지 않는다. 그러므로 보석은 주님의 사랑과 지혜가 투영된 진리를 상징한다. 그래서 천국을 설명할 때 사람들이 진리를 유용하게 실천하는 다양함에 따라 각종 보석으로 표현하고 있다.

"그 성곽은 벽옥으로 쌓였고 그 성은 정금인데 맑은 유리 같더라 그 성의 성곽의 기초석은 각색 보석으로 꾸몄는데 첫째 기초석은 벽옥이요 둘째는 남보석이요 셋째는 옥수요 넷째는 녹보석이요 다섯째는 홍마노요 여섯째는 홍보석이요 일곱째는 황옥이요 여덟째는 녹옥이요 아홉째는 담황옥이요 열째는 비취옥이요 열한째는 청옥이요 열두째는 자수정이라 그 열두 문은 열두 진주니 각 문마다 한 개의 진주로 되어 있고 성의 길은 맑은 유리 같은 정금이더라."(계21:18-21)

제사장의 에봇이나 아론의 법의에는 보석이 달려 있다. 에봇은 금실과 청색, 자색, 홍색 실과 가늘게 꼰 베실로 만든다. 에봇의 바탕에 보석이 박혀 있다. 에봇에 장식된 보석은 진리를 의미한다. 아론은 그 에봇에 박힌 보석을 통해 하나님의 사랑과 지혜의 메시지를 전달한다.

"네가 옛적에 하나님의 동산 에덴에 있어서 각종 보석 곧 홍보석과 황보석과 금강석과 황옥과 홍마노와 창옥과 청보석과 남보석과 홍옥과 황금으로 단장하였음이여 네가 지음을 받던 날에 너를 위하여 소고와 비파가 준비되었도다."(겔28:13) 위의 구절은 진리는 사랑과 지혜를 투영시킨 보석과 같이 악용되지 않음을 말한 것이다.

땅

땅은 무엇을 말하는가? 땅은 교회나 사람을 의미한다. 성경 이사야서에 "죽음의 그림자가 드리운 땅에 사는 사람들"(사9: 2)이라고 표현되었는데 이는 진리에 관하여 무지한 인간의 상태를 의미한다. 반면에 땅은 식물의 씨가 자라도록 하는 모토이다. 땅 위에 태양의 빛과 열로 식물이 성장한다. 사람을 땅이라고 하는 것은 마음 밭에 진리가 심겨져서 성장하는 교회이기 때문이다. 사람의 마음은 진리가 심긴 땅이고 씨는 진리를 의미한다. 진리가 심겨진 마음 밭에 하나님은 사랑과 지혜로써 자라게 하신다.

"하윌라 땅"은 이스마엘 자손에 관해서 말할 때 언급하고 있다. "이스마엘 사람들은 하윌라에서 수르에 이르는 지방에 퍼져 살았다. 수르는 이집트 동족 앗시리아로 가는 도중에 있다"라고 하였다. 영적인 시각을 가지고 인간을 이해하고자 하는 사람은 이 구절에서 선과 지혜를 말하고 있음을 이해할 수 있다.

하윌라 땅을 돌아 흐르고 있는 비손강은 선으로부터 시작된 지각이 인간에게 흘러들어오는 것을 말한다. 성경은 비유적이고 상징성이다. 이를 두고 영적인 뜻이라고 하고 지혜로운 자들은 이런 의미를 찾고 이해를 한다. 성경은 '우리가 우리의 형상을 따라 사람을 만들자'고 하였다. 성경은 사람 만들기에 대해 기록하고 있다. 성경은 신이 사람을 사람답게 만드는 과정을 기록한 책이다.

　사람은 자신의 뇌에 저장되어 있는 기억에 의해 움직이는 듯이 보이지만 실제적으로는 영원한 세계로부터 지각이 강물처럼 끊임없이 마음에 흐름으로 움직인다.

둘째 강

"둘째 강줄기의 이름은 기혼이라 하는데, 구스 온 땅을 돌아 흐르고 있었다." 둘째 강은 선험적 지식 즉 양심을 의미한다. 선험적 지식은 인간에게 경험되지 않은 지식을 말한다. "구스 땅"은 마음을 가리킨다. 기혼에서 시작되어 금과 값진 보석, 향료가 풍부한 구스로 돌아 흐르는 강물은 선과 진리에서 비롯된 선험적 지식을 말한다.

　성경에서 "구스", "에디오피아"는 같은 의미를 쓰였다. 구스는 사랑과 믿음의 지식을 의미한다. "구스의 자손들"(창10:7)은 믿음의 지식을 소유한 사람을 말한다.

　스바냐에서는 "그 가운데에 계시는 여호와는 의로우사 불의를 행하지 아니하시고 아침마다 빠짐없이 자기의 공의를 비추시거늘 불의한 자는 수치를 알지 못하는도다... 그 때에 내가 여러 백성의 입술을 깨끗하게 하여 그들이 다 여호와의 이름을 부르며 한 가지로 나를 섬기게 하리니 내게 구하는 백성들 곧 내가 흩은 자의 딸이 구스 강 건너편에서부터 예물을 가지고 와서 내게 바칠지라(습3:5,9,10)

다니엘서에서는 "그가 권세로 애굽의 금, 은과 모든 보물을 차지할 것이요 리비아 사람과 구스 사람이 그의 시종이 되리라."(단11:43) 그러나 반대로 인간에게 거짓된 것이 들어오면 둘째 강은 미혹된 이성이 된다.

셋째 강

"셋째 강줄기의 이름은 티그리스라 하는데, 아시리아 동쪽으로 흐르고 있었고" 아시리아 동쪽으로 흐르는 강은 마음속의 이성이 합리성에 유입되는 것을 의미한다.

에스겔서에서는 "볼지어다 앗수르 사람은 가지가 아름답고 그늘은 숲의 그늘 같으며 키가 크고 꼭대기가 구름에 닿은 레바논 백향목이었느니라. 물들이 그것을 기르며 깊은 물이 그것을 자라게 하며 강들이 그 심어진 곳을 둘러 흐르며 둑의 물이 들의 모든 나무에까지 미치매"(겔31:3,4) 위의 구절에서 레바논의 백향목은 합리성을 의미한다. 합리성은 총명한 지식이다. 반대로 인간에게 거짓이 들어오면 셋째 강은 거짓된 지식이 된다.

넷째 강

"넷째 강줄기의 이름은 유프라테스"라고 했다. 유프라테스 (Euphrates)는 인간의 가장 외부에 있는 감각과 기억을 말한다. 기억은 지혜와 총명의 밭이다. 이해는 지혜와 총명을 싹트게 하고 꽃을 피우는 곳이고 의지는 열매를 내는 곳이다.

기억은 어떤 대상물을 오감을 통해 접촉해서 형성된 개념이다. 그리고 개념 안에 대상물의 본질이 내재해 있다. 느낌에 따라서 대상물은 여러 형태로 재생된다. 즉 마음의 상태의 변화에 따라 다양하게 모양이 바뀌고 변화한다. 거짓된 인간에게 넷째 강은 환각과 마술이 된다.

"유프라테스에 결박된 천사"(계9:14)가 등장하는데 이는 감각과 추론에서 생긴 쾌락을 즐기는 거짓을 의미한다. 선을 가지고 자기사랑과 세상사랑의 지식에 얽매인 것을 말한다.

위의 전체적 흐름과 내용을 보면 에덴에서 시작된 강물이 네 줄기로 흐르듯이 주님은 인간의 마음에 먼저 지각을 주시고 지각을 통해서 양심이 주어지고 양심을 통해서 이성과 합리성이 주어지며 그 다음 기억을 주신다.

본래 인간은 지각을 가지고 진리를 제대로 이해하며 살았던 존재였다. 그러나 인간의 자아애는 기억과 감각으로 진리를 이해하고자 함으로 질서가 깨지게 되고 그로인해 수치심이 발생하게 되었다.

결국 인간에게 에덴은 오직 자아애만 남았다. 인간이 갖고 있는 지식은 감각적 지식밖에는 없다. 이들이 진리를 알 길은 오직 감각의 바탕에서 상상력을 동원하는 길밖에는 없다. 이를 두고 추론이라고 하는데 결국 인간은 진리의 황폐를 맞이하게 된다.

성경은 말하기를 이런 인간을 "자기 강에 누운 큰 악어"(겔23:3)와 같다고 한다. 즉 이들은 인간의 거짓된 상상력을 진리라고 우겨대는 자들이다. 인간은 하나님의 형상과 모양대로 지음 받은 그릇이다. 그러므로 인간은 본래 자기의 것이 없다. 인간은 단지 이해와 의지의 그릇이며 진리의 지식은 주님이 주신 것이고 추론은 자신이 만든 거짓에 불과하다.

에스겔은 덧붙여 이들에 대해 말하기를 "네가 에덴의 나무들과 함께 지하에 내려갈 것이요 거기에서 할례를 받지 못하고 칼에 죽임을 당한 자 가운데에 누우리라"(겔31:18)

즉 스스로 지혜롭다고 여기고 지식을 자랑하는 자들에 대해서 하시는 말씀이다. 즉 이들은 스스로 지혜 있다고 여기지만 결국 지옥에 떨어지고 만다는 경고이다. 여기에서 에덴의 나무는 주님의 지식을 말하는데, 인간들은 추론을 가지고 진리를 왜곡하는 것을 의미하고 결국 지옥에 떨어지고 만다는 의미이다.

그러므로 순진무구를 위해서는 자신이 아무 것도 아님을 시인하고 겸손한 마음으로 주님의 것을 인정해야 한다. 그러기위해 진리를 찾고 악에서 벗어나 선을 채움이 수치심에서 벗어나는 방법이다. 그것이 치유의 길이다. 인간의 지각에서 기억에 이르기까지 높은 가치에서 낮은 가치의 질서를 바로 세우는 것은 진리에 접근하는 것과 일치한다.

세상이 창조되어 천사와 함께 공존했던 그 때, 주님이 사람 되어 이 땅에 사람과 함께 거니시던 그 곳에 하늘로부터 네 줄기의 강이 먼저 에덴부터 적신다.

첫째 강은 지각의 강, 이 강물에 뛰어든 자, 선과 진리의 세계에 들어갈 수 있다. 이 곳에 생명나무가 있어 사람들은 사랑으로 사는 법을 배웠다. 이들은 사랑으로 살아가는 법을 알았던 사람들이다.

둘째 강은 양심의 강이다. 양심은 위로부터 주어진 새로운 지식으로 하늘의 뜻을 알고 삶을 이어나간다. 사람의 마음속에는 양심의 별이 빛나고 있었다. 양심은 선과 진리에 근거하여 살아간다.

셋째 강은 이성의 강이다. 이로써 인간은 이성의 눈으로 자신을 살펴보고 인간과 인간의 갈등과 문제를 해결하게 되었다. 그리고 선을 행해 나아가고자 하였다.

넷째 강은 기억의 강이다. 인간은 기억을 가지고 진리를 배우기 시작하였다. 에덴에서 흘러들어오는 강물은 내게 지각을 주어 내 영혼을 적시고 새롭게 하였다.

내안에 진리의 강이 차고 넘쳐 진리의 생수를 마시고 속에서 영생하는 샘물이 될 것이다. 나의 소망은 그 강물에 심겨진 나무가 시절을 따라 열매 맺듯이 선한 열매가 가득하기를 바라는 것이다. 이 강물에 몸을 담기를 바란다.

12 채움

"샘물을 보고 가서 가죽부대에 물을 채워다가
그 아이에게 마시게 하였더라"(창21:19)

수년 전부터 나는 인생에 큰 깨달음이 왔다. 그로인해 나는 많은 상태
의 변화를 겪었다. 그 중 하나는 성경을 새로운 눈으로 보기 시작한 것이
다. 성경속의 비유와 상징을 알게 된 것은 내 일생에 중대한 발견이었다.
상징을 알게 되면서 자연세계와 영적세계는 별도의 세계가 아니라 연관
관계가 있음을 알게 되었다.

이전에 나는 신은 믿음의 대상이고 진리는 반석처럼 믿기만 하면 되
는 것으로 여겼다. 어려서부터 그렇게 배웠다. 그러나 이제 내가 다시 깨
닫게 된 것은 진리는 말에 있지 아니하고 실천에 있다는 것이다. 믿음은
삶과 일치할 때 믿음이며 행함이 없는 믿음은 죽은 믿음이라는 것을 알
게 되었다. 이미 알고 있었지만 다시금 깨달음을 갖게 되었다.

나는 성경은 어려서부터 배우고 들어왔기 때문에 성경의 스토리와 내
용을 알고 있었으며 설교를 통해서 교훈을 받아왔다. 설교자들은 내게

믿음이 중요하다고 말해주었다. 믿으면 천국에 이르고 믿으면 저절로 삶이 변화에 이른다고 가르쳐 주었다. 나는 성경에 믿음이 있으면 산을 옮긴다고 했기 때문에 내 자신의 믿음이 약한 것이 문제라고 여기고 어떻게 하든지 믿음을 굳건하게 하려고 애를 썼다. 그래서 나의 신앙은 견고한 믿음이 목표가 되었다. 나는 믿음을 굳건하게 하는 방향으로 가고 있었다. 주변에 나와 같이 믿음의 확신에만 초점을 두는 이들이 많았다. 그러나 그들은 자기의 확신을 강조하였고 누구든지 확신에 조금이라도 반기를 든다 싶으면 어김없이 싸움판이 벌어졌다. 이들은 자신이 특별한 자이며 선택받은 자이며 특별한 영적인 체험을 말하면서 자신들이 마치 여타 다른 사람과는 다르게 선택된 사람이라고 말했다.

이들에게는 누구에게나 적용되는 보편적인 진리는 없는 듯싶었다. 이들은 확신의 기준에 서서 자신들이 특별하다고 여겼고 이렇게 기도를 했더니 이런 선물을 주님이 특별하게 내게만 주었다는 그런 식이었다. 그들은 강조하기를 주님은 자신들의 친구이기 때문에 눈을 감고 있으면 주님이 자신들에게 가르쳐준다고 말했다. 그러나 그들의 말속에는 이기적인 욕심이 있었고 자기합리화가 들어 있으며 성공이 목표였고 독단적이었다. 마치 주님은 그들의 사회복지를 위해 십자가를 지신 분처럼 말했다.

나는 이런 과대한 이론을 전개하는 이들이 싫었고 이런 모임에 참석하기도 식상해졌다. 그들에 비하면 나는 한없이 작아진다는 느낌을 받았다. 주님을 가장 잘 믿노라고 하는 이들은 입으로는 억양을 부드럽게 하면서 겸손을 말했으나 자세히 들여다보면 양보가 없고 편파적이고 자신을 지식인이라 여기고 내면을 들여다보지 않는 인간이었다. 이들을 보면서 나는 진리는 저렇게 독단적으로 자기만의 하나님을 만들어서 주장하는 것이 아니라는 생각을 했다.

그래서 나는 상담학에 대해 더욱 관심을 가지고 연구하기 시작했다. 상담학은 철학적 배경에서 시작한 학문이기 때문에 인간 존재에 관심을 두고 있다. 처음에 나는 상담학을 배우면서 너무도 신이 났다. 상담학은 내게 마음의 구조와 성격 형성의 배경과 자신을 보는 눈이 생기도록 도와주었다. 그러나 한 가지 알게 된 것은 상담학적인 접근방식은 개인의 내적인 문제를 가족과 타인과의 관계 혹은 심리적 갈등에 두고 있었고 선과 악에 대해서는 말하지 않았다. 그래서 도덕과 윤리는 그렇게 중요한 것 같지 않았다.

그래도 내가 상담 전문가들을 존경하는 이유는 그들은 마음에서 문제를 찾고 해결을 꾀하기 때문이다. 이렇게 내면에서 문제해결을 찾는 것은 철학이나 심리학이 다른 학문보다 우위에 있다는 증거이다.

그러나 상담학은 내게 또 다른 답답함을 안겨줬다. 그것은 상담학은 절대적 가치보다는 상대적 가치를 주장하기 때문이다. 상담학은 태초부터 인간에게 주어진 기본적인 삶의 진리를 말하지 않는다. 그저 좋은 게 좋은 거라는 무골호인 같은 느낌을 주었다. 나는 수많은 사람을 상담하는 전문가로써 심리이해에 관심을 기울였는데 내게 찾아오는 내담자들에게 배우자 혹은 자녀에게 헌신이나 희생을 강조할 수가 없었다. 그렇게 강요해서도 안되었다. 그러나 인간의 삶이라는 것은 자기만족을 위해서 살아갈 수는 없고 절대적으로 희생 없이는 안 되는 그런 일들도 많이 있다. 또한 나와 아내와의 관계가 더 나아진 것은 없는 듯싶었다. 왜냐하면 서로를 이해하기가 쉽지 않았다. 욕구충족은 또 하나의 욕심이 될 수도 있다. 선의 목표가 없는 욕구충족은 언제나 불만족으로 가기 때문이다.

처음에 나는 남편으로써 아내에게 모든 매사에 잘 대해주면 된다고 여겼다. 그러나 부부관계는 한쪽이 잘해준다고 문제가 다 해결되는 것이 아니다. 부부문제에 있어서 깨닫게 된 것은 부부는 단지 심리적 주제만 있는 것이 아니고 선악의 관계가 있다. 부부한쪽이 악할 수 있으며 그로 인해 선한 자는 고통을 받을 수도 있다. 만일 이렇다면 정말 심각한 일이 아닐 수 없다.

부부는 연합하거나 분열하는 관계이다. 연합하면 부부관계가 좋은 것이고 분열하면 부부관계에 금이 간 것이다. 부부가 연합하기 위해서는 각자 선으로 상대방을 대해야 한다. 선은 언제나 진리 안에서 이루어진다.

그러므로 부부는 진리를 절대적인 신앙으로 지키고 따르고자 하는 공통분모가 있어야 한다. 그런 신성한 영역이 존재해야만 상대방에 대해 진심으로 대하고 사랑해야 하는 당위성을 갖게 되며 상대방에게 불미스러운 행위를 하지 않는다. 그러므로 내게는 진리를 찾아서 아내를 사랑해야 하는 부분이 남아 있었다. 그것은 이해나 심리분석가지고는 부족하다. 사랑의 이유를 제대로 찾기 위해서는 주님과의 관계에서 진리적 원인을 찾아야만 했다.

나는 주님을 사랑하고 이웃을 사랑하라는 계명을 주시했다. 그리고 선한 사마리아인처럼 아내를 대하겠다고 생각했다. 그래서 주님을 사랑하고 계명을 실천하는 마음으로 선을 가지고 아내를 선대하고자 노력했다. 그러자 내 마음이 평안해지기 시작했다. 부부사이가 타협의 관계가 아니라 주님의 사랑을 실천하는 관계가 되어야 한다는 것을 깨닫게 되었다.

TV에 방영된 어느 부인은 십여년 동안 시아버지의 대소변을 받아내고 오십여년 동안 성격이 난폭한 시어머니를 그림자같이 따르면서 봉양한다. 그녀는 효부상을 준다고 해도 상을 받으러 가지 않았다. 이유는 자신이 한 일이 상 받을 일이 아니라는 것이다. 나는 그 여인을 보면서 종교인이 아니면 저렇게 하기가 어렵다는 생각을 하였다. 역시 그 여성은 독실한 신앙인이었다. 매일 새벽마다 교회에 가서 기도를 하는 장면을 보여 주었다. 부모에게 효도하고 자녀들에게 헌신적이고 다른 이들을 위해 봉사하는 삶이 자기만족을 추구해서는 절대로 이루어질 수 없는 삶이다. 그러나 종교적 직분을 가지고 있으면서 남을 가르치고 있지만 서로 비난하고 가족을 희생시키고 관능적 즐거움에 빠져있어서 복구조차 할 수 없는 지경에 빠진 이들도 있다. 이들의 목표가 자기만족이기 때문이다.

나는 진리를 찾고자 노력했다. 성경은 내게 비유적 해석이 필요하다는 것과 인간의 사후의 삶과 자연세계와 영적세계는 연결고리가 있으며 신은 인간에게 진리를 부여해주신다는 것을 가르쳐 주었다.

진리는 말에 있지 않으며 실천에 있다는 것도 깨닫게 되었다. 누구나 다 아는 사실이지만 또한 실제적으로는 그렇게 살아가는 사람이 많지 않다. 나는 진리는 삶이고 길이라는 것을 알게 되었다. 당연한 이야기이지만 본질적으로 나에게는 소중한 깨달음이었다. 나는 새로운 깨달음을 얻고 난 이후에 느낌을 글로써 대충 적어 보았다. 다음은 나의 느낌을 적어 놓은 글이다.

"나는 진리를 정말로 못 알아보았습니다. 진리의 현관에도 못 들어갔습니다. 이는 내 자신이 진리 구경꾼으로 전락했기 때문입니다. 내가 이렇게 될 줄은 미처 몰랐습니다. 진리가 좋아서 진리를 구경 하다가 그 속에 들어가지 못하고 그만 구경꾼이 되어 버리고 말았습니다. 진리 구경꾼이 좋아하고 만족하도록 서비스해주는 곳은 너무나 많았습니다. 화려한 강단에 위엄 있는 복장과 갈고닦은 목소리에 자신감 넘치는 소리와 웅장하고도 아름다운 찬양대의 고운 소리와 알맞은 온도를 느끼며 잘 차려 옷 입은 대중이며 친절한 미소를 머금은 단정한 옷차림의 누군가의 부인되는 여성들이 부드럽고 친절하게 다가와 커피를 건네주었습니다. 앞에 서있는 자는 종교적 분위기의 화려한 복장과 넥타이를 매고 무슨 소리를 하는지 알아듣지는 못했으나 하여튼 열심히 무언가를 가르쳐 주려 하였으며 목청 돋우어 말하고 있었습니다. 중간에 유머도 섞어가면서 말입니다.

그들은 아들, 딸 잘되라고 축복을 해주고 사업도 잘되라고 말해주고 건강하고 범사가 잘 될 거라고 예언도 해주었습니다. 그렇게 해서 자기가 빌어준 복으로 많은 사람이 축복받았다고 말해주면서 록펠러 등 세계적인 부자들의 이름을 꺼내가며 모두다 크리스천이며 혹시 부족한 것 있다면 작정기도 하거나 금식하면 되고 떼를 쓰며 기도하거나 큰소리로 믿습니다! 외치면 결국에 사랑 많으신 하나님은 다 주신다고 장담을 했습니다.

한 가지 잊지 말아야 할 것은 축복받기 위해서는 헌금하는 것을 절대로 잊지 말라고 당부하였습니다. 부자는 천국에 들어가기가 어렵다는 말을 성경에서 읽었는데도 누구하나 그런 얘기를 하는 사람은 없었습니다. 그저 할 말 없으면 하나님은 다 하실 수 있다는 투의 말이며 믿음이 적은 탓이라고 지적했습니다. 그들이 말하는 하나님이란 요술방망이처럼 보였습니다. 하나님은 자기 말은 좀 잘못되었더라도 사양하지 않으시고 다 들어주시는 분이고 어떻게 살아야 진리의 삶을 사는지에 대해서는 가르쳐주지 않고 하나님은 삶에 대해서는 무관하신 분으로 알도록 그들은 나에게 세뇌시켰습니다.

그들은 나에게 삶, 저세상, 영혼, 천국과 지옥보다도 우선되는 것은 물질 축복이라는 뉘앙스를 주었습니다. 그들은 세상은 곧 나팔소리와 함께 멸망당할 것이며 주님 이름만 부르면 구원이 되는 것이라고 귀띔해 주었습니다. 아마도 사람들의 귀에는 이런 이야기는 솔깃해지는 그런 이야기입니다. 그런데 이것이 식상해지기 시작했습니다. 왜냐하면 그렇게 서비스 해주는 그분들 중 누군가가 나에게 다가와서 우는 얼굴과 절망적인 목소리로 내일 파산 직전에서 자신의 능력 없음을 한탄하면서 자신도 찾아오는 이들에게 서비스를 주고자 하였으나 그렇게 열심히 했건만 찾아오는 이 없어 자신은 경쟁에 탈락하여 이제는 모든 것을 접고 부인은 파출부로 아이들은 학교를 그만두고 자신은 기도원에 가야겠다고 울면서 말하였기 때문입니다. 알고 보니 이런 포기상태에 있는 이들이 한두명이 아니었습니다. 그는 분노하였고 울고 있었습니다. 왜 이렇게 되었는지 이상해 하였습니다.

원칙대로는 하나님은 축복해주는 분이고 수학공식처럼 당연히 축복이 와야만 하는데 말입니다. 그분들은 자기가 하는 일은 하나님의 일인데 실패했다는 사실을 이상히 여겼습니다. 그리고 또 성공했다고 여기는 몇몇의 목에 힘이 들어간 노인들 중 누구는 아직도 종교적 권위로 호령하는 맛으로 살고 있으면서 혹시 내가 쌓아놓은 노하우를 가져가고 싶으면 줄 것이라고 은밀하게 거래를 하고 있었습니다. 자신은 당연히 이만한 가치를 갖고 있으므로 내가하는 일은 불법이 아니라고 말합니다. 무엇을 보려고 광야에 나갔는가?

　나는 주님의 기적을 찾아다녔습니다. 죽은 자가 살아나고 눈 먼 자가 보며 병든 자가 고침 받고 바다가 갈라지고 믿으면 산이 옮겨지고 기도 많이 하면 출세하게 되며 어떤 기도이든 하루 여섯 시간씩 기도만 하면 자식들은 망하지 않고 성공할 것이라고 배웠습니다. 십일조만 하면 별 볼 일없는 자가 출세하는 것은 식은 죽 먹기처럼 쉽다고 여겼습니다. 뭐든지 내가 돈이 생기는 것은 주님이 주신 것이라 믿었습니다.

　누군가 핏대를 올리고 설교를 하면 가슴이 뭉클해지면 감동이 오는 것이라 여겼습니다. 그간 나는 나의 공로를 앞세웠던 것 같습니다. 나는 내생명은 주님의 것이라는 것을 잊어버린 듯싶습니다. 아 그런데 말입니다. 나는 한 가지가 마음에 걸립니다.

　'주여, 주여 하는 자가 다 천국에 갈 것이 아니라 내 뜻대로 행하는 자라야 천국에 들어갈 것이다', '거듭나지 아니하면 천국을 보지도 못할 것이다.', '어린아이 같이 되지 아니하면 결단코 천국에 들어가지 못하리라.', '내가 너희를 도무지 알지 못한다. 불법을 행하는 자들아 나를 떠나가라' 이런 구절들이 심상치 않게 들립니다. 무섭습니다. 나는 믿으나 주님이 아니라고 하신다면, 만약 그런 일이 만분의 일이라도 일어난다면 큰 일 아닙니까? 내가 믿는 것과 행하는 것이 진리가 아니었다면 무섭습니다. 사실 나는 아직까지 그렇게 희생적이고 헌신적으로 살아온 것 같지는 않거든요. 진리는 보편타당하며 천하만민 누구든지 적용되어야 합니다. 진리가 부분적인 사람이나 특정한 사람 그리고 선택되었다고 떠드는 소수의 사람에게만 적용된다면 그것은 자기들만의 잔치요 아전인수 교리에 불과하다는 것을 알게 되었습니다. 진리가 특권층의 산물이 아니지 않습니까? 진리는 고대인이든 현대인이든, 아프리카 어린이든 서울에 살고 있는 자이든, 나이가 많든 적든 간에 누구에게든지 적용이 가능해야 진리 아닙니까?

나는 이제 광대놀음을 보고 싶지 않습니다. 내가 장에 나간 이유는 진리를 알고 이해하고 따르고자 하였습니다. 그러나 진리는 보이지 않고 수많은 구경꾼과 보암직도 먹음직도 탐스러운 선악과만이 난무하고 춤추고 행복에 젖어 떠들어대며 축복받은 장사꾼들의 광대놀음뿐이었습니다. 이런 잔치를 구경하고자 많은 사람이 벌과 나비처럼 찾아들었습니다. 처음에는 노래하고 즐기다가 후반부에는 진리를 얻어갈 줄 알았습니다. 그러나 그것은 못내 속임수였으며 남는 것은 피곤과 허전함이었습니다. 나는 그 속에서 진리를 전혀 찾지 못했습니다.

마치 내가 속았다는 느낌 외에는 아무 것도 없기에 나는 서글펐으며 진리를 목 놓아 찾아 울면서 모든 것을 던져 버리고자 했습니다. 그리고는 스스로에게 말하기를 어딘가에 나를 기다리는 진리가 있을거야! 하고 속삭였습니다. 진리는 먼저 캄캄한 어둡고 빛이 없는 광야에서 들려오는 소리를 찾아 만나는 것입니다. 그리고 진리의 지식을 듣고 꿀을 대하듯이 기뻐하는 것입니다. 처음에는 겉사람이 변화되지만 후에는 속사람을 변화시킵니다. 진리는 천국의 지혜로운 말씀을 듣는 것입니다. 신비로운 세계의 가장 위대한 진리 '순진무구' 입니다. 진리를 듣고 마음을 열어 회개하고 생각해보니 단하나의 천국의 법이 떠오릅니다. 하나님을 사랑하고 네 이웃을 사랑하라! 이로써 천국이 가까워져 오는 것이 보입니다. 진리를 앎으로 거듭나서 천국의 신비에 고무되어 신비스러운 무지개와 같은 아름다운 형상이 내 영혼의 기운이 비쳐지기를 원합니다. 내 얼굴에서 어린양과 같은 순한 양이 비쳐지기를 원할 뿐입니다."

이 글은 나의 삶에 대해 잘못된 부분을 깨닫고 진리를 열망하는 고백이다. 여기에는 새로운 삶에 대한 시작을 여는 결심이 담겨 있다. 깨달음은 새로운 삶에 대한 도전이고 시작이다.

선의 깨달음

깨달음은 주님께서 주신다. 현미경으로 다이아몬드의 영롱한 광채를 보듯 진리의 소원을 가지고 깨달음을 얻고자 한다면 진리를 얻게 된다.

그러나 악에 머물러 있는 사람은 선을 원하지 않기 때문에 제멋대로 추론한다. 추론의 상상력은 과학적 사고를 유발하기도 하지만 자칫하면 거짓의 결과물을 만들 수 있다. 감각을 가지고 제멋대로 추론을 하면 악을 창출할 가능성이 높다. 악은 추론을 가지고 진리를 경멸한다. 또한 이웃을 멸시하고 간음을 좋아한다. 이들은 과학을 진리라고 믿으며 자연만물은 스스로 존재하며 하나님이 계신 증거가 없다고 말한다. 세속에 빠져있거나 감각에 도취된 자들은 깨달음이란 무의미하고 어리석은 일이다.

선의 깨달음이 태양의 빛이라고 한다면 악은 어두움이라고 할 수 있다. 선의 깨달음은 오염되지 않은 눈에 광채가 비쳐서 만들어진 오색찬란한 결정체라고 한다면 악은 불결하며 불쾌한 냄새가 나는 어둠이다. 악을 가진 자들은 자신이 누구보다도 더 밝고 빛난 것처럼 여기지만 어둠속에 있음을 모르고 있을 뿐이다. 이들은 감각적 만족을 위해 예리하게 추론하는 재미에 푹 빠져 있다. 그러나 진리 앞에서 추론은 완전히 소멸해 버리고 만다. 이들의 깨달음은 지옥의 어두움에 빠질 수밖에 없다.

진리는 천국에서 비롯되고 감각적 추론은 지옥에서 비롯되었다. 진리의 통찰력은 그것을 얻고자 하는 열망이 없으면 불가능하다.

성경에 "비유로 말씀하시되 한 사람이 포도원에 무화과나무를 심은 것이 있더니 와서 그 열매를 구하였으나 얻지 못한지라 포도원지기에게 이르되 내가 삼 년을 와서 이 무화과나무에서 열매를 구하되 얻지 못하니 찍어버리라 어찌 땅만 버리게 하겠느냐 대답하여 이르되 주인이여 금년에도 그대로 두소서. 내가 두루 파고 거름을 주리니 이 후에 만일 열매가 열면 좋거니와 그렇지 않으면 찍어버리소서 하였다 하시니라"(눅 13:6-9)

포도원은 진리와 선의 세계를 의미한다. 무화과는 세상적 상태의 선이고 땅은 사람의 마음을 의미한다. 이 내용은 진리의 깨달음이 없이 세상적 상태로 살아가는 인간은 결국 진리에 들어오지 못하고 마음만 부패해지고 만다는 내용이다. 아무리 진리의 나라에서 산다고 할지라도 언젠가 부패하고 썩어버려 결국 버림을 받고 마는 존재가 됨을 말한다. 주인은 오랫동안 참고 기다려 보지만 선에 대한 소원과 갈망이 없음으로 결국 깨달음에 도달하지 못한다. 입으로는 진리를 말하지만 내적인 변화는 없는 상태이다.

주님이 주심

성경에 하나님의 천사들이 야곱을 만나러 달려왔다고 하였다. 주님께서 선의 깨달음을 주신다는 뜻이다. 하나님은 선의 본질이시고 사람은 하나님의 형상과 모양을 따라 지음을 받은 존재이다. 결국 인간은 주님 없이는 깨달음이란 있을 수 없다.

주님이 주시는 깨달음은 새로운 상태에 접어들게 한다. 밤에 잠을 자고 일어나면 아침의 신선한 공기와 함께 맑은 정신이 깨어나듯이 인간은 아침이 되면 맑은 정신이 살아난다. 주님이 아침의 신선함과 함께 새로운 날을 주시듯이 예민한 주의력과 통찰력을 주신다. 깨달음 없이는 주님을 만날 수 없고 선에서 오는 진리를 알지 못한다. 그러므로 인간은 매일 아침마다 깨달음과 더불어 새로운 상태에 들어간다.

주님은 사람의 몸이 자라는 것처럼 마음도 진리 안에서 자라도록 도우신다. 그래서 마음은 씨앗에서 줄기가 나오고 꽃이 피고 열매를 맺듯이 자연적 상태에서 영적상태로 자란다. 사람이 진리를 믿고 실천함으로 선해지고 마음의 성화가 온다. 이는 건축하는 자가 기초를 다지고, 벽돌과 기둥을 세우듯이 사람은 온전한 인격으로 성숙해져 가는 것이다. 이런 방식으로 주님은 사람에게 선을 채워가신다.

순진무구는 진리를 제대로 아는 자에게 주어진 것이며 이세상이나 하늘나라에서 최상의 선의 상태를 이룬다. 그러나 인간은 많은 욕심으로 인해 좋은 집, 좋은 차, 명예, 재산을 소유하기를 원한다. 그들은 자신들이 갖고 있는 것보다 더 많은 것을 가지면 행복할 거라고 생각한다. 가지고 있는 것으로 만족하지 않는다. 그러면서 그들은 먹고 입고 살아갈 것과 시대에 맞는 문화 혜택을 누리지 못할 것을 걱정하고 두려워한다. 이들은 진정 자신들이 원하는 것을 모르면서도 원하는 인생을 살아갈 수 없다는 사실에 대해서 슬퍼하고 안타까워한다. 그래서 두려움과 걱정을 떨쳐 버릴 수가 없다. 결국 이들은 스스로 독립적으로 해결해야 한다고 믿으면서 살게 되었다. 이는 생존을 위한 독립적 의지이며 변질된 신념이다. 이로 인해 정서적 불안과 공포, 근본적 고통을 가져오게 되었다. 이는 영혼을 잃어버린 현대인의 아픔이다.

이들은 더 이상 주님의 도움을 구하지 않으며 진리를 찾지 않는다. 오히려 자신들이 원하고 꿈꾸고 바라고 상상하고 옳다고 여기는 것을 따라가게 되었다. 이렇게 됨으로써 순진무구 상태에서 멀어지게 되었다. 그러나 주님은 사람의 자아에 순진무구를 심어주셨다. "진실로 너희에게 이르노니 너희가 돌이켜 어린아이들과 같이 되지 아니하면 결단코 천국에 들어가지 못하리라."(마18:3) 그러므로 사람들은 순진무구와 멀어지게 만드는 자신의 내면의 불순한 독립 의도와 투쟁을 해야 한다.

묵상

　　그분이 내게 입 맞추어 내가 달라졌습니다. 그분이 하시는 일입니다. 이 일로 인해 나는 들짐승에서, 들 나귀에서, 사냥 잘하는 사람에서 점점 좋은 사람으로 변해 갑니다. 그것은 곧 거룩한 것과 입을 맞추었기 때문입니다.

　　전에 나는 내안의 뱀과 입 맞추고 내안의 돼지와 입 맞추고 내안에 이리와 입 맞추며 살았습니다. 그러나 이제 하늘의 선이 내게 들어왔습니다. 이로써 나는 변화되고 있습니다. '나의 아들아 이리와서 나에게 입을 맞추어 다오!' 이삭은 에서에게, 속사람은 겉 사람에게 다가가 입 맞추고 싶어 합니다. 아브라함은 십칠년간 하갈에게 입 맞추어 살다가 사라와 입 맞추게 되었습니다. 내 얼굴은 입을 맞춘 결과물입니다. 나의 의도와 목적이 얼굴에 드러납니다. 내 얼굴은 투명한 채로 보일 것입니다.

　　천사들은 내 얼굴을 보고 자신을 얼굴을 마주하면서 교제하기를 원합니다. 그리고는 그들의 마음이 기뻐합니다. 아! 이 얼굴로 그 나라에서 쫓겨나지 않기를 바랍니다. 하늘의 빛이 내 안에 들어왔습니다. 하늘의 세계가 내 안에 들어왔습니다. 신령한 선이 들어왔습니다. 내게 새로운 세계가 열리고 있습니다. 떫은 과일이 점차로 익어가고 있습니다. 악에게 빼앗겼던 성을 되찾아오고 있습니다. 정욕의 연기가 사라지고 진리의 옅은 구름이 가득합니다. 가시덤불이 제거되고 야수들이 쫓겨 납니다. 나는 거듭나고 있습니다. 거듭나는 것은 하늘이 내게 입 맞추고 있기 때문입니다. 이렇게 고마울 데가 어디 있습니까?

🏮 이해력의 확장

선한 자는 악을 인식하고 진리 안에 있는 자는 거짓을 인식한다. 산꼭대기에서는 세상을 내려다볼 수 있지만 어둠 속에서는 가까운 곳만 볼 수 있다. 눈은 이해를 뜻한다. "그러므로 만약 네 속에 있는 빛이 어두우면, 그 어둠이 얼마나 심하겠느냐?" 눈은 이해와 믿음을 의미한다. 그러므로 인간이 주님의 빛을 받기 위해서는 이해와 믿음을 가져야 한다. 이해는 믿음에 의한 깨달음이다. 육안은 세상의 빛으로 말미암지만 믿음의 시각은 하늘의 빛에서 비롯된다. 눈이 있어도 보지 못한다는 것은 진리를 이해하려고 하지도 않고 믿으려고 하지 않는 것을 의미한다.

🏮 상태의 변화

인간은 선과 악으로 상태 변화를 이루어가는 존재이다. 영혼의 밤과 낮이 어울려져서 상태에 맞게 선과 진리는 알맞게 조정된다. 인간의 마음은 다양한 상태의 변화가 있다. 봄·여름·가을·겨울과 같은 절기의 변화가 있는가 하면 아침·낮·저녁·밤과 같은 하루의 변화가 있다.

밤과 겨울은 어두움이고, 아침과 여름은 밝은 상태를 의미한다. 밤은 인간이 어리석고 진리를 알지 못한 상태를 의미하므로 밤의 상태에 처해 있을 때는 선이 필요하다. 인간은 선에 의해서 온전해지고 성숙으로 나아간다.

'천국의 아이들'이라는 다큐를 보았다. 필리핀 마닐라의 변두리에 살고 있는 12살 믹이라는 소년이 있다. 믹은 어머니는 일찍 죽고 알코올중독자인 아버지가 유일한 가족이다. 믹은 달리는 트럭에서 철사나 플라스틱을 꺼내오는 점플보이의 일을 한다. 위험한 일을 12살 소년이 한다. 그 일을 하면서 아이는 트럭기사가 될 꿈을 꾸고 있다. 이웃에 살고 있는 부모 없는 9살 난 소년 프란시스는 매일 아침마다 믹을 찾아온다. 프란시스는 장난기가 많고 잘 웃는 아이였다. 프란시스는 믹을 따라 다니면서 믹이 주는 빵과 과자를 얻어먹으면서 형제처럼 의지하면서 살아간다. 이들은 쓰레기통이나 마닐라 해변가에 떠다니는 플라스틱을 주우면서 팔아서 먹을거리를 해결하지만 해맑은 미소와 즐거움이 몸에 배어 있다.

비록 형제는 아니지만 둘은 서로를 위해주며 도우며 살아간다. 어느 날 프란시스는 고열로 세상을 떠나고 만다. 어린아이들의 생존하고자 하는 노력을 보면서 많은 부분을 생각하였다. 인간은 가난과 절망과 고독 속에서 선을 잃지 않고 변화하고자 노력하는 존재이다. 비록 아이들이지만 미래를 향한 꿈이 있다. 이들의 상태는 변화한다. 인간은 변화하면서 살아가는 존재이며 선으로 변화한다는 것은 진리를 실천함으로 가능하다.

채움

인간은 신령한 것을 담는 영적 그릇이다. 마음에 무엇을 담느냐에 따라 그 사람이 평가된다. 그러므로 인간은 깨달음, 양심, 지혜와 같은 높은 가치의 선으로 채워야 한다. 선은 깨달음과 동시에 채워진다. 성경에는 "내가 그에게 하나님의 영을 채워 주겠다"고 하였다. 하나님의 영으로 채운다는 의미는 진리를 깨달음과 동시에 선이 채워지는 것을 의미한다. 의지적으로 인간은 아래를 내려다 볼 수도 있고, 위를 쳐다볼 수도 있다. 인간이 자신과 세상을 보는 것은 아래를 보는 것이고 지옥과 교류하게 된다. 또한 인간이 위를 보는 것은 천국을 보는 것이고 천국과 교류한다.

위를 보는 것은 천국의 진리와 사랑을 채우는 것이다. 중요한 사실은 채움은 인간의 수용능력에 일치하게 일어난다. 인간은 이해와 의지 속에 선과 진리를 수용한다. 그러나 아래를 바라보는 자는 의도와 목적이 감각적이고 세속적이다. 이들은 겉으로 보기에는 아름답지만 속에는 진리가 없고 짙은 암흑일 뿐이다. 입으로는 미사여구를 동원하여 논리적으로 말하지만 세상적인 쾌락의 의도가 숨어 있다.

이들은 성령을 자신의 전유물처럼 말하면서 어리석은 자에게 정욕과 미련함과 시치스러움을 주입시켜 양심과 깨달음을 마비시킨다. 성경은 이런 자를 두고 '전갈'이라고 표현한다. 이런 자는 지옥의 자식이요 악마의 패거리이다. 이들에게는 천국의 진리가 없으며 지옥의 현혹된 어둠만이 존재하는데도 미련한 자는 그것을 모르고 현혹되어 우매한 짓을 자행한다.

그러나 만일 진리 자체를 사랑하기 때문에 실천한다면 그에게는 천국의 채움이 주어진다. 그는 진리의 빛을 받으며 천국과 교류한다. 진정 깨달음을 원하면 주님께서 이해의 문을 여시고 그에게 합당한 지혜를 주신다. 그러나 명예와 재물을 목적한디면 진리를 제대로 깨닫지 못한다. 그러므로 주님으로부터 빛을 받기를 열망하는 사람은 언제나 악이 무엇인지를 분별하고 자신에게 악이 침범하지 않도록 주의해야 한다.

채운다는 의미는 빈 그릇에 모래를 가득 채우는 것과는 다르다. 만일 그렇게 생각한다면 무지한 자라고 말할 수밖에 없다. 채운다는 의미는 새로운 깨달음과 의미가 주어진다는 뜻이다. 채우기 위해서 먼저 이해의 기능이 우선되어야 한다. 진리를 이해함으로 교훈을 받게 되어 깨닫게 되고 삶속에서 진리의 확증을 하는 것이다. 이로써 선의 목적이 분명해지고 새로운 상태가 이루어진다. 인간의 행위 속에는 목적과 원인이 들어 있다. 목적이 선하면 이웃을 사랑하는 일을 하게 되고 그 결과 선행을 하게 된다. 그러나 목적이 악하면 이웃에게 피해를 주고 악행의 결과가 주어진다.

인간의 내면에는 헤아릴 수없이 많은 사상과 축척된 지식이 있다. 그 사상이 선한 목적을 목표한다면 행동은 선해질 수밖에 없다. 목적이 선하면 과정도 선하기 때문이다. 목적이 악하면 모든 사상도 악하다. 사람은 목적에 따라 사는 존재이다. 목적이 그 사람을 이끌고 있다. 어떤 사람이 상대방에 대해 증오심을 갖고 있다면 그는 기회가 주어지는 대로 분노를 표출한다. 겉으로는 포장할 수 있으나 억압된 분노는 폭발할 기회를 엿보게 된다. 목적은 생명과 같다. 목적은 사랑하는 것이다. 목적이 자기만족을 위한 것이면 그것에서 파생된 것은 쾌락이다. 그러나 목적이 진리를 실천하기 위함이면 이미 순진무구가 시작된 것이다.

마치 꽃의 열매 속에 수많은 작은 씨앗이 숨어있듯이 인간의 행위에는 수없이 많은 목적과 원인의 과정을 거치게 된다.

13 의도

"마음으로 생각하는 모든 계획이 항상 악할 뿐임을
보시고"(창6:5)

수치심은 악이 발견되었을 때 악을 감추기 위해서 생긴다고 하였다.
인간은 악을 포장하고 감추기 위해 온갖 노력을 하지만 악이 제거되지
않으면 악은 인간을 파멸로 끌고 갈 뿐이다.

인간은 악을 제거할 때만이 새로워질 수 있다. 악을 제거하기 위해서
는 선의 의도가 있어야 한다. 선의 의도를 가지면 천국에 이르고 악의 의
도를 가지면 지옥에 이른다. 의도는 목적이다. 에덴동산의 생명나무는
주님을 의도하는 것이다. 반면에 선악의 나무는 자신의 만족을 의도하는
것이다. 생명나무와 선악을 아는 나무는 각 사람 마음에 있다. 악의 의도
는 인간을 더욱 고집스럽게 만든다. 악을 가슴에 품고 있으면 진리를 아
는 이해가 닫히게 된다. 그러나 선의 의도는 인간으로 하여금 도덕적, 윤
리적 질서를 순수한 목적으로 지키려고 한다. 이것이 진정한 사람다운
사람이다.

의도와 목적

의도는 목적이다. 주님은 인간의 의도를 보신다. 의도와 목적은 인간의 생명을 이룬다. 천국은 의도와 목적이 선으로 이루어진 나라이다. 에덴동산의 벗었으나 부끄럽지 아니하다는 것은 의도와 목적이 선함을 의미한다.

수치심의 치유는 의도와 목적을 변화하도록 돕는 일이다. 상처받은 기억을 말하고 피해 받은 사실을 말하는 사람들 중에는 선의 의도로 말하기 보다는 자기를 높이기 위해 타인을 희생양으로 살기 위해 말하는 경우도 있다. 이들의 목적과 의도는 자아애이다. 그러나 선의 의도와 목적을 가지고 진실 되게 행동하다가 상처를 받는 이들도 있다. 성경에는 이런 자들에게 이렇게 권고한다. "자기의 육체를 위하여 심는 자는 육체로부터 썩어질 것을 거두고 성령을 위하여 심는 자는 성령으로부터 영생을 거두리라. 우리가 선을 행하되 낙심하지 말지니 포기하지 아니하면 때가 이르매 거두리라."(갈6:8-9)

인간의 말과 행위 속에는 의도와 목적이 들어있다. 수치심의 상태에서 선의 상태로 변화하려면 의도와 목적이 변해야 한다.

인간의 생명은 사랑이고 목적이다. 인간은 그 의도와 목적에 따라 살아가는 방식이 다양하다. 인간이 선의 의도를 가지고 진리를 실천한다면 수치심의 상태 변화를 이루게 된다.

천국과 지옥이 왜 존재하는가? 천국은 선의 의도를 가진 자들이 사는 곳이며 지옥은 악의 의도를 가진 자들이 사는 곳이다. 어떤 이가 선의 목적과 의도를 가지고 있다면 천국에 있는 것을 알 수 있고 악의 목적과 의도를 가지고 있다면 지옥에 있는 것을 증명한다. 인간은 의도와 목적에 따라 그 형체가 주어진다. 천국의 목적은 선용이므로 아름다운 형체가 주어지고 지옥은 목적이 악용이므로 괴물과 같은 형체가 주어진다. 인간이 선의 의도와 목적을 가지면 선용의 삶이 된다. 그러므로 인간이 사기, 복수, 증오와 믿음으로 살았다면 그는 아무리 외모를 꾸미더라도 변함없이 지옥상태에 머무는 것이다.

나는 인간의 본질적 연구를 하게 됨으로써 목적적인 측면에서 치유를 연구하게 되었다. 인간의 최종 결론은 선과 악에서 판가름 나기 때문이다.

인간을 제대로 도와주려면 부모는 자녀에게 어려서부터 선한 삶을 가르치고 종교인은 선한 삶을 위한 진리를 전해주고 사회지도자는 삶에 기반을 갖도록 사회제도를 만들어야 한다. 모든 사람들의 마음속에 선함을 갖는다면 좀 더 많은 이들이 평화와 기쁨이 넘치는 세계가 될 것이다. 나는 오늘날 종교적 갈등과 인종갈등, 빈부의 격차를 해소하는 길은 모든 인류가 선의 목적을 지향할 때 가능할 것이라는 생각을 한다. 그 목적을 위해서 수단을 정비해야 한다.

그러므로 선하게 살고자하는 이는 자신의 마음 속의 목적과 수단을 분석해야 한다. 목적이 수단이 되고 수단이 목적이 된다면 삶의 질서를 위배하는 결과를 낳는다. 목적을 알게 되면 그것을 위해 다른 것은 수단이 된다. 진리는 선용이 목적이며 주님사랑과 이웃사랑이 목적이며 천국이 목적이다. 이런 목적은 세계 어느 곳이나 모든 사람들의 마음속에 존재하고 있다.

선한 의도

악한 의도를 가진 인간은 광야와 같다. 광야에는 사나운 짐승과 부엉이, 박쥐, 살무사, 독사가 우글거린다. 늑대와 같은 야생동물들을 몰아내지 않고서는 양이 살 수 없고 가시와 엉겅퀴를 제거하지 않으면 정원을 만들 수 없고 적을 몰아내지 않으면 평화를 이룰 수 없다. 이것을 몰아내어야만 정원을 만들고 씨를 뿌릴 수 있고 곡식을 생산할 수 있다.

인간의 마음속에 악을 몰아내지 않으면 변화는 기대할 수 없다. 주님께서 회개하라고 말씀하시는 이유는 의도를 분명하게 하라는 의미이다. 인간이 선을 의도하는 만큼 악이 떨어져 나가고 죄를 멀리 할 수 있다. 그러므로 인간은 자신에게 3가지를 질문해야 한다.

첫째로 자신 안에 악이 있는가?

둘째 그것의 결과가 어떠한가?

셋째 정말로 악을 피하고자 하는 의도가 있는가?

악의 의도를 가진 자는 포장하고 꾸미기를 좋아하고 마음에 정욕이 가득하다. 이들은 회칠한 무덤이고 썩은 나무의 껍질과 같다. 겉으로는 거룩한 척하지만 속에는 신성모독이 들어 있어서 겉과 속이 일치되지 않는다. 성경에 "화있을진저 외식하는 서기관들과 바리새인들이여 잔과 대접의 겉은 깨끗이 하되 그 안에는 탐욕과 방탕으로 가득하게 하는도다.

눈 먼 바리새인이여 너는 먼저 안을 깨끗이 하라 그리하면 겉도 깨끗하리라."(마23:25-26)

고름의 독이 장기에 침입하면 죽는 것처럼 인간의 의지에 악이 남아 있으면 인간의 영혼은 파멸로 갈 수밖에 없다. 표범을 창살에 가두지 않으면 가축이 공격당하고, 독사의 이빨을 뽑지 않으면 물리게 되고, 독초를 제거하지 않으면 양떼가 몰살당하고, 송충이를 제거하지 않으면 나무는 괴사하고 만다. 그러나 악이 제거된다면 가지들이 포도나무에 접목된 것같이 되어 선의 열매를 맺는다.(요15:4-6) 인간에게 악이 제거되지 않으면 결코 사람은 구원받을 수 없다. 인간은 의도로써 평가된다. 인간이 의도를 가지고 선을 목적하면 천국에 이르고 악을 목적하면 지옥에 이른다. 순수한 선행은 선한 의도에서 비롯된다.

검토

의도는 자신을 검토한다. 선한 의도가 있는 인간은 자신의 죄를 발견했을 때 죄에서 물러난다. 그러나 죄인 줄 알면서도 죄를 보지 않으려 하고 변명하는 자는 선의 의도가 없는 자이다. 이런 자들은 재물을 쌓아두고 선한 일에 사용하지 않는 부자와 같고 달란트를 땅속에 묻어두는 자이고 길가에 떨어진 씨와 같고 열매 없는 무화과와 같고 등은 가졌으나 기름이 없는 처녀와 같다. 의도는 자신을 검토하고 악을 시인하는 것이다. 성경에

"그러므로 회개에 합당한 열매를 맺고 속으로 아브라함이 우리 조상

이라 말하지 말라 내가 너희에게 이르노니 하나님이 능히 이 돌들로도 아브라함의 자손이 되게 하시리라."(눅3:8)

선한 의도는 한숨을 쉬면서 '어떻게 되겠지' 하고 내버려두는 것이 아니라 악한 행위에서 떠나는 시도를 하는 것이다. 선한 의도는 실제적이고 구체적인 의도이다. 인간은 자신의 의도를 검토해야 한다. 말은 생각을 드러내고 의지에서 행동이 나온다. 생각을 살펴보면 의도를 파악할 수 있다.

그러므로 생각 속에 신성모독, 복수, 간음, 도둑질, 거짓말, 주님을 훼방할 의도가 있는지를 보아야 한다. 자신의 악을 제거하고 선한 의도를 갖는다면 그는 진지하게 회개한 사람이다.

선한 의도를 가지고 악을 제거하는 사람은 마귀가 뿌려놓은 가라지를 뽑는 것과 같다. 부드러운 땅에 씨를 뿌리고 추수하는 자와 같다.(마 13:24-30)

유전적으로 인간은 권력과 재물에 대한 욕심을 갖고 있다. 권력을 갖고자 하는 것은 천국의 하나님이 되고 재물을 소유하고자 하는 세상의 하나님이 되고자 하는 의도이다. 인간이 욕심으로 살면서 자신을 검토하지 않는 사람은 피가 썩어가는 환자가 자신의 병을 모르고 있는 것과 같다. 결국 혈관이 막히고 피가 혼탁하게 되어 독이 생기고 피가 멈추게 된다. 그러나 스스로 자신의 의도를 검토하는 자들은 혈액의 순환이 원활하게 되어 활력을 회복하게 된다. 즉 자기를 검토하지 않는 자는 골짜기에 버려진 마른 뼈와 같고 검토하는 자는 힘줄과 뼈와 살로 덮여서 생기를 불어넣어 살아있는 사람이 되는 것과 같다.(겔37:1-14)

🕎 간구와 고백

자기검토 후에 중요한 의무는 간구와 고백이다. 간구와 고백은 악을 저항할 힘과 선을 행하고자 하는 소원을 구하는 것이다. 주님을 떠나서는 아무 것도 할 수 없기 때문이다.(요15:5)

그러므로 선한의도를 가지고 악을 이기려고 한다면 주님의 능력을 구해야 한다. 주님은 자기를 검토하도록 하시고 그것 때문에 슬퍼하고 악을 떠나려는 마음을 주셔서 새 삶을 시작하도록 영감을 주신다.

노동자가 아침부터 밤늦게까지 일하는 것은 쉽지만 처음 하는 이들에게는 어렵다. 마찬가지로 경건한 자에게 기도는 쉬운 일이지만 불경건한 자는 어렵다. 선한 의도를 가진 자가 천국을 보는 것은 쉽다. 악한 의도를 가진 자는 천자기 만족과 욕심으로 그의 성품과 습관을 만들어간다.

🕎 인식

의도를 검토하지 않는 사람은 선과 악을 인식할 수 없다. 세상은 이것을 제대로 구별하지 않는다. 세상적인 사람은 남에게 있는 악은 볼 수 있으나 자기 마음을 검토하지 않았기 때문에 자신의 악은 보지 못한다. 다른 사람이 자기의 결점을 지적하면 곧 덮어 버린다.

그러므로 가장 중요한 것은 자기 인식이다. 자기 자신의 결점과 부족한 부분을 인식하는 사람은 상대방을 무시하거나 거만하게 판단하거나 공격하지 않는다.

"어찌하여 형제의 눈 속에 있는 티는 보고 네 눈 속에 있는 들보는 깨닫지 못하느냐?"(마7:3) 눈에 들보를 안고 있는 사람은 남의 눈에 티끌이 있는 것을 보고 판단할 수 없다는 의미는 의도가 순수하지 않은 목적을 가지고 있는 사람은 작은 허물을 안고 있는 자를 보면서 손가락질 할 수 없다는 것을 의미한다. 자기인식을 하지 않는 자는 타인에 대한 판단이 죽음으로 끝장날 때까지 계속된다. 쉬지 않고 비난과 판단이 머릿속에서 작동한다. 그러므로 자신인식이 되지 않은 사람은 쉬지 않고 공격하는 거머리같이 이웃을 그로기 상태로 만들어 버린다. 결국 상대방이 죽고 싶다는 탄성이 터져 나올 때까지 비난을 반복한다. 순진무구를 가진 자들은 자신의 내면을 들여다보고 자신 안에 악의 덩어리가 있는 지를 확인할 수 있다. 자기의 의도가 상대방을 성장시키려고 하는 것인지 아니면 자신의 분노를 터트리기 위한 목적인지 혹은 자신의 신념을 확증하기 위한 것인지를 검토해야 한다.

만일 상대방을 성장시키기 위한 것이라면 순진무구를 가지고 있다고 할 수 있다. 그러나 상대방을 쓰러뜨리기 위한 것이라면 자신의 악이 드러난 것이다. 결국 세상적인 사람은 선의 의도를 가지지 않으면 생각은 환상에 젖게 된다. 악한 자들은 언제나 자유와 합리성과 자유를 남용한다. 그러므로 선한 의도를 가지고 자신을 검토하고 악을 찾아내서 제거하라. 만일 다른 동기에서 행한다면 숨기는 데만 성공할 것이다.

어느날 보니 나는 온 몸에 피가 더럽혀져 있었습니다. 어느새 피가 썩어서 독이 발생하고 그 독은 온 몸에 퍼져 내 몸은 이미 더러운 곤충과 독사가 우글거리는 더러운 습지가 되어 버리고 말았습니다.

나는 이미 정신이 혼미해질 대로 혼미해져 도저히 정신을 차릴 수 없는 지경에 이르렀습니다. 피가 썩은 곳에서는 썩은 고름이 차오르고 그 곳에서는 이미 벌레가 생겨 뜨거운 태양 아래 지독한 냄새를 풍기고 있었습니다. 나는 갑자기 이런 느낌이 들었습니다.

"아! 나는 드디어 해골 골짜기에 이르렀구나" 마침내 나는 내가 원치 않는 그곳에서 살고 있다는 것을 이제야 발견하게 되었습니다.

나는 피가 더럽혀져 있는 내 몸을 발견했습니다. 피가 뭉치고 독이 발생한 내 몸은 이미 어두운 지옥 그 자체였습니다. 피는 썩은 채 내 주위에 흘러나와 아무도 내 곁에 사람이 없었습니다. 썩은 피의 냄새를 즐겨하는 온갖 짐승들만 우글거리고 있었습니다. 나는 늦었지만 내 몸을 이제 새롭게 검토하고자 합니다. 이제라도 만일 검토하지 않으면 혈관이 막히고 피가 멈추어서버려 몸은 그대로 굳어버리게 되어 소금기둥이 되거나 짐승처럼 될 것이기 때문입니다. 이 구절이 생각났습니다. 자기 목숨을 얻는 자는 잃게 되고 주님을 위해 자기 목숨을 잃는 자는 얻게 된다는 것입니다.

나는 속으로 내가 음란, 거짓, 도둑질, 주님을 모독하거나 훼방한 것이 없는 지를 찾아보기 시작했습니다.

이런 것이 내 혈관 속에 돌아다닌다면 악독이 극에 이르러 마침내 나를 지옥 깊은 곳에 쳐 넣어버리고 말 것이기 때문입니다.

나는 지옥의 골짜기로 향하던 나의 발걸음을 멈추고 거짓된 생각과 악한 삶, 자기 사랑과 정욕을 제거해야만 합니다.

그렇지 않으면 나는 환란과 기근으로 메말라 죽을 것입니다. 나는 생명을 얻기 위해 시커먼 연기와 같은 정욕을 제거하고 진리를 행함으로 천국의 낙원으로 향해야 합니다. 이는 회개에 의해 이루어집니다. 또한 선한 삶에 의해 이루어집니다.

만일 회개하지 않으면 깨달음이 점차로 사라지게 될 것입니다. 내게 진리의 깨달음이란 생명과 같습니다.

지금부터 나는 어린아이같은 순수한 순진무구를 가지고 내가 아무 것도 아님을 알고 순수한 의도로써 내 마음 속의 마당에 더러워진 생각의 악을 빗자루로 쓸어버려야합니다. 내 안에 깊이 심겨진 악마의 가라지를 뽑아내야 합니다. 만일 그렇지 않으면 숨어있는 독사는 뛰어나와 어느새 나를 물어버릴지 모릅니다.

악은 여러 모양으로 내게 다가와 나를 설득하여 지옥의 구덩이로 나를 밀어버리고자 합니다. 그러나 나는 주님을 사랑하고 이웃을 사랑하는 마음을 가지고 주님의 나라에 사는 것을 소원하며 그 나라의 영들과 교제합니다.

내게는 천사의 지혜를 사모하며 선하신 주님의 인도를 기다립니다. 천국에서 오는 새 영은 교훈과 깨달음으로 나로 하여금 그 나라에 이르도록 도와줄 것입니다.

14 변화

"내 안에 정직한 영을
새롭게 하소서"(창51:10)

악한 의도에서 선한 의도로 바뀌면 새로운 변화가 온다. 이를 두고 거듭남이라고 한다. 꽃에서 열매가 나오듯이 인간은 세상적 상태에서 영적인 상태에 도달한다. 변화의 과정은 마음의 땅에 씨를 심고 줄기가 자라고 꽃이 피고 열매 맺는 과정과 같다.

거듭남

성경에는 사람이 새롭게 태어나지 않으면 하나님의 나라에 들어갈 수 없다고 하였다. "예수께서 대답하여 이르시되 진실로 진실로 네게 이르노니 사람이 거듭나지 아니하면 하나님의 나라를 볼 수 없느니라...예수께서 대답하시되 진실로 진실로 네게 이르노니 사람이 물과 성령으로 나지 아니하면 하나님의 나라에 들어갈 수 없느니라. 육으로 난 것은 육이

요 영으로 난 것은 영이니"(요3:3,5-6)

하나님의 나라는 천국을 의미한다. 물과 성령으로 난다는 말은 진리와 일치한 삶을 의미한다.

인간은 천국을 향해 나아가도록 태어났지만 거듭남에 의해 영적인 변화를 이루지 않고서는 그리로 들어갈 수 없다. 성경에 거듭나지 않은 사람의 상태를 다음과 같이 서술한다.

"당아새와 고슴도치가 그 땅을 차지하며 부엉이와 까마귀가 거기에 살 것이라 여호와께서 그 위에 혼란의 줄과 공허의 추를 드리우실 것인즉 그들이 국가를 이으려 하여 귀인들을 부르되 아무도 없겠고 그 모든 방백도 없게 될 것이요 그 궁궐에는 가시나무가 나며 그 견고한 성에는 엉겅퀴와 새품이 자라서 승냥이의 굴과 타조의 처소가 될 것이니 들짐승이 이리와 만나며 숫염소가 그 동류를 부르며 올빼미가 거기에 살면서 쉬는 처소로 삼으며 부엉이가 거기에 깃들이고 알을 낳아 까서 그 그늘에 모으며 솔개들도 각각 제 짝과 함께 거기에 모이리라."(사34:11-15)

그러므로 거듭나지 않은 인간은 '범, 표범, 살쾡이, 멧돼지, 전갈, 독거미, 독사, 악어, 까마귀, 올빼미'와 같다. 변화되지 않으면 폭력성을 가지고 타인을 습격하고 죽이고 약탈한다.

비둘기와 같이 예쁘고 정결한 새는 이해의 진리를 말하고 올빼미는 밤에 활동하고 까마귀는 검은 색깔이므로 올빼미나 까마귀는 거짓을 말한다. 성경에 노아가 까마귀 한 마리를 내보내니 이리저리 날아다녔다고 하였다. 이는 거짓이 불안을 야기 시키는 것을 의미한다. 거듭나기 전 인간의 거짓된 모습이다.

지옥을 몰아냄

인간에게 순진무구가 사라지면 지옥과 교류한다. 그 결과 인간은 진리에서 멀어지고 가식과 분노와 쾌락과 정욕으로 인하여 파멸이 찾아온다. 인간은 태어나면서 남을 지배하고 재물을 소유하기를 갈망한다. 인간에게는 정욕이 거미줄처럼 구성되어 있다. 정욕의 거미줄이 걷히는 만큼 새로워진다. 정욕에 탐닉된 인간은 작은 지옥이다. 인간이 천국에 들어가기 위해서는 지옥이 제거되어야 한다. 그렇지 않으면 인간은 지옥의 악마와 사귀게 된다.

어느 여인이 다른 남자를 알게 되었다. 그녀에게 찾아온 것은 남편의 눈을 피하는 스릴과 긴장과 더불어 느끼는 황홀감이 있지만 반면에 그녀는 점점 깊은 나락으로 떨어져 가는 것을 느끼게 된다. 간통이 주는 쾌감보다 간통 자체가 악이기 때문이다. 인간들은 이를 잘 구분하지 못한다. 이렇게 좋은 쾌감을 무엇 때문에 하나님이 막으시는 것일까를 생각하지만 간통은 진리 자체를 깨뜨리는 원인이므로 순간의 만족으로 인해 인생 전부를 망가뜨리게 된다.

시간이 흐를수록 그녀는 더욱 절망하지만 그러나 간통의 줄을 끊기까지는 지옥에서 지옥으로 이어지고 새로운 변화는 없다. 이로 인해 그녀는 어두운 구덩이로 떨어지는 듯한 느낌을 갖게 되고 이를 해결하고자 간교한 꾀를 내보지만 근본적인 해결은 불가능하다. 간통의 줄을 끊기까지는 지옥의 고통은 계속된다. 사람은 거듭난 만큼 죄가 제거된다. 용서는 곧 죄의 제거이다. 인간의 정욕은 지성과 양심을 파괴한다. 증오, 질투, 미움, 복수심을 가진 자들은 다른 사람을 제 발밑에 굴복시키고 자기에게 반대하는 자들이 망하는 모습을 보면 즐거워한다. 이들은 다른 사람에게 만행을 저지르는데 이런 만행은 자아애에서 비롯된 정욕의 결과이다. 성경에 지옥을 불못이라고 표현한 것은 정욕이 훨훨 타오르는 불로 비유한 것이다. 지성이 파괴되면 깨달음은 불가능하다.

성경에 이스라엘 진영의 배설물을 광야에 내던지도록 되어 있다. 이는 죄의 제거를 의미한다. 이스라엘 진영은 천국을 광야는 지옥을 의미한다. 야수들이 들끓는 숲이 벌채되면 짐승들은 도망갈 수밖에 없다.

주님이 세상에 오신 목적은 인간들로부터 지옥을 몰아내기 위해서이다. 주님은 지옥을 정복하고 천국을 여셨다. 그리고 계명을 따라 사는 자를 거듭남에 의해 천국으로 인도하신다. 인간은 주님께서 선과 진리를 주시기 때문에 거듭날 수 있다.

선을 행하고 악을 피해야 한다는 진리는 어느 종교에서든지 발견된다. 만일 인간이 구원되지 않았다면 그것은 악을 피하지 않은 잘못 때문이다. 그러므로 지옥을 몰아내고 선을 이루기 위해서는 신과 인간의 협력이 필요하다. 이는 작용과 반응의 원리처럼 주님은 인애를 주시고 사람은 반응한다. 폐에 공기가 들어옴으로 심장이 작동하여 혈액 순환을 하고 빛이 눈에, 소리가 귀에, 냄새가 코에, 맛이 혀에 반응하는 이치이다.

인간이 자유를 가지고 진리에 반응하지 않는다면 지옥이 주는 쾌락에 젖어 있기 때문이다.

과정

인간은 정자와 난자가 만나 사람의 형태가 드러난다. 그리고 세상에 출생한다. 거듭남은 정자와 난자의 수정과 임신 그리고 출생과 교육의 형태와 동일하게 진행된다. 예컨대 땅에 씨가 심겨지면 싹이 나고 나무가 자란다. 땅은 나무의 어머니이다. 땅은 씨를 받아서 자양분을 통해 뿌리에 수액을 공급하고 줄기와 가지를 형성한다. 줄기는 몸이요 가지는 손발이요 잎은 폐와 같다. 인간이 폐가 없이는 숨을 쉴 수 없는 것처럼 나무는 잎이 없이는 자랄 수 없다. 거듭남도 자연의 순환과정과 같다.

거듭남에는 이해와 의지의 두 과정의 변화가 필요하다. 만일 인간의 이해에 진리가 담겨 있다면 의지는 천국을 보전할 수 있다.

이해는 의지를 활성화시킨다. 잘못된 이해를 가지고 있으면 의지는 악을 향해 달려가서 짐승처럼 정욕적이고 야만적인 삶을 살게 된다. 올바른 이해를 가지고 있으면 선한 삶을 살게 된다. 인간이 진리에 이르게 되면 의지는 악으로부터 보전된다.

마귀는 인간이 진리를 이해하는 것을 두려워한다. 진리를 이해하면 선을 추구하고 천국을 향해 가기 때문이다. 그러므로 결국 인간은 자기중심적인 변명과 거짓을 갖게 되면서 악이 자행된다. 그러므로 인간이 거듭나기 위해서는 이해에 진리를 받아들이고 그 뜻대로 살아야 한다. 인간이 진리를 사랑하면 주님을 사랑한다. 그러나 진리를 자신의 수치심을 감추기 위한 가면의 도구로 사용한다면 의지는 감각적인 상태 그대로 남아 있게 된다. 이런 자들은 본질상 부정한 상태이다. 그 가면 속에 숨어있는 정욕은 이리가 양을 습격하듯이 튀어나오게 된다. 가면은 언젠가 뜯어지기 때문이다. "거짓 선지자들을 삼가라 양의 옷을 입고 너희에게 나아오나 속에는 노략질하는 이리라 그들의 열매로 그들을 알지니 가시 나무에서 포도를, 또는 엉겅퀴에서 무화과를 따겠느냐"(마7:15-16)

속사람과 겉사람의 투쟁

바울은 자기 안에 일어나는 속사람과 겉사람의 투쟁에 대해 말하기를 속으로는 하나님의 법을 즐거워 하지만 겉은 죄의 법 아래로 사로잡힌다고 고백하였다. 속사람은 홀로 있을 때의 의지이고 겉사람은 타인과 함께 있을 때의 의지이다. 인간은 홀로 있을 때 그의 의지를 알 수 있다.

거듭나기 전에는 겉으로는 진리로 포장하지만 속에는 악한 것이 가득하다. 세상적 상태의 인간은 속사람과 겉사람이 분리되어 있다. 그러나 영적인 인간은 속사람과 겉사람이 일치된다.

나무의 겉은 튼튼해 보이지만 속은 썩었다. 이것이 거듭나야할 속사람의 모습이다.

에스겔서에서는 거듭나야할 인간을 마른 뼈로 비유한다. 그러나 거듭나지 못한 자는 더럽고 냄새나는 송장에 비유한다. 그러나 마른 뼈가 힘줄이 입히고 가죽이 덮이고 생기를 불어넣었을 때 살아난다.(겔37:1-14) "인자야 이 뼈들은 이스라엘 온 족속이라"(겔37:11) 이는 거듭난 상태이다.

속사람과 겉사람은 투쟁이 있다. 주님은 '영은 영이고 육은 육' 이라고 하였다. 이 말은 영과 육은 서로 투쟁한다는 의미이다. 인간이 거듭나기 위해서는 영으로 육이 정복되어야 한다. 투쟁은 영과 육의 전쟁이고 선과 진리와 악과 거짓과의 싸움이다. 만일 인간이 속사람과 겉사람의 투쟁에서 선과 진리 안에 거하면 속사람이 겉사람을 지배하게 된다. 그러나 반대로 악과 거짓을 선택하면 겉사람이 이기고 감각적이고 세상적 상태에 머물게 된다.

새로운 이해와 의지

거듭남은 새로운 이해와 새로운 의지를 갖는 것이다. 중생한 사람은 새사람이다.

"새 영을 너희 속에 두고 새 마음을 너희에게 주되 너희 육신에서 굳은 마음을 제거하고 부드러운 마음을 줄 것이며 또 내 영을 너희 속에 두어 너희로 내 율례를 행하게 하리니 너희가 내 규례를 지켜 행할지라." (겔36:27)

새 영은 새로운 이해, 새 마음은 새로운 의지를 의미한다. 새 이해와 의지는 중생한 사람을 구성한다. 굳은 마음이 부드러운 마음이 되는 것은 길가와 같이 단단한 마음이 옥토가 된다는 의미이다. 결국 의지의 변화이다.

사람의 의지가 악하면 악인이고 이해가 악한 의지와 일치하면 더욱 악인이다. 반대로 사람의 의지와 이해가 선으로 일치하면 더욱 선한 사람이다. 그러므로 인간이 새 의지와 새 이해를 가지지 않으면 결코 거듭날 수 없다. 인간의 마음은 높고 낮은 영역이 존재한다.

거듭나는 것은 마음의 높은 영역의 눈으로 이해와 의지를 굽어보고 질서를 회복한다. 그러므로 선과 진리는 높은 영역에 있다. 이는 악과 거짓을 제거하기 위함이다.

거듭나지 못한 자는 등은 있으나 기름이 없는 어리석은 처녀들이며 거듭난 자는 등과 기름을 가지고 있는 슬기로운 처녀들이다. 거듭나지 못한 자는 에덴에 있으면서 선악의 지식의 나무의 열매를 먹고 쫓겨난 자와 같다. 결론적으로 거듭나지 못한 자는 악마의 자식이며 거듭난 자는 천국의 아들이다.(마13:38)

악과 투쟁

사람은 영적인 존재가 되기 위하여 태어났으며 영적 존재와 교제하며 살아간다. 거듭난 인간은 천사와 교제하고, 거듭나지 못한 자는 지옥의 영들과 교제한다.

사람은 육체를 갖고 살고 있기 때문에 영적 존재를 육안으로 볼 수 없다. 분명한 것은 사람은 천사이든 악마이든 누군가와 교제하고 있다는 사실이다. 만일 사람이 영적존재와 교제가 멈추어진다면 즉시 죽고 말 것이다. 내가 상담한 어느 여성은 신실한 신앙인이다. 이 여성은 따뜻한 마음을 갖고 있었다. 남편은 오로지 술과 도박, 친구들과 만나서 떠드는 것이 삶의 전부이다. 남편은 자신이 분위기 메이커라고 자랑했으며 가정의 경제를 책임지려고 하지 않았다. 이 여성은 안해 본 일이 없을 정도로 밖에 나가서 일을 하면서 가정을 이끌었다. 그러나 남편이 술에 취해 집에 들어오면 드러누워 잠을 자거나 부인에게 비아냥대면서 '네가 뭔데!' 하면서 소리를 쳐댔다.

남편은 가족이나 친척이 교통사고를 당해도 무관심과 무책임으로 일관했으나 오직 친구들과 술 먹는 것과 집에 들어오면 음식에 대해 맛이 없다고 하거나 부인을 비판하는 것이 그의 가장 큰 일과였다. 그에게 이기적인 욕심만 있을 뿐이고 이웃을 향한 배려는 없었다. 부인이 매달 친구들과 모임 있는 날이면 계속 전화를 해댔다. 내가 느끼기에 남편은 부인을 의심해서 반복적으로 전화를 한 것이지만 이 여성은 의심이라는 단어조차 꺼내지 않고 남편의 전화를 빨리 들어오라는 표시로 알아들었다.

내가 보건대 남편은 세상적인 사람이고 부인은 영적인 사람이다. 상실된 이노센스 상태는 언제나 선을 가진 자와 투쟁한다. 독한 마음으로 비난하고 상대방에 대해 이를 간다. 그들의 싸움에는 적의가 가득하고 우롱하고 모독하는 말이 가득하며 자신이 하는 일을 알지 못한다. 이들은 아집에 빠져 있으며 온갖 권모술수를 가지고 상대방을 무너뜨리려고 한다. 이런 사람은 자신이 변화하려 하거나 상황을 변화시킬 의도가 없다. 바로 이런 부분이 그 사람을 더욱 황폐하게 만드는 것이다. 이들은 자신의 비참한 형국을 보지 않는데, 이는 선을 행하고자 하는 의도가 없기 때문이다. 그러나 순진무구한 자들은 선으로 악을 이기려고 마음이 고통스럽더라도 언제나 인내하고 견디는 자들이다.

⚕ 결합

진리는 언제나 선과 하나를 이룬다. 진리는 선을 목표하기 때문이다. 그러므로 선을 행하지 않으면서 진리를 믿는다는 것은 어불성설이다. 이는 마치 영혼이 없는 송장과 같다. 선은 진리와 결합하여 사랑의 열기를 나타낸다. 사랑은 진리와 더불어 열기를 드러낸다. 그러므로 인간이 진리 가운데 살면 선과 더불어 사는 것이다.

"너희에게 아직 빛이 있을 동안에 빛을 믿으라. 그리하면 빛의 아들이 되리라. 예수께서 이 말씀을 하시고 그들을 떠나가서 숨으시니라."(요 12:36)

"나는 빛으로 세상에 왔나니 무릇 나를 믿는 자로 어둠에 거하지 않게 하려 함이로라."(요12:46)

태양이 빛을 보내지 않으면 만물은 죽고 만다. 나무가 태양의 빛을 받지 않고서는 성장이 불가능한 것처럼 인간에게 진리가 없이는 거듭남은 불가능하다. 사람의 마음속에 진리의 빛이 들어가지 않으면 흑암 가운데 있게 된다. 또한 거짓을 진리라고 오해하는 자도 어두움에 처하게 된다.

성경에 "뱀처럼 지혜롭고 비둘기처럼 순수하라"(마10:16)는 말씀은 지혜와 순전한 사랑이 결합돼야 한다는 뜻이다. 뱀은 감각적 동물로 피부로 정보를 수집, 분석, 평가하여 행동한다. 인간은 세상과 접촉하여 감각을 분별하면서 살아간다. 이는 분별력을 갖춘 지혜로운 뱀을 상징한다.

비둘기는 순전함, 사랑하는 마음을 말하는데, 진리에 대한 순전한 사랑을 의미한다. 비둘기는 이웃에 대한 순전한 사랑을 상징한다. 지혜 없는 순전한 사랑은 무지한 상태이고, 순전함이 없는 지혜는 감각적인 상태에 빠진다. 뱀처럼 지혜롭고 비둘기처럼 순결하라는 의미는 지혜와 순전한 사랑의 결합이다.

사람은 보이지 않는 세계와 자연계가 결합된 존재이다. 즉 신이 사람을 통하여 자연세계에 내려오고, 자연적인 세계는 사람을 통하여 신에게 올리운다. 다시 말해서 하늘에서 선과 진리가 내려오고 사람은 선과 진리를 실천하는 것으로 그분에게 응답한다.

성경에 "층계가 있고 그 꼭대기가 하늘에 닿아있고 하나님의 천사들이 그 층계를 오르락내리락 하고 있었다."고 했는데, 이는 인간과 주님과의 결합을 의미한다. 천사들이 층계를 오르락내리락 한다는 것은 사람이 천국과 결합하는 것을 의미한다. 악한 자가 선한 자에게 악행하는 것은 악과 결합되었기 때문이다. 시험은 악의 침범으로 생기며 악으로부터 벗어나기 위한 투쟁이다. 시험당할 때 선한 자는 무기력해 보이지만 이는 그가 선으로 문제를 해결하고자 노력했기 때문이다. 그에게는 주님의 능력과 생명이 있다. 그러나 악한 자는 논리를 내세워 변명과 온갖 추론으로 선한 자를 공격하면서 자기를 포장하고 진리를 말하지만 진리 앞에 변명이 드러나면 곧바로 추락하고 만다. 주님의 뜻은 선과 진리가 결합하는 것이다. 이 결합은 교회와 천국의 결합과 같다. 선과 진리의 결합은 악과 거짓과 팽팽한 긴장이 있다. 사람은 둘 사이의 평형에서 자유롭게 생각하고 뜻하고 행동한다. 선과 진리의 결합은 시험을 통해서 깨끗하게 된다. 시험을 통해 악과 거짓으로부터 벗어나서 선은 진리와 결합하게 된다.

묵상

나의 육체가 벗겨지는 날, 내 영혼의 본질이 드러나는 날, 나의 인격과 함께 영혼은 그 모습을 드러낼 것입니다. 나의 모습에 소스라치게 놀라겠지요. 만일 내가 주님이 주시는 선을 받았다면 질서에 따라 아름다운 형태가 될 것이고 악을 의도했다면 무질서에 따라 흉악한 괴물로 나타나겠지요.

영혼은 진리로 만들어지고 선으로 그 모습이 드러납니다. 만일 나의 영혼이 괴물로 드러나면 나는 그동안 악하게 살아온 것입니다. 죄악의 무리 가운데 욕심대로 살고 어두움에서 비난과 복수와 잔인함을 즐기게 된 것이 큰 화를 부른 것입니다.

만일 내 영혼이 아름다운 천사의 모습으로 드러났다면 이웃에게 사랑을 실천하며 살아온 것입니다.

아! 나는 인생의 두 사이에서 방황합니다. 천국과 지옥, 이웃사랑과 자기사랑, 천사와 마귀, 선의 의도와 악의 의도 사이에서 선한 자가 되기까지 진리로 화할 때까지 끊임없이 거듭나고 거듭나는 것만이 내가 살아가야할 길입니다.

나는 내안에서 울리는 소리를 귀담아 듣습니다. 내 안에서 온순한 평화의 움직임이 느껴진다면 내안에 있는 어린양이 선의 길로 가도록 감동을 주는 것입니다. 그러나 만일 내 안에서 정욕과 미움의 움직임이 느껴진다면 내안의 늑대가 나에게 악으로 가도록 선동하는 것입니다. 오늘도 나는 둘 사이에서 선택합니다. 나의 길은 내안의 울림과 함께 걸어가는 정동의 걸음입니다.

15 합리성

"누가 총명이 있어 이런 일을
알겠느냐"(호 14:9)

순진무구를 이루기 위해서는 합리성으로 나가야 한다. 합리성에는 선이 들어있다. 사전적 의미로 합리성은 '논리나 이치에 합당한 것'을 의미한다. 갓난아이는 삶에 대한 사전 지식 없이 태어난다. 아이는 배움을 통하여 모든 것을 점진적으로 흡수해 나간다. 보고 듣는 기능을 통해서 점차적으로 합리적인 인간이 되어 간다. 인간은 감각의 기능을 통해서 외부 징보를 받아들이기 때문에 외석으로 보이는 세계 외에는 알지 못하지만 어떤 지식이 들어오면 내부에서 그것을 질서 있게 배열한다. 내부에는 보이지 않지만 위로부터 흘러들어오는 것이 있다. 이것이 바로 선이다. 이 선은 질서와 생명의 근원이다. 출생 시 인간은 부모로부터 유전악을 물려받는다. 또한 아이는 순진무구로써 부모의 선을 받아들인다.

그러나 아이는 성장하면서 세상의 문화와 욕심에 물들게 된다. 이렇게 아이는 점차적으로 세상문화에 빠져들면서 어릴 때의 순진무구한 선은 전혀 보이지 않게 된다. 그럼에도 불구하고 선은 여전히 남아 있다. 이 선의 남아있는 상태를 그루터기라고 한다.

만일 인간에게 선이 없다면 흉악한 인간으로 전락하고 만다. 악한 욕망이 일어날 때 선이 없다면 짐승처럼 된다. 나는 하층계급이라고 불리는 아이들이 학교교육을 받지 못하고 쓰레기더미를 뒤지면서 하루하루를 연명하면서도 운동을 하거나 공부를 하면서 사회에 봉사하고 불쌍한 이들을 돕고자 하는 것을 보았다. 그 아이 속에 남아있는 그루터기는 아이로 하여금 희망을 갖게 만든다. 남은 그루터기는 인간으로 하여금 선한 일에 봉사하도록 만든다. 아직도 남은 그루터기가 존재하기 때문이다.

합리성

합리성은 인식의 기능이다. 인간은 감각을 통해서 현실적인 정보를 얻게 되고 합리성을 갖게 되면서 세상의 많은 정보를 습득한다. 합리성은 외부 세상에서만 정보를 취하지 않고 마음 속에 있는 선의 단계로 접어들게 된다. 그래서 내적인 정보 수집을 한다.

거듭나기 전과 거듭난 이후의 합리성은 다르다. 거듭나기 전의 합리성은 시각과 청각에 의해 외부정보를 받아들이고 활용하는 것이고 거듭난 이후의 합리성은 선과 더불어 살아가는 것을 말한다. 그러므로 거듭난 이후의 합리성에는 선과 진리에 대한 지각이 있다. 거듭난 이후의 합리성은 선과 진리를 알아차린다. 거듭나기 전의 합리성은 단순하게 세상에서 배운 지식과 신념을 진리로 인정하고 확신한다.

거듭나기 전의 합리성

거듭나기 전의 합리성을 첫째 합리성이라고 하는데 감각, 삶의 경험, 전문적 지식, 종교적 교리 등의 개념을 갖고 있다. 이때의 합리성은 보이는 세계의 물질적 관념으로 구성되어 있는 기억의 수준이다. 첫째 합리성은 자아에서 모든 것을 판단하고 결정하기 때문에 자아애적이다.

첫째 합리성의 단계에서 선을 행하는 것은 자신이 인정받고 칭찬 얻기 위함이며 자만하며 자기 스스로 행하는 것으로 여긴다. 이들에게는 순진무구한 사랑이 없다. 이때의 합리성은 오직 감각으로부터 받아들인 정보만을 믿기 때문에 내적인 의미를 받아들이지 못한다. 거듭나기 전의 합리성으로는 천국과 지옥, 사후의 삶, 주님의 나라의 개념을 믿을 수 없다. 감각에 접촉되지 않는 것은 받아들이지 않는다.

첫째 합리성은 자유의지를 갖고 자기의 명예를 위해 이성에 일치하게 생각하고 행동한다. 이때의 합리성은 명예를 사랑하는데서 나온다. 명예를 사랑하기에 속이지 않고 간음하지 않고 보복하거나 모독하지 않는다. 일치한 자유에 의해 진지하고 공정하고 절개 있고 우정으로 행한다.

첫째 합리성의 단계에는 진리를 믿지 않는다. 감각적으로 눈에 보이고 들리는 세상과 자연만이 진리일 뿐이다. 이들은 감각에 매여있다. 자연만물이 생기기 전에 질서가 존재한다는 사실을 받아들이지 않는다. 이들은 감각에 기초한 사실과 논리적 논증에 근거를 두며 진리를 이해하지 못하고 자신들의 감각의 증거와 지식에 근거하여 추리할 뿐이다.

거듭난 이후의 합리성

거듭난 이후의 합리성은 둘째 합리성으로 진리와 선으로 형성된다. 이때는 점진적으로 진리와 선에 일치하는 삶을 살아간다. 인간은 둘째 합리성으로 거듭난다. 이때는 좋은 땅에서 심겨진 씨가 뿌리를 내리고 싹이 돋고 나무로 자라며 가지를 뻗어 열매를 맺는 것과 같다. 선과 진리에 대한 사랑에 따라서 영적 포도원이 되는 것이다.(마13:31-32, 요12:24)

이 단계는 진리는 자신의 것이 아니라고 믿기 때문이다. 자기 공로를 거절한다. 자기 공로를 거절할수록 진리로 인도되어 모든 선과 진리는 주님으로부터 온다는 것을 믿기에 이른다. 이들은 진리 자체에서 즐거움을 느낀다. 이 기쁨은 점차적으로 증가되어 행복한 즐거움이 된다.

사람이 합리성을 가지고 악을 미워하지 않으면 진정한 사랑과 기쁨에 들어가지 못한다. 악을 행하지 않는 능력은 사랑에서 나온 능력이다. 이것이 자유같이 보이지 않지만 이성과 일치한 자유이며 선을 생각하고 뜻하는 것이다. 일시적 만족과 영원한 기쁨은 비교할 수가 없는 것이다. 누구든지 그가 원하기만 하면 선이 있는 합리성의 자유를 얻을 수 있다. 주님께서 이 능력을 끊임없이 주시기 때문이다.

거듭나기 전의 합리성은 덜 익어서 맛이 시고 떫은 과일이라고 한다면 거듭난 이후의 합리성은 잘 익어서 씨가 생겨 나무에서 떨어질 정도의 과일과 같다. 그러나 거듭난 사람이 둘째 합리성을 가지고 있다손 치더라도 첫째 합리성은 분리되어 여전히 남아있다는 것을 알아야 한다.

묵상

내 떨떠름한 이상한 맛이 제거되기까지, 나는 방황하고 고통스러웠던 시간을 보내야만 했습니다. 처음 그것은 양심에서부터 시작하였습니다. 양심의 고통과 함께 처절한 비애를 느껴야만 했습니다. 나는 홀로 서글픔과 함께 고통을 참아야만 했습니다. 그것은 선의 혁명을 위한 투쟁이었습니다.

태양의 빛이 들어오면서 내안에 변화가 감지되었습니다. 그 빛은 사정없이 내 안을 훼 집어 놓았습니다. 정욕과 거짓의 껍질이 점차적으로 하나씩 둘씩 떨어져나가고 있었습니다. 이것은 부모로부터 받은 것이기도 했고 살면서 터득한 것이기도 했습니다. 태양의 빛이 들어오면서 내게는 체질의 변화가 생겼습니다. 섬유조직이 새로운 가닥으로 짜여 지고 동맥 속에 피가 들어오면서 이상한 맛을 내기 시작했습니다. 이로써 나는 떫은맛에서 새로운 맛으로 인도되었습니다.

태양의 빛이 들어오면서 특별한 변화가 시작되었습니다. 나는 주님께서 나의 삶을 이렇게 만들어 가심을 알았습니다. 나는 새로운 삶으로 인도되고 선이 자리 잡게 되었습니다. 내 심장을 새로운 심장으로 바꾸어 버렸습니다. 내 피를 새로운 혈액으로 가득 채웠습니다. 내 기질을 새로운 기질로 만들어 버렸습니다. 이로써 나는 떫은 맛에서 새로운 맛으로 인도되었습니다.

내 떨더름한 이상한 맛이 제거되기까지, 전갈의 꼬리를 가진 메뚜기 같은 거짓된 사상이 지워지고 하늘의 별과 같이 빛나는 진리의 지식을 배우게 되었습니다.

나는 천지의 한분 하나님을 깨닫게 되고 살인하지 말라, 간음하지 말라, 거짓말하지 말라, 탐내지 말라의 삶을 실천하게 되었습니다. 하나님과 이웃을 사랑하게 되었습니다. 아! 진리는 분명하고 명확한 것, 희미하게 보이던 것이 모든 것이 분명해졌습니다. 이제 내게 있어 희망은 천사들이 알고 있는 지혜의 세계입니다.

내 떨더름한 이상한 맛이 제거되기까지, 소돔의 옹기점 같이 정욕의 시꺼먼 연기가 가득하여 숨이 막혀 죽게 된 상황에서 하늘의 바람이 불어 모든 연기를 날려버리고 신선한 공기를 마시게 되었습니다.

정욕은 돼지, 개, 여우, 부엉이로 살도록 만듭니다. 썩은 것과 더러운 것과 메마른 것을 찾으며 구걸합니다. 결국 여리고로 내려가다 강도만난 나그네처럼 난폭한 짐승에게 폭행당해 거친 숨소리조차 내기 힘들게 만듭니다. 정욕은 끝도 없는 무저갱의 깊은 구덩이의 치솟는 불꽃에서 나오는 연기입니다. 그 연기로 질식해 죽은 자가 얼마인지요?

이제 내안에 떫은맛이 사라지고 달고 맛있는 과즙이 풍성한 과실로 열매를 맺고 있습니다. 나는 하늘의 빛을 받아들이면서 의도와 사상의 변화가 일기 시작하였습니다. 이제 하나님과 사람들을 유익하게 하는 선한 열매를 낼 것입니다. 그것이 나의 희망입니다.

16 결합

"그의 아내와 합하여 한 몸을 이룰지로다"(창2:4)

결합은 동질성으로 인해 둘이 하나되는 것이다. 예컨대, 선과 진리, 악과 거짓의 결합이다. 선과 거짓은 결합되지 않고 악과 진리도 결합될 수 없다. 이질적 상태이기 때문이다. 악한 자가 진리를 말하는 것은 단지 포장에 의한 것뿐이다. 수치심은 포장상태를 만든다. 진리와 선이 결합하는 것은 시험을 통해서 이루어진다. 철광석이 용광로에 들어가 순금이 되듯이 많은 역경과 고난을 통해 선한 자는 더욱 진리에 가까워지고 악한 자는 더욱 거짓에 가까워진다.

성경은 안과 밖의 결합과 진리와 선의 결합, 악과 거짓의 결합, 믿음과 행함의 결합, 성만찬에 의한 주님과 사람의 결합, 영혼과 육체의 결합, 속사람과 겉사람의 결합, 남자와 여자의 결합을 말한다. 그러므로 수치심의 상태에서 순진무구를 이루려면 선과 결합해야 한다. 굳이 결합이라는 용어를 쓴 이유는 외부에서 들어오는 것이기 때문이다. 다시 말해서 귀에 소리가 들리는 것은 소리가 귀에 들어와야 한다. 눈에 빛이 들어와야 사물이 보인다. 코에 냄새가 와야 냄새를 맡는다. 이와 같이 외부에서 보이지 않는 것이 오감에 들어와야 한다.

비가 땅에 적시는 것처럼 인간에게 선이 들어와야 한다. 즉 선은 인간 스스로 만들어 내는 것이 아니고 천국으로부터 주어진다. 결합은 어떻게 이루어지는가? 태양광선이 구름을 통과하여 영롱한 무지개가 아름답게 나타나듯이 사람에게 선이 드러난다. 만일 인간이 양심적으로 살고자 하면 이웃에게 사랑을 실천한다. 이들은 순진무구로써 천국과 결합한다.

마치 빛이 식물에 들어와 탄소동화작용을 일으켜 열매를 맺는 것처럼 선이 인간 내면에 결합하여 순진무구를 이룬다. 분석심리학자 칼 융은 다음과 같이 말했다.

"갈등이 치유되려면 그것은 그 시작을 알 수 없는 개인의 마음으로 돌아가야만 한다. 자신과 최후 만찬을 나누고 자신의 살을 먹고 그 자신의 피를 마셔야 한다. 그것은 그가 자신 안에 다른 것을 인정하고 받아들여야 한다는 것을 의미한다."

융은 자신의 살과 자신의 피를 먹고 마시는 것을 자신의 콤플렉스와 결합으로 보았다.

여기에 대해 융학파 로렌스 자피는 융 심리학과 영성이라는 책에서 "그 자신의 피를 마시는 것은 그 자신의 감정과 동화하는 것을 의미한다. 최후 만찬에서 그랬던 것처럼 성만찬은 기독교에서 가장 중요한 의례가 되었다. 그래서 오늘날 우리 시대에 자신의 살을 먹고 자신의 피를 마시는 것은 새로운 종교에서 가장 중요한 의례가 되도록 되어 있다. 이러한 의례는 심층심리치료 라고 알려져 있다. 자신의 정동을 동화하는 것과 우리의 상처 입은 내면의 아이에게 관심을 두는 것은 신을 예배하고 섬기는 현대적인 수단이 된다. 그것은 곧 개성화를 향해 가는 길이다."고 말했다.

융과 그의 제자들은 개성화를 자신과 결합하는 것을 말했다. 그러나 주님은 다음과 같이 말씀하셨다. "내 살을 먹고, 내 피를 마시는 사람은 내 안에 있고, 나도 그 사람 안에 있다."(요6:56)

주님은 성찬을 통해서 주님과 사람이 결합을 이룬다고 하셨다. 성찬은 주님과 결합을 의미한다. "내 살을 먹고" 라는 말은 사랑을 뜻한다. "내 피를 마시는 것"은 진리를 의미한다. 그러므로 성찬은 주님의 사랑과 진리를 인간이 받아들임으로 결합하는 것이다.

따라서 인간은 주님의 몸을 상징하는 떡을 받아먹을 때 주님의 사랑과 결합하고, 주님의 피를 상징하는 포도주를 받아 마실 때 주님의 진리와 결합한다. 성찬은 인간이 하늘나라를 의미하는 주님의 몸 안에 들어가는 예식이다.

수치심은 순진무구를 잃어버린 인간에게 발생한 부끄러움이다. 수치심 치유는 선을 회복하는 과정으로 먼저 진리의 회복이 있어야 하고 진리의 상태는 반드시 선이 주어져서 결합한다는 것을 알아야 한다.

십계명에 신과 인간의 결합을 말하는 것이다. 계명을 통해서 하나님과 인간의 결합이 이루어진다. 십계명은 주님과 사람의 결합이기 때문에 '증거' 라고 말한다. 돌판 두 개는 하나는 하나님을 위해서 다른 하나는 사람을 위해서이다. 성경에 결합에 관한 구절이 있다.

"보아라, 내가 문 밖에 서서, 문을 두드리고 있다. 누구든지 내 음성을 듣고 문을 열면, 나는 그에게로 들어가서 그와 함께 먹고, 그는 나와 함께 먹을 것이다."(계3:20)

이해와 의지의 결합

인간은 하나님의 형상과 모양대로 창조되었다.(창1:26) 하나님의 형상은 그분의 진리를 담을 수 있는 이해, 하나님의 모양은 그분의 선을 담을 수 있는 의지를 의미한다.

마음은 두 가지 기능이 있는데, 하나는 이해이고 다른 하나는 의지이다. 인간은 이 두 기능에 의해서 생명을 갖게 된다. 이해는 진리를, 의지는 선을 담는다. 인간은 진리와 선을 담는 기능을 함으로써 온전한 사람이 된다. 두 기능에 의해 사람은 짐승과 구별된다. 주님이 선과 진리 자체이기 때문에 둘은 본질적으로 그분 자신이다.

주님께서 사람 안에 생명을 주시기 위해서 필연적으로 그분을 위한 수용그릇과 거처를 사람 안에 창조하셔야 했다. 선과 진리를 위한 수용그릇이다. 수용그릇은 이해와 의지이다.

그러므로 사람의 이해와 의지는 생명의 본질이라고 할 수 있다. 사람의 주된 삶이 여기에서 비롯된다. 의지의 목적은 사랑이고 뜻이다. 그러므로 원천적으로 사람의 생명은 세상에서 비롯되는 것이 아니라 하늘로부터 주어진다. 사람은 위로부터 생명이 유지되지 않으면 한순간도 살 수 없다. 이해와 의지는 빛과 열의 관계이다. 태양의 빛은 있지만 열이 없거나, 열은 있는데 빛이 없는 것은 있을 수 없다.

이와 같은 이해는 하지만 행함이 없으면 죽은 믿음이다. 또한 행함은 있는데 이해가 부족하면 잘못된 길로 나간다. 그러므로 진리가 온전하려면 선을 행해야 한다. 이렇게 이해와 의지의 관계는 서로 결합된다.

만일 이해와 의지가 분리되어서, 이해만 하고 의지가 활동하지 못한다면 진리는 있으나 선이 없는 것과 같아서 그것은 죽은 것이다. 또한 의지는 있으나 이해가 없으면 진리 없는 행위와 같아서 죽은 것이다. 생명 즉 살아 있다는 것은 이해와 의지가 결합되어 있어야 한다.

만일 이해하면서 의지가 없다면 그것은 단지 '기억'과 '지식'에 불과할 뿐이다. 그것은 생명이 온전하다고 말할 수 없다. 어떤 사실에 대해 믿음과 사랑의 결합이 없는 것은 추론에 불과하다. 다시 말해서 기억에서 끄집어내어 말하는 것이다. 그러므로 사람은 이해를 가지고 생각해야 한다. 이해는 의지에 영향을 미친다. 이해는 진리를 받아들이는 커다란 그릇이다. 그러나 이해하지 않는 인간은 먼저 저질러놓고 나중에 생각한다. 이들은 짐승과 같다. 왜냐하면 본질적으로 의지는 장님이기 때문이다.

이해는 빛과 같고 의지는 열과 같다. 빛은 모든 것을 환하게 하고 광명을 제공하지만 열은 몸을 따뜻하게 만들어 줄 뿐이다. 빛은 이해에 해당하고 열은 의지에 해당한다. 그러므로 사람이 선하게 행동하는 것은 이해가 사려 깊게 판단하고 의지가 순응하기 때문이다. 반면에 사람이 악하게 행동하는 것은 의지가 제멋대로 행동하고 이해는 장님의 상태에 있기 때문이다.

사람은 진리를 이해함으로써 개혁되고 변화된다. 왜냐하면 인간은 나면서부터 유전악을 가지고 나오므로 자신을 사랑하는 것 외에는 선을 원치 않기 때문이다. 오히려 자신의 이익을 위해서 다른 사람의 희생을 원한다. 자기에게 도움이 된다면 무엇이든 자기 것으로 만들려고 한다.

인간에게 진리를 이해하는 능력이 주어진 까닭은 의지에서 솟아오르는 정욕을 억제하기 위함이다. 이해에 의해 진리를 생각하고, 의지에 의해 사랑을 드러낸다. 그렇게 될 때 비로소 이해와 의지가 하나가 되고 믿음과 사랑, 진리와 선이 하나가 된다. 인간은 진리와 선이 하나가 되어 자신 안에 하늘나라를 가진다. 이와는 반대로 거짓과 악이 결합되면 자신 안에 지옥을 가진다. 지옥은 거짓과 악의 결합이기 때문이다. 그러나 진리와 선이 결합되지 않고, 거짓과 악이 결합되지도 않는다면 차지도 덥지도 않은 어정쩡한 '중간상태'에 있게 된다. 현실적으로 인간들은 진리의 지식을 미미하게 가지고 있어서 이것도 저것도 아닌 상태에 머물러 진리를 부인하거나 악을 행하거나 거짓에 의해서 행동한다.

사람은 원하는 것을 이해하고, 이해하는 것을 원한다. 선을 원하면 진리를 이해하고, 악을 원하면 거짓을 이해하게 된다.

선은 존재이며 진리는 형상과 같다. 선은 진리와 결합하고 진리는 선과 결합한다. 이 둘은 하나이다. 존재는 형상을 떠나서는 있을 수 없다. 선용은 그 결과이다. 존재와 형상은 하나이다. 형상 없는 존재는 있을 수 없다. 인간이 만일 선한 삶을 원한다면 그에 맞는 진리가 주어지고 선용의 결과가 올 것이다. 인간이 악하게 행동한 것은 악과 거짓이 결합하였기 때문이다. 또한 시험을 당하는 것은 악이 침범했기 때문이다.

인간은 선과 악 사이의 평형상태에 놓여있다. 인간은 두 세계의 평형

상태에서 자유롭게 생각하고 뜻하고 말하고 행동한다. 산이 있으면 골짜기가 있고 빛이 있으면 어두움이 있듯이 선은 악과 대조를 이룬다. 인간은 선과 악을 비교해서 지각한다.

인간은 주님과 결합하도록 창조되었다. 주님과 결합은 의지적으로 계명에 순종해야 하며 인간은 계명을 지킬 수 있는 능력이 있다. 계명을 지키는 것은 곧 주님을 사랑하는 것이고 주님께 사랑받는 것이다.(요14:21)

주님의 계명을 정의한다면 이웃에게 악을 행하지 말고 선을 행하라는 교훈이다. 그러면 누가 이웃인가? 이웃의 정의에 대한 가르침은 성경에 선한 사마리아인의 비유에서 잘 드러난다. 사마리아인은 강도만난 자에게 선행을 한다. 강도만난 자는 시험에 빠진 자라고 할 수 있다. 사마리아인은 시험 중에 고통당하는 자에게 찾아가서 선을 베푼다. 이는 선을 위한 선이다. 그의 명예와 이익을 위한 행동이 아니다. 오직 받을 것을 생각하지 않고 오로지 선을 위한 노력이다. 선을 위한 순수한 의도로 선을 행하는 것이 이웃사랑이다. 이는 사마리아인이 우리에게 가르쳐 주는 교훈이다. 여기에는 인간관계를 잘하는 것이 아니다. 간혹 어떤 이는 인간관계 잘하는 것이 이웃사랑으로 여기는 경우가 있는데, 원만한 인간관계가 이웃사랑이 아님을 알아야 한다.

이웃사랑은 건축하는 자가 집을 세우는 것과 같다. 먼저 기초를 다지고, 그 위에 벽을 세우고 방과 창틀을 만들고 지붕을 세우는 과정과 같다. 이렇게 집을 하나하나 세우듯이 과정을 실천하면서 거대한 목적이 이루어져 가는 것이다.

묵상

자귀나무는 내안의 진리와 선이 하나를 이루는 상징입니다. 눈을 열어서 하늘의 진리를 보고자 합니다. 나는 자귀나무를 붙들고 흔들며 외칩니다. "순진무구한 선에서 비롯된 진리여, 당신을 빌렸습니다. 내가 가진 것은 어두움밖에 없습니다. 내게 진리를 주시지 아니하시면 나는 진리를 알 수 없습니다."

탕자처럼, 어린아이처럼 품꾼의 하나로 써달라고 외칠 작정입니다. 주님이 주시는 진리의 씨를 받아 결실할 것입니다.

진리는 항상 선을 갈망합니다. 선이 없으면 진리가 되지 못하며 선이 진리를 낳지 아니하면 선이 되지 못하기에 나는 자귀나무를 붙들고 진리를 구합니다.

무엇을 사모합니까? 무엇을 계획하고 있습니까? 무엇을 찾아서 그렇게 바쁘게 다닙니까? 어디로 가고 있나요? 무엇을 향해 그렇게 바쁘게 뛰어다닙니까? 더운 여름날 땀범벅이 되어서 부지런히 달려가는 어떤 사내의 셔츠 사이로 보이는 일그러진 얼굴이 처량합니다.

나는 진리에서 추출한 자귀나무를 하늘나라로부터 빌려와 너무 기쁩니다. 나는 자귀나무를 붙들고 보석보다 귀중한 가치를 찾고자 합니다. 목숨보다 귀한 생명을 얻고자 합니다. 당신에게는 이런 자귀나무가 있나요? (자귀나무는 합환채이다)

17 순진무구와 어린양

"내 양을 먹이라"(요 21:15)

순진무구에 이르면 인간의 수치심을 감추기 위해 포장하지 않고 최상의 상태에 이를 수 있다고 강조했다. 순진무구에는 선이 들어 있으며 이는 진리를 실천할 때 갖게 되고 자신의 악함을 깨닫고 겸손하게 선의 본질 되시는 주님으로부터 주어지며, 순진무구는 마음속에 심겨진 진리가 자랄 수 있는 토양이고 천국과 결합하며 의지와 이해가 일치된 상태임을 말했다.

수치심이 생기는 이유는 사람의 마음은 안과 밖, 겉과 속, 이해와 의지 두 부분으로 구성되어 있기 때문이다. 두세계의 불일치로 인해 겉과 속이 다르게 되었다. 속은 악한데 겉은 번지르르하게 포장한다. 겉으로는 진리를 말하지만 속으로는 악한 이리와 같은 마음이 자리 잡고 있다.

이렇게 됨으로 인간은 겉과 속이 다른 모습으로 전락했으며 이로 인해 자신의 악한 모습을 가리기 위해 더욱 포장과 위장을 반복하게 되었다. 그러므로 수치심을 해결하기 위해서는 속이 선한 상태를 갖게 되어야만 한다. 속은 삶의 목적과 뜻, 의도, 의지적 부분이다. 속이 변하기 위해서는 진리를 가져야 하고 또한 실천해야 한다.

사람은 진리를 말할 수 있으나 위선과 가식으로 말할 수 있다. 그러나 그렇게 되면 순진무구에 이를 수 없으며 내면에 변화가 일어나야 한다. 만일 진리로 인해 삶의 목적으로 선으로 변한다면 이는 순진무구에 이르게 된다.

나는 순진무구 상태를 이루기 위해서는 지각, 양심, 이성, 감각의 순위에 따라 살아야 얻을 수 있다고 말했다. 이것들은 진리를 아는 예민한 센서와 같다. 순진무구는 선하게 살고자 하는 이들에게 주어지는 하늘의 선물이다. 수치심을 치유하기 위해서는 진리를 실천하고 선을 찾을 때 순진무구의 상태에 이르며, 그 결국은 최고의 행복과 더불어 치유와 회복이 일어나는 것이다.

그러면 순진무구를 사람의 마음과 어린양과 비교하여 명확하게 설명하고자 한다. 먼저 사람의 마음속에 있는 정동은 동물의 성격과 비유할 수 있다. 마음에는 끌림과 소원에 따라 감정이 드러나는 영역이 있는데 이를 두고 정동(affection)이라고 한다. 정동은 마음속에 있는 동물의 성격과 유사하다.

예컨대, 동물은 행동양식이 사람과 비슷하다. 동물은 사람처럼 보고 듣고 냄새를 맡고 만지고 맛을 아는 감각을 가지고 있다. 동물은 새끼를 낳고 기르는 법을 안다. 벌들의 사회조직을 보면 인간의 사회조직보다 정교한 질서가 있다. 새, 물고기, 벌레에 이르기까지 동물의 이런 본능은 자연법에 의존한다.

동물들은 본능의 지식에 따라 살아가지만 사람은 자기 생각과 뜻을 가지고 살아간다. 사람에게는 욕망이 있는데, 욕망을 잘 다스리지 않으면 마치 악한 짐승과 같은 성격이 올라온다.

사람이 자기를 높이고자 해서 타인을 지배하려고 하거나 환락에 빠져 있을 때는 사나운 짐승의 성격이 올라오고 반면에 자기를 낮추고 마음을 비우고 겸손하게 살아갈 때는 유용한 짐승의 성격이 드러난다. 시편기자는 이를 알기에 자신의 신분을 생각하며 이렇게 말을 한다.

"주님께서 손수 지으신 만물을 다스리게 하시고, 모든 것을 그의 발아래에 두셨습니다. 크고 작은 온갖 집짐승과 들짐승까지도, 하늘을 나는 새들과 바다에서 놀고 있는 물고기와 물길 따라 움직이는 모든 것을, 사람이 다스리게 하셨습니다. 주 우리의 하나님, 주님의 이름이 온 땅에서 어찌 그리 위엄이 넘치는지요?"(시8:6-9)

이 구절의 의미는 주님께서 만물의 주인이신 것과 사람은 주인에게 복종해야 한다는 것을 말한다. 그 이유는 사람이 자기의 본분을 알 때 마음속의 짐승을 다스릴 수 있기 때문이다.

창세기에 보면 아담이 동물의 이름을 짓는 이야기가 나온다. "주 하나님이 들의 모든 짐승과 공중의 모든 새를 흙으로 빚어서 만드시고, 그 사람에게로 이끌고 오셔서, 그 사람이 그것들을 무엇이라고 하는지를 보셨다. 그 사람이 살아 있는 동물 하나하나를 이르는 것이 그대로 동물들의 이름이 되었다. 그 사람이 모든 집짐승과 공중의 새와 들의 모든 짐승에게 이름을 붙여 주었다."(창2:19-20)

이런 내용은 본래 사람은 만물의 본질을 알고 있고 그것을 다스리는 능력을 갖고 있다는 것을 의미한다. 동물들은 각각 성격이 있는데, 어떤 짐승은 사납고 어떤 짐승은 온순하다.

성경에는 이스라엘 백성에게 정결한 짐승과 부정한 짐승을 구별하고, 정결한 짐승을 먹고 부정한 짐승은 먹지 말라고 하였다. 사실 짐승 자체로 말하면 정결하거나 부정한 것은 없다. 짐승 자체가 좋거나 나쁜 것은 아니다. 짐승은 짐승일 뿐이다. 단지 짐승의 성격에 다라서 사람의 마음속에 그런 짐승과 같은 성격이 있으므로 짐승을 비유로 말했다. 성경에서 이런 비유를 들어서 말을 하는 이유는 그것이 사람의 욕망과 대응되기 때문이다. 정결한 짐승은 선한 뜻과 사상이며 부정한 짐승은 악하고 더러운 욕망을 의미한다. 그것은 정결한 짐승과 같은 성격을 가져야 하고 부정한 짐승과 같은 성격은 버려야할 것을 말한다.

주님도 "광야에서 사십 일을 계셔서 사단에게 시험을 받으시며 들짐승과 함께 계시니"(막1:13) 라고 한 것을 보면 악한 지옥의 욕망의 세력과 대결하여 이기셔야 했던 것을 말하고 있다. 그런 면에서 정동은 사람의 생명의 근원이며 사랑의 움직임이다. 동물과 관계에서 순진무구와 어린 양이 무슨 연관이 있는지를 말하고자 한다.

양은 인간 삶속에 유용한 짐승이다. 사람들은 양의 고기에서 양식을 얻고 털을 깎아서 옷을 지어 입었다. 양은 그 성격이 온순함을 가지고 있으며 싸우지 않는다. 대체로 양은 떼를 지어 사는데, 서로 떨어지지 않고 잠을 잘 때에도 붙어서 잔다.

이들은 초장을 찾아다니며 풀을 뜯는데, 목자가 앞서면 양은 그 뒤를 따른다. 보통 사람들은 순한 사람을 볼 때 양처럼 순하다고 표현하기도 한다. 양은 어린아이의 순진무구한 정동을 상징한다. 성경에는 주님을 어린양과 비유하였다. 이는 주님의 순진무구한 상태를 의미한다. 그래서 세례요한은 주님을 일컬어 "보라 세상 죄를 지고 가는 하나님의 어린 양이로다"(요1:29)라고 말했다. 성경에는 주님의 모습을 어린양과 비유하여 다음과 같이 말하고 있다.

"그가 곤욕을 당하여 괴로울 때에도 그의 입을 열지 아니하였음이여 마치 도수장으로 끌려 가는 어린 양과 털 깎는 자 앞에서 잠잠한 양 같이 그의 입을 열지 아니하였도다."(사53:7) 순진무구는 시험과 고난을 인내와 침묵으로 이기도록 하였다.

성경에는 이스라엘 백성이 애굽에서 나올 때 첫날밤에 어린양을 먹도록 하였으며 문설주와 인방에 어린양의 피를 뿌리라고 하였다. 이는 순진무구를 갖고 있는 자들에게는 저주가 물러난다는 것을 의미한다. 또한 주님은 제자들에게 잃은 양을 찾으면 하늘나라에서 큰 기쁨이 주어진다고 말씀하셨다.

"예수께서 그들에게 이 비유로 이르시되 너희 중에 어떤 사람이 양 백 마리가 있는데 그 중의 하나를 잃으면 아흔아홉 마리를 들에 두고 그 잃은 것을 찾아내기까지 찾아다니지 아니하겠느냐 또 찾아낸즉 즐거워 어깨에 메고 집에 와서 그 벗과 이웃을 불러 모으고 말하되 나와 함께 즐기자 나의 잃은 양을 찾아내었노라 하리라 내가 너희에게 이르노니 이와 같이 죄인 한 사람이 회개하면 하늘에서는 회개할 것 없는 의인 아흔아홉으로 말미암아 기뻐하는 것보다 더하리라."(눅15:3~7)

제자들을 전도하러 보내실 때 "내가 너희를 보냄이 어린 양을 이리 가운데로 보냄과 같다"(눅10:3)고 하셨다. 어린양의 순진무구가 파괴될 것을 걱정하신 말씀이다.

성탄절이면 등장하는 구절이 있다. 그것은 밤중에 양을 치는 목자들의 이야기이다. 목자들이 밤중에 들판에서 양을 치고 있었다. 이들은 비록 적은 수이지만 순진무구를 지키느라 애쓰는 사람들이라고 말할 수 있다. 그들에게 천사들이 찾아왔으며 목자들에게 어린 아기 예수를 볼 수 있는 영광을 부여해주었다. 하나님의 순진무구를 볼 수 있도록 인도해주신 것이다. 주님은 부활 후, 시몬 베드로에게 찾아오셔서 같은 내용을 세 번 물으셨다.

그것은 "네가 나를 사랑하느냐?" 이다. 이때 베드로는 "그러하나이다 내가 주님을 사랑하는 줄 주님께서 아시나이다"고 대답했다. 이때 주님의 대답은 "내 양을 먹이라"고 세 번 말씀하셨다.(요21:15-17)

이는 사람의 마음속에 천국의 사랑을 가진 자들은 순진무구를 회복해야할 것을 두고 하신 말씀이다. 주님은 곧 천국을 의미하기 때문이다. 이처럼 천국을 향해 나가는 자에게 순진무구는 회복해야할 첫 번째 숙제라고 볼 수 있다. 그래서 어린아이같이 되지 않으면 천국에 들어가지 못할 것이라고 하셨던 것이다.

그러나 순진무구의 외형만 취하는 자들이 있다. 속에는 악한 것이 도사리고 있는데 겉으로는 순진무구한 척 하는 것이다. 이런 자들은 악한 의도를 가진 자들이다.

"거짓 선지자들을 삼가라 양의 옷을 입고 너희에게 나아오나 속에는

노략질하는 이리라"(마7:15)

　주님은 잘못된 동기가 들어있는 자들을 '이리'라고 하였는데 '이리'라는 짐승이 표독스럽고 무리지어 살면서 가축을 공격할 때 조직적으로 움직이는 동물이기 때문이다. 속에는 이리와 같은 성격을 가지고 있으면서 겉으로는 사랑의 말과 친절을 가지고 순결한 척 위장하는 자들을 향해 하신 말씀이다.　요한계시록에 보면 주님에 대해 묘사할 때 머리와 털의 희기가 흰 양털 같다(계1:17)고 하였다. 머리털은 삶에서 나타나는 말과 행위를 상징한다. 머리털이 양처럼 흰 것은 사상과 노선이 순결함을 말한다.

　이 책의 제목은 '순진무구 수치심을 치유하다'이다.

　인간은 태어나면서부터 갖는 악이 있다. 그것은 '벌거벗음'이다 자신의 벌거벗음은 살아가면서 진리를 배움으로 서서히 인식하게 된다. 그리고 벌거벗음으로 인한 수치는 진리와 진리에 일치하는 삶이 아니고서는 제거되지 않는다. 그러면 어떻게 해야 벌거벗음에서 벗어날 수 있는가? 성경에는 "안약을 사서 눈에 발라 보게 하라"(계3:18)고 했다. 이는 진리로 이해력이 낮게 됨을 말하는 것이다. 눈은 이해력이다. 안약을 바른나는 뜻은 진리로써 이해의 눈을 뜨이는 것이다.

묵상

나는 선과 악의 눈금을 가진 저울을 발견했습니다. 정교하고 세밀하고 경이로운 저울입니다. 그 저울은 내안에 있는 작은 두루마리입니다. 주님께서 내안에 비밀리에 감추어둔 진리입니다. 그 저울은 나의 삶을 평가하고 검토합니다. 그것은 나의 심장과 신장 깊은 곳에 다가와 나에게 책망을 합니다.

사랑과 양심으로 나를 검토하고 평가합니다. 그 거룩한 생명의 저울로 비추어 보아서 내게 선의 의도가 남아 있는지를 정확하게 평가합니다. 주님 외에 누가 그 일을 하겠습니까? 그 누구도 변명할 수 없으며 핑계치 못합니다. 오직 주님께 두려움으로 자비를 구할 뿐입니다.

누구든 언젠가 그 저울대 앞에 설 것입니다. 내게 주님의 두루마리는 말로 형용할 수없는 두려움이며 선하게 살아야 할 이유이며 생명의 소중함을 일깨워주는 촛대입니다.

내가 시험의 구덩이에 빠져서 어두운 골짜기에 헤메이고 홀로 울고 있을 때 작은 두루마리는 내게 어린양이 되라고 말해 주었습니다. 내가 들짐승과 함께 머물 때 작은 두루마리는 내게 다가와 선한 양이 되도록 이끌어줍니다.

나는 저울을 가지고 자신을 검토합니다. 나의 감각과 이성과 양심과 지각이 선한지 아니면 악한지 탐색합니다. 남은 그루터기가 아직 내게 남아 있을 때 선한 것을 좋아하고 진리를 찾도록 도와줍니다. 이로써 나는 천국에 이르는 것이 나의 소망입니다.

순진무구
6단계 프로그램

순진무구 프로그램

"너희가 돌이켜 어린아이들과 같이 되지 아니하면
결단코 천국에 들어가지 못하리라"(창2:25)

　주님은 세상을 창조하셨다. 창조는 마음의 재탄생 작업이다. 새로운 탄생은 변화를 통해서 이루어진다. 거듭남은 하나님과 인간의 협동으로 이루어진다. 순진무구 6단계프로그램은 거듭남을 위한 프로그램으로 거듭남은 결국 인간으로 순진무구하도록 돕는다. 순진무구는 자신에게는 악밖에 없으며 주님이 선을 주셔야 선을 행할 수 있다고 고백하는 겸손한 마음의 상태를 말한다. 순진무구를 회복해야 하는 이유는 순진무구는 천국의 요소이며 순진무구를 회복한 자만이 천국에 들어갈 수 있다고 주님이 말씀하셨기 때문이다. "예수께서 그 어린아이들을 불러 가까이 하시고 이르시되 어린아이들이 내게 오는 것을 용납하고 금하지 말라 하나님의 나라가 이런 자의 것이니라."(눅18:16)

　'순진무구' 프로그램은 6단계로 구분하는데 크게 분류해서 두 가지 차원으로 볼 수 있다. 하나는 이해의 차원이고 또 하나는 의지의 차원이다.

　이해는 창조 첫날부터 셋째 날에 이르는 과정을 말하고, 의지는 넷째 날에서 여섯째 날에 이르는 과정이다. 주님께서 니고데모에게 물과 성령으로 거듭난다는 비유에서 물은 이해의 차원이고 성령은 의지의 차원을 말한다. 이해의 차원으로는 자각의 단계, 분리의 단계, 움트는 단계를 말하며 의지의 차원으로는 사랑과 믿음의 단계, 번성하는 단계, 충만한 단계이다.

제1단계 자각의 단계

　"태초에 하나님이 하늘과 땅을 창조하셨다. 땅은 아직도 제대로 꼴을 갖추고 있지 않은 상태였으며, 또한 아무 것도 생겨나지 않아 쓸쓸하기 그지없었다. 깊디깊은 바다는 그저 캄캄한 어둠에 휩싸여 있을 뿐이었고 하나님의 영이 그 어두운 바다 위를 휘감아 돌고 있었다. 하나님께서 빛이 생겨나 환히 비춰라' 하고 명령하시자 빛이 생겨나 환히 비추었다. 하나님은 빛이 환하게 비추는 것을 바라보시고 무척 흐뭇해하셨다. 그렇게 보기 좋을 수가 없었던 것이다. 하나님께서는 빛과 어둠을 나눈 뒤 빛을 낮이라 부르시고 어둠을 밤이라 부르셨다. 이렇게 저녁이 지나고 다시 아침이 되어 하루가 흘러갔다. 첫째 날이 지난 것이다."(창1:1-5)

　주님은 캄캄한 어둠에 휩싸여 있는 곳에 빛을 비추셨다. 이를 비유적으로 해석한다면 어둠은 거짓의 상태이고 빛은 진리의 상태이다. 거듭나지 않은 상태는 혼돈의 상태이다. 모양과 틀이 갖추어져 있지 않은 상태이다. 어둠과 혼란, 거짓이 둥지를 틀고 있는 상태이다. 혼돈 속에 주님의 기운이 먼저 운행했다. 주님은 어둠이 팽배해 있는 그 상태에 빛을 주셨다. 가장 근본 되는 것을 인간에게 부여하셨다. 빛이 비취는 것처럼 인간에게 영혼의 깨달음이 왔다. 과거에는 자기 애착으로 삶의 기준을 삼았다. 자기애착을 선으로 여겨 왔으며 거짓을 진리로 이해하였다. 이것이 혼돈이다. 그런데 주님이 먼저 진리를 주셨다. 주님의 자비가 임했다. 주님은 이렇게 말씀하셨다. "나는, 너희가 너희의 죄 가운데서 죽을 것이라고 말하였다. '내가 곧 나' 임을 너희가 믿지 않으면, 너희는 너희의 죄 가운데서 죽을 것이다."(요8:24)

주님이 우리에게 먼저 다가서지 않으면 깊은 어둠 가운데 그대로 죽을 수밖에 없다. 결국 주님이 찾아 오셨고 진리의 빛을 주셨다. 빛은 본질에 있어서 지혜이기 때문에 빛을 수용하는 사랑의 정도에 따라서 채워진다. 시편에 하나님은 빛 가운데 거하신다고 하였고, 요한계시록에서는 새예루살렘은 등불이 따로 없으니 주님께서 친히 비추신다고 하였고 요한복음에는 말씀은 세상의 모든 자를 비추는 빛이라고 하였다.

- ● 당신에게 주님이 먼저 찾아오신 것을 알 수 있습니까?
- ● 진리 없는 어두움 속에서 공허함을 느껴 보셨나요?
- ● 두려움으로 인한 나의 삶과 행동 패턴은 무엇입니까?
- ● 당신에게 빛이 들어온 후 무엇을 깨닫게 되었습니까?

제2단계 분리의 단계

"하나님께서 물 한가운데에 창공이 생겨나라. 그 창공이 위에 있는 물과 아래에 있는 물을 나뉘어라.' 하고 명령하시자 그대로 되었다. 즉 하나님께서는 이렇게 창공을 만들어 창공 위에 있는 물과 창공 아래에 있는 물이 갈라지게 하셨다. 하나님께서는 이 창공을 하늘이라고 이름 붙이셨다. 이렇게 저녁이 지나고 다시 아침이 되어 하루가 흘러갔다. 둘째 날이 지난 것이다."(창1:6-8)

주님은 창공 위의 물과 창공 아래의 물을 갈라지게 하신다. 천국은 본질적인 면의 확장과 동시에 선과 악이 구별된다. 인간에게는 속사람과 겉사람의 구별이 있다. 속사람은 진리를 원하며 주님을 따른다. 그러나 겉사람은 자신의 힘과 능력으로 세상의 것을 탐내며 살아간다.

겉사람은 주님에게 순종하지 않으려는 상태이다. 속사람은 산, 바다, 정원과 같이 우주만물을 포함하지만 겉사람은 자신에게 필요한 부분만 찾는다. 속사람은 진리가 주님으로부터 오는 것을 알지만 겉사람은 자신으로부터 진리가 오는 줄로 안다. 저녁이 되며 아침이 되리라고 한 것은 겉사람에서 시작하여 속사람으로 진전되는 과정을 의미한다. 감각적인 데에서 진리로 인도되는 것을 말한다. 사람은 의지와 이해에 따라서 다른 사람과 특성이 구별된다. 선과 진리 혹은 악과 거짓의 근거로 구별이 된다.

검토

의도의 순수성을 검토한다. 자신의 행위를 돌이켜 보고 말이나 행위에서 자신이 얼마나 순수하지 못했는가를 검토한다. 진리를 행할 때 진리 자체의 목적보다는 자신이 높아지려는 의도를 가지지 않았는가? 남에게 보이기 위해 허세와 자랑을 늘어놓지 않았는가? 남에게 인정받기 위해 과시하고 우쭐되지 않았는가? 배우자를 누르려는 목적으로 과도한 언어를 사용하지 않았는가?

진리는 주님의 것이다. 그러나 진리가 당신의 것이라고 여긴다면 거짓이 드러난 것이다. 자기 자신을 스스로 돌이켜 보라. 현재 자신의 삶에 순수하지 못한 부분과 순수한 부분을 구별하라. 구별하는 방법은 당신의 목적을 먼저 찾아야 한다. 자기의 의도와 목적을 살펴보고 찾아서 드러내라. 양심에 비추어 재물, 대인관계, 사랑에 대해서 잘못된 부분과 올바른 부분을 구분하라. 목적에서 어긋난 부분과 목적에 부합하는 부분을 먼저 찾으라.

변명

변명한다는 것은 순수함을 부정하는 것이다. 자신의 알몸을 있는 그대로 받아들이는 것이야말로 순수함의 증거이다. 다음은 변명하는 무화과 나뭇잎이다. 이를 살펴보고 자신이 얼마나 이런 것으로 포장하고 살아왔는지를 보라.

변명의 목록을 작성해 보라. 그것의 의도를 살펴보라.

단순한 부정 : 실제 존재하는데 부정하는 것

축소하기 : 문제의 심각성을 인정하지 않는 것

비난하기 : 원인이 다른 사람에게 있다고 생각하는 것

핑계대기 : 책임을 회피하기 위해 다른 것을 원인으로 삼는 것

일반화하기 : 개인적, 정서적 문제의 원인 파악을 회피하는 것

둘러대기 : 문제의 핵심을 피하기 위하여 주제를 바꾸는 것

공격하기 : 화를 내거나 짜증을 내고 문제를 회피하는 것

고백하기

고백은 시인하는 것이다. 인간은 100% 순수할 수는 없으나 불순한 의도를 제거해야 한다. 그러기위해서는 진리 앞에 자신의 의도를 솔직하게 고백하여야 한다. 의도를 고백할 때 양심에 거리낌이 없고 평안하다면 의도가 순수하다. 그러나 양심에 저촉이 있거나 불안하다면 의도가 순수하지 않은 것이다. 성경에 의도가 순수하지 않으면 바깥 어두운 데 던진다고 하였다. 그는 이미 받을 상을 이미 다 받았다고 말씀하셨다.

주의할 것은 한꺼번에 순수하지 못했다고 고백하지 말라. 그것은 무의미하다. 이들은 죄를 찾아내기를 싫어하는 인간이다. 이들은 하나님이 모두 씻어 주셨다' 라고 말한다. 구체적으로 자기의 행위와 관련된 마음을 검토하고 순수한 것과 순수하지 않은 부분을 하나하나 열거하라.

● 타인을 지배하며 높아지려는 욕심이 있었는가?

- 세상에 대한 욕심으로 남에게 인정받으려고 하였는가?
- 당신이 실천하는 진리의 리스트를 작성해 보라.
- 진리 자체를 위해 행했던 것과 자기를 높이고자 한 것을 구분하라.

용서를 구함

순수하지 못한 의도는 자기보호를 위한 방어적인 변명에 불과하다. 당신이 만일 의도의 순수성으로 진리를 행했다면 주님은 당신을 도와주실 것이다. 당신이 진정 주님께 용서받고 변화되기를 원하는가? 먼저 주님이 진리를 주신다는 것을 믿으라. 주님의 진리 앞에 죄가 드러나고 주님의 자비로 인해 용서된다. 그러나 자기공로를 주장하면 진정한 회개는 아니다. 죄 자체를 버리기 위해 회개하라.

주님은 분명하게 아신다. 주님께 죄의 용서를 빌었다고 해서 죄가 없어지는 것은 아니다. 당신이 죄의 행위를 끊어버리고 진리를 따라 살 때 죄가 물러난다. 당신이 악을 제거한다면 용서를 받을 수 있다. 그러나 만일 악을 제거하지 않는다면 그는 악마의 유혹에 빠진다. 회개는 죄악을 끊는 데서 출발한다.

제3단계 움트는 단계

"하나님께서 하늘 아래 곧 땅 위에 있는 물은 한곳으로 모여 뭍이 드러나게 하여라.' 하고 명령하시자 그대로 되었다. 하나님께서는 이러한 광경을 보시고 무척 흐뭇해하셨다. 그렇게 보기 좋을 수가 없었던 것이다. 하나님께서는 그 뭍을 땅이라 이름 지으시고 한곳에 모여든 물을 바다라고 이름 지으셨다.

하나님께서 땅에서 파릇파릇한 풀이 돋아나거라. 또 낟알을 맺는 식물과 온갖 과일 나무도 자라나거라' 하고 명령하시자 그대로 되었다. 땅에서는 푸른 풀과 낟알을 맺는 온갖 식물과 과일 나무가 자라났다. 이것을 보시고 하나님은 무척 흐뭇해하셨다. 그렇게 보기 좋을 수가 없었던 것이다. 저녁이 지나고 다시 아침이 되어 하루가 흘러갔다. 셋째 날이 지난 것이다."(창1:9)

주님은 셋째 날에 씨 맺는 식물을 만드셨다. 이는 유용한 상태를 의미한다. 사람이 진리를 가지고 열매를 맺을 수 있음을 의미한다. 그러나 아직 움직일 수 있는 상태는 아니다. 식물은 살아 있는 생명이다. 열매를 위해서는 진리의 소원이 있어야 한다. 주님은 씨를 뿌리는 분이다.

"하나님의 나라는 사람이 씨를 땅에 뿌림과 같으니 저가 밤낮 자고 깨고 하는 중에 씨가 나서 자라되 그 어떻게 된 것을 알지 못하느니라. 땅이 스스로 열매를 맺되 처음에는 싹이요 다음에는 이삭이요 그 다음에는 이삭에 충실한 곡식이라"

진리의 소원

주님은 진리의 본질이시다. 사람의 몸을 입으시고 사람을 질서 가운데 놓기 위하여 강림하셨다. 세상은 악이 가득하여 멸망 받을 수밖에 없었다. 이 절박한 위기를 주님은 진리로써 사람을 속량하셨다. "태초에 '말씀' 이 계셨다. 그 '말씀' 은 하나님과 함께 계셨다. 그 '말씀' 은 하나님이셨다... 그 말씀은 육신이 되어 우리 가운데 사셨다."(요1:1,14)

"하나님의 아들이 오셔서, 그 참되신 분을 알 수 있도록, 우리에게 이해력을 주신 것을 우리는 압니다. 우리는 그 참되신 분 곧 하나님의 아들 예수 그리스도 안에 있습니다. 이 분이 참 하나님이시요, 영원한 생명이십니다."(요일5:20)

주님이 세상에 오시지 않으면 우리가 구원될 수 없음을 말한다. 심장의 작동과 동시에 폐가 호흡을 하는 것처럼 주님이 인간에게 깨달음을 주심으로 지각의 능력이 생긴다. 주님이 성령을 보내신다고 하는 것은 인간에게 깨달음, 지각, 진리의 소원을 갖게 하신다는 것이다. 깨달음과 지각은 마음상태에 따라 다르다. 진리의 소원은 주님사랑에서 생긴다. 만일 인간에게 주님사랑의 기쁨이 있다면 외적으로는 부드럽고 온화하며 내적으로는 인애와 친절, 자비, 열정이 있게 된다.

깨달음의 시작

인간은 태어날 때부터 자신과 세상을 사랑한다. 인간이 자유의지를 가지고 악을 선택하면 죄이고, 진리를 선택하면 선이다. 진리의 깨달음은 마음 상태에 따라서 다양하게 변한다. 보석은 돌의 투명한 면에 빛을 받아서 굴절시켜 빛의 길고 짧은 파장을 전달함으로 빛깔을 드러낸다. 마찬가지로 주님은 인간의 믿음 위에 주님의 사랑과 지혜를 통과시켜 다양한 빛깔을 내게 하신다. 진리의 깨달음은 사랑과 지혜의 빛깔을 투영시킨 보석과 같다. 신앙 고백은 보석처럼 빛을 발한다.

- 당신은 진리를 배우고자 하는가?
- 진리로 인한 새로운 기쁨이 생기는가?

지혜를 배움

성경에 "뱀처럼 지혜롭고 비둘기처럼 순수하라"고 말씀하셨다. 만일 지혜가 빠진다면 그 사람은 멍청하고 어리석은 자가 된다. 지혜로운 순수함이 그를 더욱 빛나게 만든다. 지혜롭고 순수한 사람은 자기 공로를 내세우지 않는다. 이들은 "그저 할 일을 했을 뿐이다"고 말한다. 주님은 자신의 필요를 알고 계시다는 것과 그분은 늘 배려하시는 분이라는 것을 고백한다. 바로 여기에서 지혜가 시작된다. 지혜란 중요한 것과 중요치 않는 것을 아는 것이다. 지혜는 전체를 보게 된다. 전체를 봄으로써 부분을 안다.

- 당신에게 지혜롭다는 의미는 무엇을 말하는가?
- 순수하면서 지혜로웠던 적이 있었는가? 구체적으로 말해보라.
- 그저 할 일을 했을 뿐이라고 고백한 적이 있었는가?
- 순수하기는 하지만 멍청한 짓을 하는 사람을 본 일이 있는가?
- 순수하기는 하지만 미련하고 어리석은 사람을 본 일이 있는가?

제4단계 사랑과 믿음의 단계

"하나님께서 명령하셨다. 저 창공에 하늘을 밝히는 여러 가지 빛이 생겨나라. 그 빛이 밤과 낮을 나누어라. 그 여러 가지 빛이 밤과 낮을 구분하는 표적이 되게 하여라. 또한 그 여러 가지 빛을 따라 나날과 햇수를 계산하게 하여라. 또 때마다 절기를 지키는 표로 삼게 하여라. 그 빛이 하늘에서 빛나 땅위를 비추게 하여라. 그러자 하나님께서 명령하신 대로 다 이루어졌다. 하나님은 이렇게 두 큰 빛 해와 달을 만드셨다. 그 중에서도 큰 빛인 해는 낮을 환히 밝히게 하시고 작은 빛인 달은 밤을 밝히게 하셨다. 또 밤을 밝히시려고 수많은 별도 만들어 놓으셨다. 하나님께서는 이렇게 여러 가지 빛을 만들어 하늘 창공에 매달아 놓으셨다. 그래서 땅 위를 환히 비추게 하시고 낮과 밤에 각각 빛나게 하시며 어둠과 빛을 구분하게 하셨다. 하나님께서는 이렇게 해놓으시고 무척 흐뭇해하셨다. 그렇게 보기 좋을 수가 없었던 것이다. 저녁이 지나고 다시 아침이 되어 하루가 흘러갔다. 넷째 날이 지난 것이다."(창1:14)

　주님은 넷째 날에 해와 달, 별을 만드셨다. 해는 사랑을 의미하고 달은 사랑에서 비롯된 믿음을 의미한다. 사랑은 의지적 차원이고 믿음은 이해의 차원이다. 사랑과 믿음은 동시적 차원이다. 사랑은 의지에서 나오고 믿음은 이해에서 온다.
　구약에 성전에 불이 꺼지지 않도록 하는 것은 주님의 사랑을 계속해서 지피라는 것을 말씀하신다. 주님은 변화산에서 해처럼 빛나는 광경을 보여 주셨다. "저희 앞에서 변형되사 그 얼굴이 해같이 빛나며 옷이 빛과 같이 희어졌더라,"(마17:2) 빛이 없으면 생물은 존재가 불가능하다. 마찬 가지로 영혼은 사랑이며 사랑이 없으면 모든 것이 소멸된다.

그러므로 영혼이 사는 길은 주님을 사랑하고 이웃을 사랑하는 것에 달려 있다. 인간은 자기와 세상을 사랑하는 것만큼 주님과 이웃을 미워 한다. 사랑과 믿음은 분리할 수 없다. 사랑 없는 믿음은 열이 없는 빛과 같다. 빛은 비추지만 열기가 없다. 그러나 사랑이 있는 믿음은 봄철의 햇 빛 같아서 모든 생물이 번성하고 성장한다. 그래서 주님은 사랑 없는 믿 음을 '겨울'로 비유하셨다. "이 일이 겨울에 나지 않도록 기도하라 이는 그날들은 환난의 날이 되겠음이라 하나님의 창조하신 창조부터 지금까 지 이런 환난이 없었고 후에도 없으리라."(막13:18)

- 주님과 이웃 사랑 없이 믿음만을 주장하는 이들의 삶을 말해보라.
- 주님사랑과 이웃사랑 그리고 자기사랑과 세상사랑을 비교해 보라.

사랑과 믿음의 삶

주님은 인간이 악을 피하고 주님사랑과 이웃사랑, 진리를 따르는 삶 을 원하신다. 회개는 악으로부터 완전히 돌아서는 것이다. 회개는 악을 미워하고 더 이상 과거에 머물지 않는다. 만일 인간이 주님 사랑과 이웃 사랑에 어긋나는 것을 보고 피한다면 죄에서 해방된 증거이다. 또한 자기의 유익을 구하지 않고 진리를 따르고 선을 바라본다면 용서된 자의 증거이다. 그러나 자기 유익을 구한다면 죄가 용서되지 않은 증거이다. 자기 공로를 드러내고 다른 사람을 경멸하고 증오, 악행, 원망, 간음에 빠져 있다면 용서되지 않은 증거이다. 주님은 자비로우시다. 주님은 사람이 순수하고 겸손하기를 원하신다. 주님 앞에서 "나는 당연히 할 일을 했을 뿐입니다" 고백하기를 원하신다. 주님은 인간이 태어나서 죽는 날까지 악에서 건져내어 진리와 선으로 인도하시고 영원한 나라를 주신다. 이것이 주님의 자비이다. 그러므로 선과 진리를 거부해서는 안된다. 이는 주님을 거부하는 것과 같다.

인간은 주님으로부터 진리를 받지 아니하면 선 안에 있을 수 없다. "요한이 대답하여 가로되 만일 하늘에서 주신바 아니면 사람이 아무것도 받을 수 없느니라."(요3:27) 주님은 끊임없이 선과 진리를 사람에게 주시는데 사람마다 받아들이는 방법이 다르다. 순수한 자는 선과 진리를 따르고 악과 거짓에서 떠난다.

- 당신은 주님으로부터 선과 진리가 오는 것을 인정하는가?
- 선은 인애를 의미한다. 당신은 인애를 실천한 적이 있는가?
- 당신은 믿음을 가지고 진리를 실천하려고 애쓰는가?
- 재물을 사랑하고 좋은 말 듣기를 더 바란 적은 없는가?
- 타인을 힘들게 하고는 무용담처럼 떠든 적이 있었는가?
- 주님의 뜻을 제 욕심대로 판단한 적은 없었는가?

기도

인간은 주님께 부족한 점을 제거해 달라고 간구해야 한다. 순수해지기 위해서는 겸손이 필수적 요소이다. 겸손은 평화, 평안, 행복한 삶을 이루는 방법이다. 기도를 하는 방식은 여러 가지가 있다. 기도는 겸손함으로 해야 한다.

주님은 세상에 계실 때 겸손의 상태를 거치셨다. "그는 죽는 데까지 자기의 영혼을 서슴없이 내맡기고, 남들이 죄인처럼 여기는 것도 마다하지 않았다. 그는 많은 사람의 죄를 대신 짊어졌고, 죄 지은 사람들을 살리려고 중재에 나선 것이다."(사53:12) 주님은 아버지께 기도하고 아버지 뜻을 행했고 아버지의 것으로 돌리셨다. 그가 겸손의 상태에 계시지 않고서는 십자가에 못 박힐 수 없었다. 인간이 하나님을 수용하기 위해서는 하나님의 그릇으로 준비해야 한다.

- 당신은 주기도문의 내용대로 살고자 하는가?
- 당신은 주님과 의식적으로 교제하기를 바라는가?
- 당신은 악마의 가르침과 주님의 음성을 분별할 수 있는가?
- 내가 주님을 사랑하는 줄 주께서 아시나이다라는 말의 의미를 생각해보라.
- 주님의 나라에 우리가 구하는 제목이 없는 것이 아닌가를 생각하라.
- 나의 정욕으로구하는 기도는 무엇을 말하는가?
- 엘리야가 구한 비는 오늘날 무엇을 의미하는가?

제5단계 번성하는 단계

"하나님께서 명령하셨다. 물속에는 살아 움직이는 물고기가 생겨나 부쩍부쩍 불어나라. 푸른 하늘에는 새가 날아다니게 하여라.' 하나님께서는 엄청나게 큰 바다 생물과 물속에서 살아 움직이는 온갖 물고기와 날개가 달려 하늘을 날아다니는 갖가지 새를 모두 지어내셨다. 하나님께서는 이것을 보시고 무척 흐뭇해하셨다. 그렇게 보기 좋을 수가 없었던 것이다. 하나님은 당신께서 손수 지어 놓으신 것에다 이렇게 복을 내리셨다. 부쩍부쩍 불어나 바다를 가득 채워라. 또 새들은 수도 없이 늘어나 땅 위에 가득하여라.' 저녁이 지나고 다시 아침이 되어 하루가 흘러갔다. 다섯째 날이 지난 것이다."(창1:20)

주님은 다섯째 날에 새와 물고기를 만드셨다. 여기에 대한 영적 상징성은 이렇다. 물에서 움직이는 모든 생물은 진리에 대한 지식을 의미한다. 또한 날개 달린 모든 새들은 선에 대한 사상을 의미한다. 주님은 물고기가 불어나고 새들도 날아다니라고 말씀하신다.

생명을 가진 것은 번창을 한다. 물이 바다에 넘침 같이 여호와를 아는 지식이 가득하기를 바란다는 말씀이 있다. 주님을 아는 지식과 사상이 번성하기를 원하신다. 열매와 번성은 주님의 축복에서 이루어진다.

선으로 번성하기

선에는 3종류가 있다. 첫째는 주님을 사랑하는 선이다. 둘째는 이웃에 대한 인애의 선이다. 셋째는 도덕적인 선이다. 선을 행하면서 주님이 주신 것이라고 여기지 않고 자신이 했다고 한다면 육적인 사람이다. 그러나 선을 주님이 주신 것으로 여기고 순종하는 마음으로 했다면 영적인 사람이다.

어떤 의도로 선을 행하느냐에 따라 다르다. 주님께 순종하는 마음으로 선을 행한다면 순진무구한 자가 된다. 자기가 주인이 되어 선행을 한다면 그는 순수성을 잃어버리게 된다. 주님의 뜻이기 때문에 선을 행한다는 믿음을 가진다면 그자체가 순수하다. 이런 믿음을 갖게 되면 그는 천국과 연결되며 천사들과 교류한다. 선을 목적하면 주님의 인도를 받는다. 이것은 양심, 하나님을 경외, 선과 진리의 소원 때문이다.

- 당신은 주님께 순종하려는 자세로 선을 실천하는가? 아니면 동정하는 마음으로 선을 실천하는가?

진리가 번성하기

진리에는 세 종류가 있다. 첫째는 하늘의 진리 둘째는 이웃에 관계된 진리 셋째는 사회에 관련된 진리이다. 진리는 이해에서 출발한다.

처음에는 가난한 자에게 구제하는 데서 시작한다. 그러나 구제를 한다고 해도 악인에게 도움을 베푸는 것은 곧 많은 사람들에게 해를 입히는 것을 알기 때문에 악인을 멀리 하는 데 이른다. 선을 행하되 진리로 분별하면서 도움을 준다. 이것을 아는 것이 진리의 지식이다.

- 진리의 눈으로 선과 악을 분별할 수 있는가?
- 진리의 관점에서 어떻게 해야 사랑하는 것인가?
- 선하게 살기 위해 무엇을 할 것인가?

제 6단계 충만한 단계

"하나님께서 명령하셨다. 땅은 살아 숨 쉬는 것들, 곧 길짐승과 기어 다니는 길짐승과 들짐승을 각기 그 종류대로 내어라.' 그러자 하나님께서 명령하신 대로 되었다. 하나님께서는 이렇게 온갖 들짐승과 온갖 집짐승과 땅 위에 기어 다니는 온갖 길짐승을 지어 놓으시고 무척 흐뭇해 하셨다. 그렇게 보기 좋을 수가 없었던 것이다.

하나님께서 말씀하셨다. 자, 이제는 우리의 모습을 닮은 사람을 만들자. 그래서 그 사람이 바다에 사는 물고기와 하늘에 날아다니는 날짐승과 집짐승과 땅 위에 기어 다니는 모든 생물을 다스리게 하자' 그러고 나서 하나님께서는 당신의 모습을 따라 당신을 닮은 사람을 창조하시되 남자와 여자로 만드시고 그들에게 이렇게 복을 내리셨다. 딸아들 많이 낳아 그 후손들이 온 땅 위에 퍼져라. 땅을 정복하여라. 내가 바다에 사는 물고기와 하늘에 날아다니는 새와 땅 위에 기어 다니는 온갖 짐승들을 다스릴 권한을 너희에게 주마. 너희는 그것들을 잘 다스리고 관리 하여라' 또 덧붙여서 내가 또 온 땅 위에서 나는 풀과 나무를 너희에게 준다. 낟알이 열리는 풀과 씨가 들어 있는 과일나무를 너희 먹거리로 삼아라. 또 땅위의 모든 짐승과 하늘에 날아다니는 새와 살아 기어 다니는 모든 생물에게는 푸른 풀을 먹을 것으로 준다' 하시자 말씀하신 대로 이루어졌다. 하나님께서 다 자신이 만든 모든 것을 바라보시고는 무척 흐뭇해 하셨다. 그렇게 보기 좋을 수가 없었던 것이다. 저녁이 지나고 다시 아침이 되어 하루가 흘러갔다. 여섯째 날이 지난 것이다. "(창1:24-31)

주님은 6일째 되는 날에 짐승을 만드셨다. 그리고 사람을 만드시고 짐승과 물고기와 새를 다스리도록 하였다. 여기에서 새는 이해 차원, 짐승은 의지의 차원을 말한다.

여섯째 날에 짐승을 만들었다는 것은 말씀을 듣고 행하는 것을 말한다. 말씀을 듣는 것은 이해의 기능이고 행하는 것은 의지의 기능이다.

번성한다는 의미는 진리와 선이 많아진다는 것을 의미한다. 진리와 선이 많을수록 풍성해진다. 주님은 사람을 진리와 선으로 인도하신다. 주님은 하늘과 땅 가운데 모든 것을 다 이루셨다. 영적인 의미에서 하늘에 속한 속사람과 땅에 속한 겉사람을 지으신 것이다.

"예수께서는 또 다른 비유를 들어 말씀하셨다. "하늘나라는 어떤 사람이 자기 밭에 심은 겨자씨 한 알과 같다. 겨자씨는 모든 씨앗 중에 가장 작은 것이지만 새들이 날아와 그 가지에 깃들일 만큼 큰 나무가 된다." (마13:31) 겨자씨가 어떤 씨보다 작다는 것은 스스로 자신에게 선이 없다고 여기기 때문이다. 선이 없다고 여기는 상태에서 번성하게 된다. 고로 믿음과 사랑이 결합하면 결실한 나무가 되어 공중의 새들이 둥지를 튼다. 즉 지혜가 생긴다는 의미이다.

믿음과 사랑의 결합

주님은 사람을 만드시고 매우 좋았다고 말씀하셨다. 이는 믿음과 사랑이 한 몸을 이루었기 때문이다. 믿음은 이해에 해당하고 사랑은 의지에 해당한다. 사람은 선하게 쓰임 받기 위해 태어났다. 선용의 진리를 알고 삶과 일치해야 한다. 주님께서 사람에게 씨 맺는 채소와 열매 맺는 나무를 양식으로 주셨다. 사람은 이런 양식으로 살아간다. 즉 사람은 몸에 적당한 음식을 먹듯이 영혼과 일치된 삶을 살면 즐겁고 평온한 상태가 유지된다.

인애

이웃에게 순수한 동기로 인애를 실천한다면 행복이 주어진다. 그러나 명예, 자기만족을 위해서라면 인애가 아니다. 주님을 바라보고 악을 물리치고 올바르게 책임을 수행한다면 인애를 이룬다. 그러나 자아애와 세상애에 의한 목적을 가지면 인애는 불가능하다. 예컨대 사업가가 주님의 섭리를 믿고 공정하게 일을 처리한다면 인애가 된다. 그는 일이 잘된다고 교만하지 않는다. 사업이 잘 안되더라도 너무 기죽어 지내지 않는다.

내일을 준비하지만 염려하지 않는다. 내일 무엇을 할 것인가, 어떻게 할 것인지를 계획하지만 주님의 섭리에 맡긴다. 그는 선용을 위한 사명감으로 사업을 사랑한다. 돈은 그 일을 수행하기 위한 수단으로 여긴다.

경건

경건은 생각하고 말하고 행동하는데서 그 모습이 나타난다. 이웃에게 선을 행하고 책임을 감당하고 선용하는 삶은 경건의 삶이다. 경건의 삶을 산다고 하면서 인애를 실천하지 않으면 하나님을 예배하는 것이 아니다. 경건의 모양을 유지하는 자는 하나님을 믿지만 자기 일만 생각하고 이웃은 조금도 생각하지 않는다. 그의 마음은 자아애만 존재한다.

구제

가난한 자와 불쌍한 자에게 베푸는 것이 잘 되지 않지만 습관이 되고 자주 실천하면 잘 익은 과일처럼 된다.

십계명에 충실하기

십계명에 의해서 하나님과 사람의 만남이 이뤄진다. 십계명은 주님과 사람의 연합이기 때문에 '성약 또는 증거'라고 말한다. 두 돌판은 하나는 하나님을 위해서 다른 하나는 사람을 위해서이다. 십계명은 인간의 보편적인 모든 교훈을 의미한다. "예수께서 그에게 말씀하셨다. 네 마음을 다하고, 네 목숨을 다 하고, 네 뜻을 다하여, 주 너의 하나님을 사랑하여라' 하였으니, 이것이 가장 중요하고 으뜸가는 계명이다. 둘째 계명도 이것과 같은데, '네 이웃을 네 몸과 같이 사랑 하여라' 한 것이다. 이 두 계명에 온 율법과 예언서의 본뜻이 달려 있다."(마22:37-40)

십계명은 하나님사랑과 이웃사랑의 구절은 없다. 그러나 전반적으로 악을 생각하거나 행해서는 안된다고 명령하고 있다. 하나님사랑과 이웃사랑의 제일 원리는 악을 피하는 것이고 둘째 원리는 선을 행하는 것이다. 선행을 좋아하는 사랑과 악행을 좋아하는 사랑이 있다. 선행을 좋아하는 사랑은 천국적이고 악행을 좋아하는 것은 지옥적이다.

십계명이 하나님과 이웃사랑에 관계되는 것을 포함하고 있다. 자신의 힘만 가지고서는 악을 벗어날 수 없다. 자신의 힘으로 선을 행할 수 없다. 그러나 만일 악을 미워하면 주님이 주셔서 선을 행할 수 있다. 사람은 악을 죄라고 여기고 자기의 힘으로 하듯 대항해서 싸워야 한다. 선과 악은 공존할 수 없다. 선한 자가 되기 위해서는 먼저 악이 제거되어야 한다.

(1) 다른 신에게 예배하는 것을 멀리하는 만큼 하나님을 예배한다.

(2) 하나님의 이름을 망령되게 부르기를 피하는 만큼 하나님을 사랑한다.

(3) 살인과 증오와 복수를 피하는 만큼 이웃 잘되기를 원한다.

(4) 간음을 피하는 만큼 배우자에게 정절하기를 원한다.

(5) 도둑질을 피하는 만큼 진지한 삶을 원한다.

(6) 거짓을 거절하는 만큼 진리를 생각하고 말하기를 원한다.

(7) 이웃의 소유를 탐내는 것을 피하는 만큼 이웃의 번영을 원한다.

참고도서

· 김홍찬 『이노센스』, 한국상담심리연구원, 2002.
· 김홍찬 『사람이란 무엇인가』, 한국상담심리연구원, 2015.
· 김홍찬. 『내적치유를 위한 365일 묵상』, 향심 .2004.
· 죤 브래드 쇼. 『수치심의 치유』, 김홍찬 역. 한국기독교상담연구원, 1999.
· 죤 브래드 쇼. 『창조적인 사랑』, 김홍찬 역, 한국기독교상담연구원.
· 로켈 러너. 『내안의 아이를 만났어요』, 김홍찬 역. 한국기독교상담연구원,
  2003.
· 니코스카잔차키스 『그리스인 조르바』, 이윤기 역. 열린책들, 2011.
· 정영식, 비유가 아니면 말하지 아니하였다. 성서상징어연구, 보리, 1987.
· E. Swedenborg. 『하나님의 섭리』, 정인보 역, 한국새교회출판부, 2010.
· Henry Cloud. Boundaries, zondervan. 1992.
· E. Swedenborg. 『Arcana』.
· C. Jung 『인간과 문화』, 융저작번역위원회역. 솔, 2004.